O Brasil e o multilateralismo econômico

A447B   Almeida, Paulo Roberto de
         O Brasil e o multilateralismo econômico / Paulo
    Roberto de Almeida. — Porto Alegre: Livraria do
    Advogado, 1999.
         328 p.; 14x21cm. — (Coleção Direito e Comércio
    Internacional)

         ISBN 85-7348-093-9

         1. Economia. 2. Ordem econômica. 3. Comércio
    internacional. I. Título.

                          CDU 33

         Índices para catálogo sistemático
         Economia
         Ordem econômica
         Comércio internacional

(Bibliotecária responsável: Marta Roberto, CRB 10/652)

Coleção Direito e Comércio Internacional

PAULO ROBERTO DE ALMEIDA

O Brasil e o multilateralismo econômico

livraria
DO ADVOGADO
editora

Porto Alegre 1999

© Paulo Roberto de Almeida, 1999

Capa de
Humberto Rossetti Baptista

Revisão de
Rosane Marques Borba

Projeto gráfico e composição de
Livraria do Advogado / Valmor Bortoloti

Direitos desta edição reservados por
Livraria do Advogado Ltda.
Rua Riachuelo, 1338
90010-173 Porto Alegre RS
Fone/fax (051) 225 3311
E-mail: livadv@vanet.com.br
Internet: www.liv-advogado.com.br

Impresso no Brasil / Printed in Brazil

Para CARMEN LÍCIA,
com todo amor e reconhecimento,
pela paciência e compreensão demonstradas...

Sumário

Apresentação 11

Capítulo 1
O Brasil no processo de globalização 15
   1.1. A interdependência econômica global 19
   1.2. A agenda econômica internacional do Brasil 24
   1.3. A história como instrumento da análise econômica 29

Capítulo 2
O Brasil e a economia mundial: dois séculos de história 33
   2.1. Economia internacional e diplomacia econômica 35
   2.2. Relações econômicas internacionais do Brasil 41
   2.3. O Brasil no sistema econômico internacional 46

Capítulo 3
A emergência do multilateralismo contemporâneo 57
   3.1. O mundo restaurado: a sociedade internacional pós-napoleônica . 59
   3.2. Das caldeiras da primeira Revolução Industrial aos motores
      da segunda 62
   3.3. A multiplicação das organizações de cooperação 67
   3.4. O Brasil e a construção da ordem econômica internacional
      no século XIX 69
   3.5. Uma modesta democratização do sistema internacional 75
   3.6. Uma experiência frustrada de internacionalismo:
      a Liga das Nações 79
   3.7. O sistema onusiano do pós-guerra: promessas e limites 83
   3.8. As organizações do multilateralismo contemporâneo 87
   3.9. Construindo a paz universal? 91

Capítulo 4
A reconstrução da ordem econômica mundial no pós-guerra 95
   4.1. Os marcos fundadores da ordem econômica internacional 97
   4.2. Moeda e finanças: a volta à ortodoxia 99
   4.3. O Brasil e a nova ordem econômica mundial 100
   4.4. Reestruturando o comércio internacional 103
   4.5. O GATT e a Carta de Havana 105

Capítulo 5
A interdependência na prática: OCDE e FMI-BIRD 109
   5.1. Do Plano Marshall à Organização Européia de Cooperação
       Econômica 111
   5.2. A OECE e a reconstrução da Europa ocidental 115
   5.3. A reconstituição da OECE e o estabelecimento da OCDE 120
   5.4. As organizações de Bretton Woods: as mais iguais 127
   5.5. As crises financeiras e a posição do Brasil 143

Capítulo 6
Os países em desenvolvimento na economia global 153
   6.1. Um Plano Marshall para a América Latina? 155
   6.2. Comércio e pagamentos: a OECE e a América Latina 161
   6.3. O comércio internacional e o problema do desenvolvimento . . 165
   6.4. Intercâmbio desigual e busca da não-reciprocidade 169

Capítulo 7
O sistema multilateral de comércio do pós-guerra 173
   7.1. Os ciclos de negociações comerciais multilaterais 173
   7.2. O desenvolvimento entra na agenda do comércio mundial . . . 176
   7.3. Do GATT à OMC: a Rodada Uruguai 178
   7.4. Fluxos de comércio e investimento: as vantagens comparativas 182
   7.5. Estratégias de comércio exterior e seus fatores condicionantes . 184
   7.6. A substituição de importações: estratégia ou fatalidade? 186
   7.7. Efeitos do comércio exterior no desenvolvimento 189
   7.8. Política industrial e comercial: o argumento da indústria-infante 193
   7.9. A nova teoria do comércio internacional 196
   7.10. Política comercial: câmbio, tarifas, barreiras não-tarifárias . . . 200
   7.11. Do protecionismo industrial à guerra comercial: os subsídios . 206
   7.12. Medidas de defesa comercial: salvaguardas e anti-dumping . . 208

Capítulo 8
A nova agenda do comércio multilateral 215
   8.1. Resultados e promessas do novo sistema comercial 218
   8.2. A Carta de Havana e a nova OMC 224
   8.3. Estrutura institucional da OMC 228
   8.4. O sistema multilateral de comércio ainda em construção 232

Capítulo 9
Do desenvolvimentismo à aceitação da interdependência 239
   9.1. Ascensão e crise da ideologia desenvolvimentista 242
   9.2. A UNCTAD e o declínio do desenvolvimentismo 249
   9.3. Fragmentação e diversificação do Terceiro Mundo 255
   9.4. A América Latina e o Brasil no contexto internacional 264

Capítulo 10
As grandes forças da interdependência mundial 269
   10.1. Globalização e regionalização 270
   10.2. A aceleração da interdependência 275
   10.3. A inserção internacional do Brasil 281

Apêndices

1. Vetores das relações econômicas internacionais do Brasil, 1500-1890 292
2. Evolução conceitual da diplomacia econômica no Brasil, séculos XIX-XX 293
3. Brasil: cronologia do multilateralismo econômico, 1856-1998 294
4. Brasil: Evolução da estrutura tarifária e da política comercial, 1808-1889 300
5. Brasil: evolução da política comercial, 1889-1945 302
6. Brasil: política comercial e sistemas regional e multilateral, 1946-2005 305

Glossário 311

Bibliografia e indicações de leitura 320

Quadros

2.1. Principais produtos de exportação do Brasil, 1821-1900 42
2.2. Exportação de Mercadorias em % do PIB, 1820-1992 49
3.1. Organizações intergovernamentais, 1860-1914 68
3.2. Brasil: Acordos e organizações econômicas multilaterais, 1864-1890 . 71
3.3. Declínio temporário do multilateralismo antes da Liga das Nações . 77
3.4. Organizações internacionais na era da Liga das Nações, 1919-1939 . 82
3.5. Organizações internacionais na era das Nações Unidas, 1944-1970 . 89
5.1. Ajuda econômica dos EUA à Europa ocidental, 1947-1952 117
5.2. Poder de Voto no FMI (1997) 132
5.3. Capital e Poder de Voto no Banco Mundial (1997) 138
5.4. Brasil: relacionamento e acordos com o FMI, 1944-1998 142
8.1. Estrutura e História da Rodada Uruguai, 1986-1994 216
8.2. Acordos da Rodada Uruguai (15.04.94) 221
8.3. Estrutura da Organização Mundial do Comércio 229
8.4. A cláusula social no comércio internacional 236
10.1. As dez principais potências econômicas 283
10.2. Participação no PIB mundial, 1992-2020 285

Apresentação

Como acontece com muitos outros produtos da atividade humana, este livro também tem suas marcas genéticas de filiação, no caso, dois genitores claramente identificáveis. Ele resulta, por um lado, de vários anos de *experiência prática* direta no trato regular e recorrente dos assuntos do multilateralismo econômico contemporâneo, aqui considerado – *profession oblige* – de uma perspectiva eminentemente brasileira. Ele também pode ser visto, por outro lado, como a consolidação escrita de outros tantos anos de *experiência docente* e de participação pessoal em seminários e colóquios acadêmicos sobre temas diversos de diplomacia econômica, do sistema multilateral de comércio aos processos de integração subregional e hemisférica, passando pelo universo febril dos direitos da propriedade intelectual e dos títulos de inventividade tecnológica e pelo campo mais tranqüilo da história das relações econômicas internacionais do Brasil.

Dessa dupla condição de acadêmico em tempo parcial e de diplomata em tempo integral resultaram vários outros trabalhos do autor, todos eles situados na confluência da *pesquisa científica* sobre temas de relações internacionais e da *atividade profissional* vinculada à política econômica externa do Brasil (alguns dos quais estão devidamente referenciados na bibliografia). Esse mesmo conhecimento direto das negociações econômicas nas quais esteve ou está envolvido o Brasil, bem como uma vivência constante com as publicações disponíveis nessa área levaram-me aliás à conclusão de que muito pouco se escreveu, até hoje, no Brasil, sobre o multilateralismo econômico e sobre as principais organizações que o representam institucionalmente. Se há algum exagero nesta última afirmação, posso matizá-la dizendo que muito pouco se *publicou* no Brasil a esse respeito, o que pode ser comprovado por uma simples consulta aos catálogos de obras disponíveis das editoras nacionais.

Com efeito, abundam os manuais de *direito internacional* que abordam aspectos diversos do funcionamento das instituições internacionais, assim como são numerosos os livros de *economia* que tratam do sistema financeiro internacional, alguns deles inclusive do ponto de vista da participação do Brasil. Mas, manifestamente, não se encontram muitos livros, para não dizer nenhum, que concebam o vasto sistema do multilateralismo econômico, desde sua formação no século XIX até seus desenvolvimentos recentes, como um dos cenários possíveis – e talvez mesmo o mais importante neste limiar do século XXI – para o exercício soberano da presença internacional do Brasil através do engenho e arte de sua diplomacia econômica.

Este livro pretende, portanto, sem falsa modéstia, preencher uma lacuna, não necessariamente no terreno dos *textbooks* universitários, pois ele não é, com toda evidência, um manual didático sobre os organismos internacionais onusianos e muito menos um volume de referência sobre as instituições econômicas multilaterais. Ele se apresenta, mais apropriadamente, como uma discussão bem informada sobre a relevância do multilateralismo contemporâneo para uma exitosa inserção econômica internacional do Brasil. O conceito de "bem informado" mereceria talvez qualificação, pois ele poderia ser considerado como um vulgar exercício auto-encomiástico, quando não uma pretensão a alguma espécie de originalidade primordial nesse campo da bibliografia brasileira. Sua justificativa está, porém, em que o autor tem sido levado a consultar, não sem uma certa dose de impaciência, inúmeros trabalhos universitários que todos parecem padecer do mesmo mal: o distanciamento entre, por um lado, o mundo "teórico" das relações internacionais contemporâneas e, por outro, o terreno prático do funcionamento efetivo das organizações econômicas multilaterais.

Em nenhum outro terreno se revela tal distância entre o discurso puramente acadêmico de muitos professores universitários e a atividade eminentemente pragmática do funcionário governamental como no do funcionamento das instituições comerciais e financeiras internacionais, a começar pelo GATT-OMC e pelo FMI-BIRD. Um certo "grau de alienação" sobre o *modus operandi* dessas instituições não é porém exclusivo do acadêmico, pois a desinformação também freqüenta os meios dos "representantes do povo", o que é de certa forma compreensível num país relativamente introvertido do ponto de vista político e cultural e com tendências recorrentes à autarquia econômica como o Brasil. O autor – diplomata por profissão, acadêmico por gosto, mas que começou a trabalhar muito cedo em empresas privadas – teve talvez a chance, que não é aberta a muitos, de realizar-se enquanto negociador do Brasil, ao mesmo tempo em que analisava com o olhar crítico do acadêmico e a funcionalidade pragmática do setor empresarial a marcha real das relações econômicas internacionais.

O que vai ser lido neste livro, assim, não é uma descrição meramente didática das organizações mais representativas da atual interdependência econômica, mas uma apresentação linear – com forte embasamento na história, portanto – e uma discussão sistemática, com um certo sentido de *inner acquaintance*, sobre a "economia política" das relações internacionais contemporâneas. Ele não é, assim, um texto "contemplativo", ou seja, descompromissado em face da dura realidade das relações econômicas internacionais, essencialmente assimétricas por definição; mas tampouco se trata de seu contrário, isto é, de um discurso oficial, escrito em "diplomatês", sobre "assépticas" organizações intergovernamentais trabalhando em nome do ideal da cooperação universal. A intenção do autor foi, precisamente, a de colocar sua experiência prática e suas pesquisas acadêmicas a serviço de um conjunto mais vasto de pessoas, tanto a comunidade universitária, como o público leigo interessado no verdadeiro caráter dessas organizações – OMC, FMI, entre outras – que passaram a freqüentar com uma certa assiduidade o cotidiano de um número cada vez mais amplo de brasileiros.

Devo a meu bom amigo "acadêmico" – mas, antes de tudo, profissional respeitado do direito internacional e da advocacia comercial –, Luiz Olavo Baptista, entusiasta como eu do multilateralismo contemporâneo, o generoso acolhimento deste livro em sua já prestigiosa coleção e a rápida aceitação da publicação de um texto que merecerá, sem dúvida alguma, substanciais melhoramentos em futuras edições. Nesta primeira edição ele representa, ao mesmo tempo, um teste de síntese do conhecimento disponível sobre o multilateralismo contemporâneo e um desafio intelectual a uma melhor compreensão dos modos possíveis de inserção do Brasil no sistema econômico internacional.

Paulo Roberto de Almeida

Brasília, novembro de 1998.

Capítulo 1

O Brasil no processo de globalização

O estudo das relações econômicas internacionais do Brasil é inseparável de uma análise de cunho histórico sobre a emergência e o desenvolvimento *do multilateralismo econômico contemporâneo,* bem como de uma investigação acadêmica sobre o mandato institucional e o modo de funcionamento de suas *organizações multilaterais* mais representativas. As relações econômicas internacionais do Brasil são comumente identificadas com algumas das questões recorrentes que costumam freqüentar o cotidiano dos jornais econômicos: déficits comercial e de transações correntes, integração sub-regional, financiamento do desenvolvimento, medidas anti-dumping, adequação da paridade cambial num mundo de turbulências financeiras, movimentos de capital e remessas de juros e dividendos dos investidores diretos, entrada e saída dos capitais especulativos, mercados de *commodities,* formação de blocos comerciais regionais e processos de liberalização econômica, enfim problemas e tendências que são discutidos ou negociados no âmbito de organizações e foros internacionais como o FMI, a Organização Mundial do Comércio, o G-7 ou o Banco Mundial.[1]

Em contraste com essas instituições mais conhecidas, muito pouco se fala, na maior parte das obras publicadas em nosso País, da OCDE, da UNCTAD ou de foros mais restritos como o Clube de Paris, cujos mandatos negociadores ou simplesmente analíticos também

---

[1] Para uma explicação sobre o significado das siglas e conceitos utilizados neste livro ver o Glossário, em anexo.

têm a ver com os problemas econômicos enfrentados pelo Brasil no contexto da globalização. Com efeito, poucos são os ensaios sobre a "política econômica externa" do Brasil que conseguem ilustrar ou destacar o papel dessas entidades no processo de inserção internacional do País. Mais raros ainda são aqueles que conseguem visualizar tais organizações internacionais em perspectiva histórica, acompanhar sua lenta evolução e desenvolvimento institucional – desde o Congresso de Viena até o surgimento da OMC – ou registrar a participação do Brasil em cada uma delas. Este livro pretende preencher esta lacuna, com destaque para os foros normalmente negligenciados em obras do gênero, como a OCDE ou a UNCTAD, por exemplo.

Pode-se argumentar que a análise da participação do Brasil em organizações ou foros desse tipo não tem o caráter estratégico que ela assume no caso do sistema multilateral de comércio ou dos processos de integração regional e hemisférico. De fato, poucos observadores informados disputariam a importância fundamental que apresentam hoje, para a inserção internacional do Brasil ou para a atual fase de modernização, de estabilização e de transição estrutural de sua economia, questões prementes como os processos de integração regional no âmbito do Mercosul ou hemisférico no quadro da futura ALCA, a atuação do Brasil na Organização Mundial do Comércio ou, ainda, a delicada administração da política comercial, de modo geral, num contexto de acirrada concorrência internacional. Mas não se pode negar, tampouco, que a agenda diplomática brasileira comporta uma entrada para o capítulo das relações com o G-7/G-8, com o Clube de Paris, com a OCDE e com as instituições de Bretton Woods. Por certo, essas relações não podem ser colocadas como um problema de adesão ou de não-adesão, de retração ou de aumento da participação do Brasil no sistema decisório de cada uma dessas entidades ou foros. Trata-se de uma interação mais sutil e complexa, como o próprio desenvolvimento deste trabalho procurará revelar.

Algumas das entidades aqui estudadas, em especial o FMI e a OCDE, são consideradas como integrando uma espécie de "diretório econômico mundial", como os centros organizadores por excelência da interdependência econômica contemporânea, com uma característica básica: a de que o sistema econômico a que elas pertencem poderia, a rigor, ser chamado de *global*, mas não de *universal*. De fato, tanto o *status* diferenciado de seus membros, assim como os mecanismos e processos assimétricos de decisão e de comando que as distinguem identificam essas organizações como pertencendo a um "mundo de ricos" e a um cenário de responsabilidades desiguais que apresenta, basicamente, uma configuração orwelliana: todos os países são formalmente iguais, nos termos do direito internacional, mas na prática alguns são "mais iguais" do que outros.

O que isso pode significar para um país "subdesenvolvido" como o Brasil na presente conjuntura *fin-de-siècle* de mudanças econômicas fundamentais e de transformações políticas cruciais? Deveria ele buscar, a despeito de tudo, um ingresso negociado nessas entidades dos "mais iguais"? Para expor de forma clara os argumentos do autor, digamos que a questão não se coloca, para o Brasil, de buscar sua inserção econômica internacional num sentido primariamente ou meramente "adesista". Trata-se de um processo de lenta maturação, de assunção de responsabilidades globais, contemporâneo da própria emergência econômica do País e de sua participação, voluntariamente ou não, nas grandes correntes da interdependência econômica global. O Brasil já foi inserido na globalização desde a era dos descobrimentos dos séculos XV-XVI, no momento de sua independência política e novamente na fase das grandes migrações européias, e seria renunciar à sua condição histórica de formação social "cosmopolita" manter-se hoje à margem desse processo em toda a sua extensão.

O Brasil e o multilateralismo econômico

A questão não está, portanto, em recusar ou admitir, de maneira falsamente ideológica, a interdependência global, nem esta se limita à adesão ou presença ativa em algumas poucas entidades multilaterais do "primeiro mundo". Esse problema da inserção do Brasil no cenário econômico global deve ser visto como indissociável da formulação mesma de um projeto de política externa. Trata-se, no caso deste livro, de aportar evidências sobre a relevância das organizações mais representativas do multilateralismo econômico no atual contexto internacional e mais especificamente de sua relevância para o Brasil em seu processo de *aggiornamento* econômico em vista dos grandes desafios do momento. Nesse sentido, elementos opinativos e juízos de valor eventualmente "ideológicos" contidos numa obra que propõe, em termos claros, a necessidade de uma relação de ativa interdependência entre o Brasil e essas organizações, apontam na verdade para uma certa "utopia de atitudes", quais sejam, a identificação dos instrumentos, a seleção das orientações práticas e a implementação das políticas assim definidas para os objetivos perseguidos pela "economia política" de nosso comportamento externo.

Em que pese o julgamento severo do sociólogo Karl Mannheim – ainda válido, apesar de formulado mais de meio século atrás – sobre a relação antitética entre a ideologia e a utopia,[2] não se pode elidir completamente o elemento utópico na formulação de um projeto de política, mesmo no campo da política externa, onde as relações de poder e as situações de conflito, tal como enunciadas pela teoria neo-realista das relações internacionais, tendem a suplantar as aspirações de cooperação e de ação coordenada, como pretendido pela teoria institucionalista.[3] Aliás, é o próprio Mannheim que

---

[2] Ver Karl Mannheim, *Ideology and Utopia*. New York: Routledge and Kegan, 1953.

[3] David A. Baldwin (ed), *Neorealism and Neoliberalism: the contemporary debate.* New York: Columbia University Press, 1993; Robert O. Kehoane, *International Institutions and State Power: essays in international relations theory.* Boulder, Co.: Westview Press, 1989.

coloca a mentalidade utópica como uma das etapas da realização das aspirações. No que se refere à relação do Brasil com as organizações mais representativas do multilateralismo contemporâneo, poderíamos dizer, para retomar o conceito de um outro filósofo alemão, que ela representa, do ponto de vista da política externa brasileira, uma "planificação utópica do futuro".[4]

1.1. A interdependência econômica global

Do nosso ponto de vista, essa construção utópica configura uma nova dimensão das relações internacionais do Brasil e não apenas em sua vertente puramente diplomática, mas igualmente no que se refere aos aspectos econômicos do contínuo esforço de inserção do País nos grandes fluxos internacionais de bens, serviços, capitais, tecnologia, informação. Essa inserção poderia, eventualmente, dispensar a interdependência, da mesma forma como alguns observadores, e não apenas na esquerda, sugerem que o Brasil poderia ou pelo menos deveria evitar ou adiar a globalização.[5] Tal tipo de inserção poderia pugnar, ao contrário, pelo que alguns dos críticos da globalização chamam de "inserção soberana". O problema, contudo, – e aqui entra o elemento igualmente "ideológico" da maior parte dessas propostas – é que esse "projeto de inserção soberana" na economia mundial não é jamais definido em termos precisos, não indica quais seriam os limites da soberania, nem comporta objetivos específicos a serem atingidos pelo Brasil ao cabo desse processo, podendo-se apenas afirmar que ele corresponderia a um vago desejo de "inserção-sem-globalização".

---

[4] Reinhart Koselleck, *Kritik und Krise: eine Beitrag zur Pathogenese der bürgerlichen Welt* (1959), citado segundo a edição italiana, *Critica Illuminista e Crisi della Società Borghese.* Bolonha: Il Mulino, 1972, p. 8.
[5] Vide o livro de Geraldo Banas, *Globalização: a vez do Brasil?* São Paulo: Makron Books, 1996.

O Brasil e o multilateralismo econômico

O autor deste livro acredita, ao contrário, que a inserção econômica internacional do Brasil se fará bem mais facilmente – e de modo mais consentâneo com as *necessidades* atuais da "economia política" das relações externas do País – se a plena aceitação da interdependência econômica for incluída nessa planificação de nosso futuro imediato. Apesar de que o economista-historiador Alexander Gerschenkron formulou uma vez, não sem uma ponta de ironia, seu desejo de ver aplicada uma multa cada vez que conceitos tais como os de "necessidade" ou "necessário" fossem indevidamente utilizados nos trabalhos historiográficos ou sociológicos,[6] a plena aceitação da interdependência global pelo Brasil se nos afigurou, ao cabo de um trabalho de pesquisa basicamente histórico em sua estrutura e desenvolvimento, como uma *necessidade* do momento.

Feitas as advertências metodológicas que são de praxe neste tipo de análise acadêmica, vejamos como se situa o objeto de análise, seu interesse para a diplomacia econômica do Brasil e quais seriam os principais elementos do trabalho aqui apresentado. Ele trata, inclusive em perspectiva histórica, do papel das organizações multilaterais no sistema econômico contemporâneo e de como uma ativa interação do Brasil com essas entidades poderia facilitar uma melhor inserção internacional do País no cenário da globalização. Essas relações são vistas de uma perspectiva global – sobretudo no que se refere à posição dos países em desenvolvimento no sistema multilateral de comércio – e de uma maneira evolutiva, tanto em busca do passado como numa discussão atualizada sobre os problemas atuais da agenda econômica e política brasileira.

O capítulo segundo se ocupa da estrutura política do desenvolvimento econômico brasileiro, isto é, do contexto histórico e institucional que enquadrou, desde

---

[6] Cf. Alexander Gerschenkron, *Economic Backwardness in Historical Perspective*, citado segundo a edição italiana do livro, *Il Problema Storico della Arretratezza Economica*. Turim: Einaudi, 1974, p. 338.

a abertura dos portos, as relações econômicas internacionais do Brasil. O terceiro trata da emergência e da evolução do sistema econômico multilateral, desde 1815 até a atualidade, terreno no qual se observou um certo incremento de participação no nível interestatal. Entre, de um lado, o Congresso de Viena, no qual estiveram representados apenas oito Estados "cristãos", as conferências da paz da Haia e o tratado de Versalhes, que envolveram pouco mais de duas dezenas de países, e, de outro lado, o sistema onusiano, inaugurado com pouco mais de cinqüenta países-membros mas atualmente praticamente universal em termos de participação política de Estados soberanos, a sociedade internacional conheceu uma profunda democratização nos últimos dois séculos, mesmo que os fundamentos do poder não tenham passado por qualquer modificação substancial. Esse fenômeno de ampliação da antiga "democracia censitária" é particularmente visível na elaboração de normas e instituições para o relacionamento econômico internacional, onde as organizações multilaterais de cooperação técnica desempenham relevante papel na construção da interdependência.

Este capítulo histórico segue, na longa duração, a evolução do multilateralismo, fundamentalmente em sua vertente econômica, e examina a inserção internacional do Brasil, um dos poucos países da periferia a terem participado ativamente da construção da "ordem econômica internacional" em várias épocas, através de uma presença diplomática nas diversas conferências multilaterais que presidiram à concepção e ao nascimento dessas organizações intergovernamentais de cooperação. Os demais capítulos enfocam diferentes aspectos do sistema multilateral de comércio, com ênfase na inserção do Brasil e dos países em desenvolvimento na economia mundial, tratando em especial das origens e primeiras etapas das instituições de Bretton Woods, da história de meio século do GATT e, mais recentemente, da OECE/OCDE, da UNCTAD e da OMC.

O Brasil e o multilateralismo econômico

A análise se faz ao abrigo da noção de interdependência, que nos parece um conceito-chave para situar e compreender a formação progressiva da ordem econômica mundial contemporânea, a despeito mesmo da predominância de uma potência economicamente hegemônica durante grande parte desse período. A ordem econômica internacional do pós-guerra, tal como concebida e implementada pela primeira vez em Bretton Woods, acatou basicamente a concepção anglo-saxã de uma "economia política" mundial, na qual os elementos de interdependência se adequaram a uma estrutura de natureza hierárquica: tanto durante a era clássica da *Pax Britannica*, como no da *Pax Americana* que a sucedeu, no decorrer deste "longo século XX"[7] do capitalismo triunfante, a predominância de uma economia hegemônica, mas animada da concepção liberal de organização social dos mercados, não impediu que fossem traçados os fios da interdependência mundial. É certo que ela era comandada por uns e suportada por outros, a ponto de se poder parafrasear George Orwell: na economia mundial, todos os seus integrantes são interdependentes, mas alguns são mais interdependentes do que outros.

A alternativa socialista ao capitalismo realmente existente não ocupou senão um "pequeno" intervalo histórico de setenta anos nos dois séculos aqui examinados. Também é certo que, ao contrário dos fascismos históricos, o socialismo real, tão vilipendiado por seus inimigos ideológicos, não foi diretamente responsável pelas terríveis catástrofes políticas e econômicas que se abateram sobre uma era de incomensuráveis sofrimentos humanos que, aos olhos de um historiador marxista,[8] pôde ser apresentada como o "breve século XX". Assim,

---

[7] A menção é ao ensaio de história braudeliana de Giovanni Arrighi, *The Long Twentieth Century* (Londres: Verso, 1995), consultado em sua edição brasileira, *O longo século XX: dinheiro, poder e as origens de nosso tempo*. Rio de Janeiro: Contraponto; São Paulo: Editora UNESP, 1996.

[8] Ver Eric J. Hobsbawm, *Age of Extremes: the short twentieth century, 1914-1991*. Londres: Michael Joseph, 1994; ver em especial os capítulos 13, "Real Socialism", e 16, "End of Socialism", pp. 372-400 e 461-499. Existe edição brasileira, pela Companhia das Letras.

por exemplo, a ameaça bolchevique não explica a "segunda guerra de trinta anos", na expressão de Arno Mayer,[9] que, entre 1914 e 1945, destruiu a Europa e retirou-lhe a hegemonia mundial, nem a depressão dos anos 30 e a escalada protecionista e unilateralista que se seguiu, deixando uma herança de práticas mercantilistas numa época que, finalmente, reencontra o liberalismo cem anos depois que ele tinha conhecido sua fase áurea.

Uma alternativa concreta ao "modo burguês de produção" nunca figurou, salvo raras exceções, na agenda histórica real da maior parte dos países em desenvolvimento, que se contentaram, num quadro de instabilidade política bem conhecida, com experiências diversas de dirigismo econômico e de intervencionismo estatal. Ao cabo de meio século de tentativas de autonomia econômica e de industrialização substitutiva, os países em desenvolvimento, antes animados pela ideologia desenvolvimentista que caracterizou a CEPAL e a UNCTAD, chegam – *malgré eux*, em alguns casos – à aceitação da interdependência, agora num quadro econômico e político marcado pela ortodoxia econômica (o chamado "consenso de Washington") e pelo primado da democracia liberal. Poucos são os que aceitam voluntariamente a "ideologia" da globalização, mas a maior parte deles parece disposta a enfrentar suas conseqüências práticas, num processo que bem poderia ser descrito, em termos weberianos, como de *Entzauberung*, isto é, de desencantamento (econômico) com o mundo.

Como tenta demonstrar este ensaio, não é essencial, a seu processo de inserção internacional, que o Brasil ingresse no G-7/G-8, no Conselho de Segurança das Nações Unidas ou que ele aumente sua participação nos demais foros do multilateralismo contemporâneo, como as organizações de Bretton Woods, o Clube de Paris e a OCDE. Seria, contudo, importante que suas políticas pú-

---

[9] A segunda guerra de trinta anos começa, na verdade em 1870; cf. Arno Mayer, *The Persistence of the Old Regime: Europe to the Great War*. Londres: Croom Helm, 1981; também existe edição brasileira, pela Editora Campus.

blicas e setoriais pudessem se beneficiar da experiência multiforme dessas entidades e eventualmente inspirar-se no padrão "típico-ideal" de racionalidade econômica tal como proposto por essas organizações. Está claro que o Brasil não deve pautar sua política econômica externa e, de modo geral, suas políticas globais ou setoriais por esquemas ideais de organização produtiva, administrativa ou social determinados de maneira exógena, tanto porque não há um modelo único, quimicamente puro, de estrutura política e econômica mais propenso que outros – calvinista, asiático ou outro ainda não detectado – ao desenvolvimento integrado de um Estado-nação. Os modelos históricos de desenvolvimento econômico e social, aliás, apenas surgem *a posteriori*, nada mais sendo do que generalizações mais ou menos abstratas de experiências nacionais relativamente bem-sucedidas.

Não há, com efeito, na teoria política e na sociologia do desenvolvimento, modelos baseados em fracassos históricos, e as entidades representativas do multilateralismo econômico contemporâneo constituem, hoje em dia, um modelo relevante de "racionalidade econômica" porque os padrões ali seguidos puderam provar sua funcionalidade e operacionalidade do ponto de vista da interdependência capitalista. Ninguém espera, finalmente, que o Brasil seja outra coisa, neste *fin-de-siècle* dominado pelo mercado e pela democracia política, do que um país basicamente capitalista, progressivamente "internacionalizado" e irrestritamente aberto à interdependência global, inclusive para disputar seu espaço na arena mundial e exportar o que ele produz de melhor em termos de bens materiais e valores espirituais, numa saudável exploração de suas vantagens comparativas.

1.2. A agenda econômica internacional do Brasil

No decurso dos últimos cinqüenta anos, a agenda econômica mundial passou por diferentes etapas e processos de estruturação, densificação e de aumento da participação de atores individuais ou coletivos (espaços de integração), trazendo as relações econômicas internacionais do plano predominantemente bilateral no qual ela se situava no período entre-guerras para o âmbito cada vez mais disseminado das negociações multilaterais.

No decorrer do século XIX e na primeira metade do século XX, o conteúdo essencial dessas relações era determinado por acordos bilaterais de comércio – que geralmente continham a cláusula de nação-mais-favorecida, mas muitas vezes sob a forma condicional e restrita – e por umas poucas entidades intergovernamentais dedicadas aos aspectos técnicos da cooperação internacional: "uniões" postal e telegráfica, escritórios de ligações ferroviárias ou marítimas, convenções sobre propriedade industrial e direito autoral. Os capitais circulavam livremente durante a era clássica do *laissez-faire* e as transações bancárias e com ouro não conheciam restrições de monta até o final da *belle-époque*.

A primeira guerra mundial destruiu os fundamentos dessa ordem liberal, introduzindo em seu lugar o protecionismo e restrições dos mais diversos tipos aos fluxos de bens, serviços e capitais. Alguns acordos de matérias-primas tentaram reduzir desequilíbrios entre a oferta e a procura de determinados bens, mas eles tiveram escasso sucesso em sua implementação. As cláusulas econômicas da paz de Versalhes e algumas das instituições ali criadas (OIT, Liga das Nações) tentaram reduzir o potencial de conflitos embutido no sistema discriminatório então existente, baseado nos sistemas coloniais de reservas de mercado e de preferências tarifárias.

A crise dos anos 1930 e a depressão que se seguiu bloquearam contudo qualquer solução cooperativa para os problemas do comércio mundial de bens e dos fluxos de pagamentos: as políticas de "exportação do desemprego", de desvalorizações competitivas, bem como os sistemas discriminatórios de intercâmbio (muitos deles baseados na compensação estrita) e de controle de capitais mergulharam a maior parte do sistema capitalista numa das piores crises já conhecidas em sua história econômica mundial.

Ao reunirem-se, ainda durante a segunda guerra, as potências aliadas buscaram reconstruir em novas bases a ordem econômica internacional, reduzindo o grau de bilateralidade discriminatória em favor de um sistema tanto quanto possível multilateral, dotado de regras transparentes e não-discriminatórias e aberto à adesão contínua de um número cada vez mais amplo de parceiros. Pode-se dizer que a histórica econômica mundial, de Bretton Woods a Marraqueche, constitui um itinerário imperfeito em busca desses ideais, num processo permeado por ensaios e erros, por tentativas e frustrações em torno do princípio sacrossanto do tratamento nacional e da cláusula da nação-mais-favorecida. Os interesses nacionais – e dentro deles os interesses de grupos econômicos determinados –, assim como o grau diferenciado de desenvolvimento industrial dos países participantes do sistema econômico multilateral conjugaram-se para diminuir substantivamente o cenário ideal desenhado no final da segunda guerra.

O sempre crescente número de participantes tornou igualmente complicada a obtenção de um mínimo de consenso em matérias dotadas de evidente complexidade substantiva, razão pela qual muitos setores da atividade econômica permaneceram à margem de qualquer regulamentação multilateral. Em 1944-45, meia centena de países, se tanto, se reuniam para constituir as principais organizações do pós-guerra, em Bretton Woods e em São Francisco, por exemplo, para a constituição do FMI-BIRD e da Organização das Nações Unidas, respectivamente. O GATT começou a funcionar com apenas oito ratificações, dentre os 23 países que participaram, em 1947, das primeiras negociações comerciais multilaterais. No final do século XX, quase duas centenas de países integram o sistema da ONU, ao passo que a conclusão da Rodada Uruguai de negociações comerciais era assinada por mais de 115 representantes de partes contratantes.

A OMC se constituiu, em 1995, com mais de 120 países-membros, ao passo que sua antecessora histórica, a Organização Internacional do Comércio, aprovada por 53 países participantes da Conferência sobre Comércio e Emprego de Havana (1947-48), tinha recolhido, três anos depois, não mais do que duas ratificações, o que evidentemente inviabilizou por completo sua entrada em vigor. O velho GATT de 1947 contava com um punhado, se tanto, de países em desenvolvimento, que sequer participaram das primeiras rodadas de redução tarifária. Ao reclamarem, em princípios dos anos 1960, a adjunção de uma vertente dedicada ao desenvolvimento na agenda comercial internacional, esses países se agruparam no que ficou conhecido como o Grupo dos 77, logo integrado por mais de 120 países.

Meio século atrás, a agenda econômica internacional era dominada por um punhado de países – um grupo não muito diferente do atual G7 –, à exclusão dos que então tinham "optado", voluntariamente ou não, pela economia centralmente planificada e daquelas zonas econômicas que conformavam a periferia formal e informal das potências colonizadoras. Em Bretton Woods, por exemplo, atuaram basicamente os Estados Unidos e o Reino Unido, que se opuseram mais intensamente entre si do que o fizeram os interesses ocidentais àqueles representados pela então União Soviética. Em contraste, para discutir o impacto e os desafios trazidos pela crise financeira asiática de 1997-1998, o G-7 convocou outros quinze países emergentes – ex-socialistas e em desenvolvimento – num foro informal logo conhecido como sendo o G-22, cuja agenda de debates não diferia muito daquela que estava sendo conduzida paralelamente pelo FMI.

O Brasil e o multilateralismo econômico

Se é verdade que, em princípios do século XXI, essa agenda continua de certa forma a ser dominada, como no século XIX, pelos interesses das economias mais avançadas – o "diretório econômico" do G7 –, o processo decisório tornou-se bem mais complexo, ou pelo menos mais participativo, a despeito mesmo de uma relativa convergência conceitual em torno dos princípios da economia capitalista. O conteúdo temático e o alcance das negociações, finalmente, se ampliaram dramaticamente para setores regulatórios cada vez mais extensos e substantivos, fazendo com que a normatividade internacional penetrasse em campos de intervenção econômica antes restritos à soberania exclusiva dos Estados.

O Brasil participou ativamente da conformação e da negociação substantiva dessa agenda econômica internacional do último meio século, tendo sua diplomacia exercido um certo papel protagônico na definição dos interesses dos países anteriormente chamados de "subdesenvolvidos" e mais recentemente de "em desenvolvimento". De uma maneira geral, pode-se dizer que a política exterior do Brasil, nestas últimas cinco ou seis décadas, foi antes de tudo a expressão de uma economia política, podendo ser traduzida num único conceito global: diplomacia do desenvolvimento. O nacional-desenvolvimentismo, a partir da era Getúlio Vargas, passou a ser a chave das relações econômicas internacionais do Brasil e também o princípio orientador da política exterior do Brasil desde essa época até os nossos dias.

Essa diplomacia econômica centrada numa agenda voltada para a industrialização e o desenvolvimento do país foi, durante algum tempo, sinônimo de protecionismo exagerado, de nacionalismo estatizante e de fechamento à economia mundial. Desde a crise dos anos 80 e o início do processo de integração regional, a política econômica interna e a postura internacional do Brasil têm apresentado novas facetas e características, típicas de um país em fase de transição para uma nova etapa de seu desenvolvimento econômico. A diplomacia profissional brasileira, sobretudo em sua vertente econômica multilateral, vem acompanhando essas inflexões e correções de rumo, quando não determinado algumas das novas orientações em matéria de política econômica externa. Uma perspectiva ampla da participação brasileira nas principais organizações econômicas do pósguerra, tal como estudada neste trabalho, revela quais foram as principais preocupações de nossa diplomacia.

1.3. A história como instrumento da análise econômica

A abordagem privilegiada nesta obra é essencialmente de natureza histórica, ainda que ela contenha uma parte importante de discussão sobre as políticas econômicas – macroestruturais e setoriais – e seu impacto na formulação das políticas públicas em geral, como alavancas relevantes, provavelmente estratégicas, de qualquer exercício de inserção internacional de um país minimamente interessado em se fazer ouvir no chamado concerto mundial. Mas é a metodologia histórica que sustenta os argumentos de "economia política" que permeiam todo o trabalho. Isto se deve a que a informação histórica constitui a base indispensável de toda e qualquer análise sobre processos de inserção nas relações econômicas internacionais.

Assim, a descrição dos principais instrumentos e organismos econômicos multilaterais ou, ainda, a exposição e discussão, por exemplo, das particularidades brasileiras no contexto da ordem econômica mundial e, a mais forte razão, a discussão dos modos de inserção dos países em desenvolvimento no sistema econômico multilateral – envolvendo comércio de bens e serviços, fluxos de capital, tecnologia, informação proprietária, etc., – seguem, fundamentalmente, um método histórico de análise e diagnóstico dos problemas que se encontram na agenda desses atores respectivos. Isto não quer dizer que o método de abordagem aqui seguido seja simplesmente linear, partindo dos documentos, fazendo a crítica apropriada de determinadas posições, através das perguntas pertinentes ou adequadas, estabelecendo comparações e traçando o roteiro do que, no seguimento de um Ranke, os historiadores chamam de "o que se passou efetivamente": *wie es eigentlich gewesen*.[10] A essa história fatual ou história-período, um grande espírito do conhecimento histórico contrapunha, há mais de cem anos já, a história-problema: o grande preceito de Lord Acton, no final do século XIX, era "estudem os problemas, não os períodos".[11]

Na verdade, mesmo os historiadores que estudam períodos limitados elaboram "sua" história a partir de um certo número de questões – as *hipóteses* de trabalho de toda dissertação científica –, que devem estar suficientemente explícitas para julgar se o resultado obtido corresponde verdadeiramente aos objetivos da pesquisa. As questões mais importantes deste trabalho se referem à emergência do multilateralismo contemporâneo e à forma pela qual o Brasil se inseriu no sistema da economia internacional.

O presente livro busca, no modesto terreno que é o seu, contribuir para que, através de um conhecimento mais acurado da história da *Ordem* internacional contemporânea, a política econômica externa do Brasil, um Estado-nação extremamente desigual e insuficientemente desenvolvido do ponto de vista tecnológico e científico, possa superar alguns dos atuais impasses de seu

---

[10] Essa famosa frase é retirada do Prefácio ao seu livro *Histórias das Nações Latinas e Germânicas a partir de 1494-1514* (1824): "À História se atribuiu o dever de julgar o passado, de instruir nossos tempos para o benefício dos anos futuros. Este ensaio não aspira a tão nobre dever; ele apenas pretende mostrar como ela aconteceu realmente – *wie es eigentlich gewesen*". Cf. "Leopold von Ranke" in Peter Gay e Victor G. Wexler, *Historians at Work*, vol. III: *Niebuhr to Maitland*. New York: Harper & Row, 1975, p. 16.

[11] A referência está em Lord Acton, *A Lecture on the Study of History, delivered at Cambridge, june 11, 1895* (Londres: Macmillan, 1895), citado por Antoine Prost, *Douze Leçons sur l'histoire*. Paris: Seuil, 1996, p. 75. Ver também François Furet, *De l'histoire récit à l'histoire problème*. Paris: Diogène, 1975.

desenvolvimento e alcançar um grau de *Progresso* social compatível com as aspirações de sua população. O trabalho do diplomata nada mais representa, finalmente, do que a tarefa sempre renovada de tentar inserir o País, da melhor forma possível, nessa *ordem* internacional ainda relativamente anárquica de um *fin-de-siècle* definitivamente marcado por uma *Entzauberung* diplomático-weberiana, de maneira a habilitá-lo a utilizar, também da melhor forma possível, os recursos eventualmente disponíveis para impulsionar o *progresso* da Nação.

Essa aspiração, como já se disse, costuma separar o verdadeiro estadista do simples homem político e, ainda que se considere o diplomata como um mero executor de diretrizes estabelecidas hierarquicamente – algo assim como um burocrata da política externa, e não como um formulador de linhas de ação –, não há porque negar-lhe o direito de, não apenas cumprir instruções e executar ordens superiores, mas também de buscar para seu País os melhores caminhos para uma inserção internacional bem-sucedida e digna de granjear-lhe o respeito dos demais membros da comunidade de nações.

A bibliografia arrolada *in fine* sobre a inserção econômica internacional do Brasil não evidencia provavelmente todas as fontes de estudo e pesquisa efetivamente utilizadas pelo autor ao longo de muitos anos de leitura paciente e notas minuciosas sobre temas de história econômica brasileira, sobre problemas de relações internacionais e sobre questões gerais de política externa e a diplomacia brasileira em particular.[12] Muitos outros artigos e livros, já incorporados em trabalhos

---

[12] Uma discussão de ordem metodológica e uma análise de crítica historiográfica sobre as relações internacionais do Brasil foram apresentadas respectivamente nos ensaios "Relações Internacionais do Brasil: introdução metodológica a um estudo global", *Contexto Internacional*, Rio de Janeiro: vol. 13, n° 2, julho-dezembro 1991, pp. 161-185, e "Estudos de Relações Internacionais do Brasil: Etapas da produção historiográfica brasileira, 1927-1992", *Revista Brasileira de Política Internacional*, Brasília: ano 36, n° 1, 1993, pp. 11-36. Ambos os textos, o último com atualização para as obras mais recentes, foram incorporados a meu livro *Relações Internacionais e Política Externa do Brasil: dos descobrimentos à globalização*. Porto Alegre: Editora da UFRGS, 1998.

anteriores, ficaram assim à margem de uma citação explícita como referência imediata de discussão de um determinado problema. Mas, a listagem ali efetuada consolida algumas das dívidas intelectuais contraídas pelo autor ao longo da preparação deste livro.

Capítulo 2

O Brasil e a economia mundial: dois séculos de história

As relações econômicas internacionais são caracterizadas, antes de mais nada, pela enorme desigualdade de poder e de recursos entre as muitas nações que integram, segundo diferentes modalidades de inserção, o chamado *sistema econômico mundial*. O conceito de *sistema econômico* internacional não possui ainda estatuto próprio nas disciplinas relativas a esse campo de estudos – teoria ou história das relações internacionais –, mas ele poderia ser constituído por aquela entidade difusa que alguns historiadores, a exemplo de Immanuel Wallerstein, chamam de *world-system* e que outros, no seguimento de Alfred Weber e de Fernand Braudel, designariam como sendo uma *Weltwirtschaft*.[13]

Embora seja duvidoso que em épocas pretéritas – como, por exemplo, sob o mercantilismo clássico dos séculos XVII e XVIII – se pudesse falar de um *sistema econômico* internacional, é certo que, desde a época do capitalismo triunfante e do *bourgeois conquérant*, tão bem analisados no século XIX por Marx desde seu primeiro

---

[13] Esse conceito de "economia-mundo", que a partir da adequada e precisa expressão alemã Braudel lançou na historiografia econômica e social, foi retomado e desenvolvido por Wallerstein em seu, agora clássico, *The Modern World System*. Nova Iorque: Academic Press, 1974. O precursor do conceito de economia mundial é evidentemente Alfred Weber, irmão de Max, em seu livro *Weltwirtschaft*, cuja primeira edição é de 1932, aqui consultada na versão em espanhol: *Economía Mundial*. Barcelona, Labor, 1955. Braudel emprega extensivamente o conceito em sua trilogia *Économie, Civilisation Matérielle et Capitalisme: XV-XVIIIème siècles*. Paris: Armand Colin, 3 vols., 1979, em especial no terceiro volume, consultado em sua versão em ingês, *The Perspective of the World*. Londres, Collins/Fontana Press, 1984.

O Brasil e o multilateralismo econômico

panfleto revolucionário, os laços de subordinação e de dependência que sempre uniram as economias nacionais vêm se intensificando de tal maneira que as relações econômicas internacionais podem ser basicamente descritas, atualmente, sob o signo do conceito de *interdependência*. A interdependência está no próprio centro do sistema econômico internacional contemporâneo, e os acordos e organizações multilaterais de caráter intergovernamental que regulam essas relações econômicas *interestatais* – a começar pelo GATT, mas incluindo também as duas instituições de Bretton Woods – constituem seu substrato jurídico e a expressão de uma normatividade em construção. Muito embora alguns observadores sejam levados a encontrar traços de mercantilismo moderno na atuação dessas entidades, deve-se reconhecer que algumas vertentes do intenso relacionamento que se desenvolve entre os países integrados ao sistema de comércio multilateral escapam à esfera estrita da ação estatal, cobrindo também, por exemplo, a ação transfronteiriça das empresas multinacionais.

Com efeito, mais do que os fenômenos aparentemente opostos e contraditórios – mas que são, em grande medida, processos basicamente complementares – da *globalização* e da *regionalização*, é a *interdependência* que parece constituir o traço dominante das relações internacionais contemporâneas. Ela intervém não para decretar o "fim do Estado-nação", como muitos idealisticamente concebem, mas para minar, de fato, a autonomia e a eficácia das políticas macroeconômicas dos governos. Não obstante essa erosão do mundo vestfaliano e a despeito de uma lenta, mas progressiva, evolução para a constituição de soberanias coletivas – evidente no caso da União Européia –, a ordem política internacional continua a ser basicamente dominada pela realidade dos Estados nacionais e seus interesses individuais e egoístas.[14]

---

[14] Para uma análise histórica abrangente da sociedade internacional e dos Estados nacionais, ver o livro de um dos expoentes da escola inglesa de

2.1. Economia internacional e diplomacia econômica

Se, para usarmos conceitos caros a Celso Lafer, a política internacional se mantém essencialmente *maquiavélica/hobbesiana*, a economia é, por sua vez, instintivamente *grociana*, no sentido de que os mercados se apresentam como necessariamente relacionais e interativos. Na esfera econômica, efetivamente, os ciclos de atividades das economias nacionais são cada vez mais determinados pelos equilíbrios externos e pelos vínculos de interdependência que se estabelecem em escala planetária. Em conseqüência, os governos dos Estados nacionais não mais detêm, no âmbito da vida econômica, o mesmo comando de decisões que eles ainda conservam, com as limitações de seus respectivos sistemas constitucionais, no quadro do sistema político. O conceito de "indústria nacional" tornou-se, se não um "mito", pelo menos irrelevante para todos os efeitos práticos, na medida em que *know-how*, tecnologia, processos e insumos produtivos e, sobretudo, mercados consumidores se apresentam hoje em dimensões necessariamente mundiais. Em outros termos, se ainda estamos longe de um sistema político internacional – que seria um hipotético "fim da História" –, diversos elementos apontam para o reforço e a consolidação de uma verdadeira economia mundial – ou seja, uma espécie de "fim da Geografia". O processo é observado com maior ênfase nas experiências de integração econômica, mas nenhum país minimamente vocacionado para o crescimento e a modernização tecnológica pode atualmente conceber qualquer projeto nacional em um sentido autárquico ou estreitamente independente.

Essa tendência à crescente autonomia das estruturas econômicas com respeito a seus respectivos sistemas políticos nacionais não deixa de afetar a ordem política

---

relações internacionais, Adam Watson, *The Evolution of International Society: a comparative historical analysis*. Londres: Routledge, 1992.

internacional, na qual se observa uma mudança de natureza e de objetivos na agenda mundial e nos debates conduzidos nos foros internacionais. Daí advêm algumas mudanças de importância para a ação diplomática. Com efeito, a antiga ênfase na cooperação interestatal, marcada pela predominância do bilateralismo e do estrito equilíbrio de vantagens recíprocas, dá lugar à afirmação progressiva mas crescente do multilateralismo – em âmbito restrito ou ampliado, consoante os fenômenos do regionalismo e da globalização –, processo complexo no curso do qual a avaliação das concessões efetuadas, a escala das barganhas respectivas e a aferição dos ganhos comparativos se apresentam como de mais difícil quantificação.

Essa mutação no cenário econômico internacional repercute igualmente no âmbito teórico, com a sofisticação crescente dos conceitos e do aparato analítico mobilizados para o estudo desses vínculos de interdependência econômica das nações. A economia internacional constitui um subconjunto específico da disciplina econômica, tratando principalmente do comércio internacional de bens e serviços, dos movimentos de capitais e pagamentos, dos fenômenos de câmbio e de reservas internacionais e das demais condições para o equilíbrio do balanço de pagamentos. Enquanto a economia internacional trata, sobretudo, dos agregados econômicos e das relações entre esses agregados, a diplomacia econômica internacional deve levar em conta, também, os aspectos regulatórios e normativos do intercâmbio internacional, consubstanciados nos acordos internacionais, bilaterais, plurilaterais ou multilaterais. A economia internacional pode até encontrar a *rationale* da intensificação dos laços de interdependência ativa dos subsistemas econômicos nacionais, mas ela raramente se ocupa das negociações que levaram à adoção desses acordos e seus fundamentos políticos.

Esse terreno pertence à esfera de investigação das relações econômicas internacionais, que formam, por sua vez, um campo determinado de estudos situado na interseção da ciência econômica com as relações internacionais. Esse campo de estudos, ao qual se vincula diretamente a diplomacia econômica, compreende, em primeiro lugar, as relações de comércio entre as nações – anteriormente reguladas pelos acordos bilaterais –, mas também os movimentos internacionais de capitais, as políticas comerciais e monetárias adotadas pelos diferentes Estados e, de modo cada vez mais expressivo, os grandes acordos regionais ou multilaterais que visam a estimular ou regular os fluxos comerciais, financeiros e tecnológicos internacionais. Outros possíveis temas de interesse das relações econômicas internacionais são os meios de comunicação e transportes entre os países e o movimento transfronteiriço de pessoas (migrações, turismo), que são igualmente objeto de acordos bilaterais, regionais ou multilaterais.

Na ausência de uma *política econômica internacional* – em que pesem os esforços dos *founding fathers* da ordem econômica internacional do pós-guerra, em Bretton Woods, e, mais recentemente, dos dirigentes do G-7 –, as relações econômicas internacionais partem do suposto do *Estado-nação*, que é a realidade imanente às relações internacionais de um modo geral. Cada país dispõe de uma política econômica própria e essa política econômica inclui igualmente uma política econômica externa. Esta, por sua vez, se divide em uma vertente comercial, em uma política relativa aos capitais estrangeiros (de empréstimo ou sob a forma de investimentos diretos), em uma política monetária internacional (conversibilidade da moeda nacional, reservas de câmbio etc.), uma política de cooperação científica e tecnológica (sob a forma, por exemplo, de acordos bilaterais ou plurilaterais de cooperação técnica, de convenções multilaterais sobre a propriedade intelectual, de projetos conjuntos de pesquisa e desenvolvimento entre empresas e instituições públicas) e mesmo uma política de recursos humanos (na qual se inclui a política migratória ou, pelo menos, de atração de "cérebros").

A política econômica externa dos Estados tornou-se cada vez mais importante neste século, à medida que os regimes protecionistas ou autárquicos do passado foram sendo erodidos pela crescente mobilidade internacional dos fatores de produção, em primeiro lugar o capital (onde se inclui o *know-how*) e em grau menor o trabalho (não apenas a mão-de-obra migrante, mas também os serviços especializados), a terra permanecendo, por sua vez, o fator imóvel por excelência. Na medida em que a remuneração dos fatores tende a ser equalizada no interior dos países – muitos dos quais, a despeito de marcadas diferenças socioeconômicas regionais, possuem leis *nacionais* de salário mínimo, de direitos laborais, tarifas uniformes por serviços públicos etc. –, mas mais dificilmente entre os países, as diferentes políticas nacionais relativas ao relacionamento econômico externo assumem importância estratégica nas relações internacionais contemporâneas.

O capital, sobretudo, o mais circulante dos fatores de produção, é altamente sensível às medidas de estímulo ou de restrição que os Estados são suscetíveis de adotar para regular a atividade econômica no interior de suas fronteiras. Mais do que durante o período clássico do capitalismo "manchesteriano" e das políticas de *laissez-faire* dos Estados liberais do século XIX, esta é a verdadeira "era do capital". Os detentores de capital procuram, em conseqüência, influenciar no sentido da adoção de um meio ambiente internacional e nacional aberto à mobilidade absoluta desse fator, sobretudo em sua forma classicamente monetária. Os Estados contemporâneos hesitam, com uma certa razão, em impor gravames fiscais a esse todo-poderoso fator de produção na medida em que diferenciais tributários entre os países podem precipitar e acelerar a sempre crescente mobilidade do capital. Na outra vertente, produtores de mercadorias que atuam exclusivamente sobre a base do mercado interno tendem a exercer pressão sobre as lideranças políticas e as autoridades financeiras para a adoção de uma política comercial, fiscal e de investimentos externos de caráter mais restritivo, isto é, protecionista.

As restrições ainda remanescentes à livre circulação de capitais são de certa forma mais importantes nas áreas financeira e bancária do que no setor produtivo, uma vez que os mercados monetários são notoriamente mais voláteis do que os ativos fixos. A evolução da estrutura do intercâmbio internacional tem indicado, assim, uma crescente interdependência dos sistemas manufatureiros, na medida em que o perfil de determinadas indústrias combina *inputs* de origens diversas – produtos naturais e sintéticos, matérias-primas ou produtos intermediários, componentes para montagem etc. – com vistas à exportação para terceiros mercados: trata-se da mudança do padrão de trocas de uma base intersetorial – ainda típica do comércio Norte-Sul – para uma intra-setorial e mesmo intra-ramos, quando não intrafirmas. A tendência aponta, portanto, para uma abertura progressiva dos mercados nacionais às trocas internacionais, geralmente inter-regionais ou entre países que dispõem de estruturas produtivas similares. Os acordos internacionais de comércio – antigamente conhecidos sob a forma clássica dos "tratados de amizade, comércio e navegação" – tendem a confirmar, no terreno jurídico, a realidade dessas relações de complementaridade recíproca entre os países, assim como o quadro jurídico do GATT serviu para multilateralizar no pósguerra a velha cláusula da nação-mais-favorecida, princípio elementar, junto com o tratamento nacional, das relações econômicas internacionais.

No que se refere especificamente aos países em desenvolvimento, suas relações econômicas internacionais constituíram, na maior parte dos casos, a materialização de relações desiguais que tinham sua origem no campo político. Com efeito, eles ingressaram historica-

O Brasil e o multilateralismo econômico

mente no mercado mundial como colônias ou dependências econômicas dos países mais avançados, aos quais eles forneciam matérias-primas e dos quais eles adquiriam manufaturas: eles ainda o fazem, na grande maioria dos casos. A característica mais evidente desses países é precisamente o fato de eles, em decorrência desse estatuto, não terem conformado sistemas endógenos de desenvolvimento, isto é, um modelo de crescimento econômico autônomo.

Sua história econômica, como alertou diversas vezes Celso Furtado, não poderia ter sido, simplesmente, uma repetição retardada no tempo das experiências econômicas e sociais dos países mais avançados, mas sim uma experiência única e original, tão exclusiva quanto o próprio desenvolvimento dos países precocemente industrializados: "o subdesenvolvimento constitui uma situação histórica específica e não uma fase pela qual teriam passado obrigatoriamente as economias que já atingiram um nível de desenvolvimento superior".[15] As disparidades de rendas, relativamente reduzidas nas primeiras etapas da Revolução Industrial, tornaram-se progressivamente mais amplas, à medida que o progresso tecnológico foi sendo incorporado aos sistemas produtivos nacionais dos países industrializados.[16] Estes desenvolveram, para parafrasear o conhecido conceito de Marx, um "modo inventivo de produção", condição estrutural de seu desenvolvimento endógeno a que parecem singularmente arredios os países em desenvolvimento. É deles também que partiu a maior parte, se não a totalidade, das iniciativas tendentes a sistematizar as relações econômicas internacionais em um conjunto uniforme e previsível de regras de conduta, assim como são eles que determinam o conteúdo e a marcha da agenda econômica internacional.

---

[15] Cf. Celso Furtado, *Desenvolvimento e subdesenvolvimento*. Rio de Janeiro: Fundo de Cultura, 1961.

[16] Nathan Rosenberg e L. E. Birdzell Jr., *How the West Grew Rich*. Nova Iorque: Basic Books, 1986.

2.2. Relações econômicas internacionais do Brasil

Tal situação de assimetria no relacionamento histórico entre países desenvolvidos e em desenvolvimento deriva não apenas do papel das relações econômicas externas na formação da própria nacionalidade desses países – relações caracterizadas obviamente pela dominação e pela exploração –, mas, sobretudo, de problemas específicos de estrutura social e de condições pouco favoráveis à disseminação do progresso técnico. O Brasil, por exemplo, na afirmação de um de seus mais eminentes historiadores, foi organizado primariamente para fornecer mercadorias a mercados externos.[17] Sua constituição progressiva enquanto formação econômica e social esteve pois associada a esse papel de centro produtor e exportador de bens e é nessa condição de peça importante no comércio exterior português que deve ser visto o processo da crescente afirmação de uma individualidade nacional que, a termo, conduzirá à independência política, mas não necessariamente à independência econômica.

As bases do relacionamento econômico externo nessa fase pré-independência, que determinam igualmente e em grande medida as formas e características do relacionamento político do Brasil português, são dadas pelo chamado "pacto colonial" e pela legislação metropolitana, esta última regulando as condições de ocupação do território e as obrigações econômicas dos súditos em relação à Coroa. O "pacto colonial", como se sabe, é o estabelecimento de vínculos incontornáveis entre as diversas colônias e a metrópole, pelos quais todo e qualquer comércio externo tem como centro e órgão regulador a alfândega de Lisboa. O "pacto colonial" prescinde de qualquer exercício de relações econômicas internacionais autônomas, assim como elimina,

---

[17] *Vide* as obras mais importantes de Caio Prado Jr., *Formação do Brasil Contemporâneo* e *História Econômica do Brasil*, diversas edições.

evidentemente, qualquer possibilidade de diplomacia econômica.

Tendo sido, portanto, inserido na economia internacional como simples fornecedor de algumas poucas matérias-primas, o Brasil manteve-se praticamente em tal situação até um período muito recente de sua história econômica. Os chamados ciclos de produtos – pau-brasil, açúcar, ouro, algodão, borracha, café – representam, aliás, a própria história dessa incorporação na economia internacional. Um panorama sintético sobre a evolução dessas diferentes formas de inserção do Brasil no sistema econômico internacional e seus fatores internos pode ser visto no quadro sinóptico do Apêndice 1, que apresenta os principais vetores de suas relações econômicas internacionais do descobrimento ao final do século XIX. A participação dos principais produtos de exportação na pauta do comércio exterior brasileiro do século XIX pode, por sua vez, ser constatada na tabela abaixo.

Quadro 2.1
Principais produtos de exportação do Brasil, 1821-1900 (%)

	Café	Açúcar	Algodão	Couros	Fumo	Cacau	Borracha	Mate	Total
1821-30	18,6	32,2	19,9	13,7	2,4	0,4	0,1	-	87,5
1831-40	43,8	24,0	10,9	7,9	1,9	0,6	0,3	0,5	90,6
1841-50	41,3	26,7	7,5	8,6	1,8	0,9	0,4	0,9	88,1
1851-60	48,8	21,2	6,2	7,2	2,6	1,1	2,2	1,5	90,8
1861-70	45,2	12,1	18,3	6,1	3,0	1,0	3,2	1,2	90,1
1871-80	56,4	11,9	9,5	5,5	3,4	1,2	5,5	1,5	94,9
1881-90	61,7	9,9	4,2	3,2	2,7	1,6	7,7	1,1	92,3
1891-900	63,8	5,6	2,5	2,5	2,3	1,5	15,8	1,4	95,6

Fonte: J. Palazzo, *Estudos de Economia Internacional*, p. 232.

Apenas a partir do último terço do século XX é que o Brasil busca voluntariamente um outro tipo de inserção, como exportador de produtos manufaturados desta vez. Ao longo desses quase cinco séculos de história econômica, as relações do sistema econômico nacional com a economia mundial transformaram-se profundamente, sobretudo nas últimas décadas, com a passagem de uma estreita relação – excessiva dependência, diriam alguns – para uma situação de relativa autarquia e isolamento das correntes dinâmicas do comércio internacional. Na fase recente, as relações com o sistema mundial voltam a se estreitar, pela abertura da economia brasileira e pela participação do país em um projeto de integração regional, o Mercosul.[18]

O setor externo influenciou poderosamente a economia brasileira e as próprias relações internacionais do país até praticamente a Primeira Guerra Mundial. A partir daí, o Brasil descolou-se da economia internacional, movimento acentuado a partir de 1930, para retomar e intensificar seus vínculos econômicos internacionais apenas nos anos 80. Com efeito, em meados do século passado, as exportações brasileiras representavam cerca de 20% do produto total, participação que cairia a menos de um oitavo (12,5%) nos anos 30 e a uma média de 8% no pós-guerra.

A inserção econômica externa até princípios deste século, isto é, o grau relativo de abertura internacional aos fluxos de bens e serviços estrangeiros, determinava não apenas o ritmo do desenvolvimento brasileiro, mas marcava também as flutuações cíclicas de seu setor econômico, geralmente caracterizado pela dominação de um produto principal. Esses dados podem ser medidos pelo coeficiente de abertura externa da economia (proporção do comércio exterior em relação ao PIB), pela relação de trocas e pelo volume dos investimentos estrangeiros.[19] O coeficiente de importação – isto é, a relação percentual entre as importações e o PIB – caiu de uma média de 22% entre 1920 e 1929, para 6% entre 1961 e 1967: apesar da abertura notável da economia no período recente, ele ainda não supera 8% do PIB.

---

[18] Analisei o processo histórico de formação do Mercosul e sua inserção na economia mundial em *O Mercosul no contexto regional e internacional*. São Paulo: Aduaneiras, 1993. Para uma versão atualizada desse trabalho ver *Mercosul: fundamentos e perspectivas*. São Paulo: LTr, 1998.

[19] Ver Raymond W. Goldsmith, *Brasil, 1850-1984: desenvolvimento financeiro sob um século de inflação*. São Paulo: Harper & Row, 1986.

Nos anos 50, as exportações brasileiras ainda estavam concentradas em três produtos principais: café, açúcar e cacau, e o café cobria, desde princípios do século, entre a metade e mais de dois terços das exportações totais; tabaco, algodão e erva-mate, ademais da borracha, completavam nossa pauta de comércio exterior. A participação dos produtos agrícolas, ainda relativamente importante se considerarmos a ascensão do complexo da soja nos anos 70 e dos cítricos nessa mesma época, declina gradativamente para menos de 40% nos anos 80, como resultado do aumento dos manufaturados. Tal estrutura do comércio externo explica por que a diplomacia econômica brasileira foi, durante toda a primeira metade deste século até os anos 60, particularmente ativa no campo das negociações de acordos econômicos de produtos de base, relativizando progressivamente sua importância à medida que a industrialização diversificava a pauta das exportações. Da "diplomacia do café", inaugurada de maneira unilateral em princípios do século mediante esquemas de sustentação dos preços do produto (via retenção de estoques), passa-se à "diplomacia da promoção comercial", com o oferecimento de informações comerciais pelos postos no exterior, a designação de funcionários diplomáticos para os esforços de penetração de mercados e o estabelecimento, no plano interno, de uma rede de mecanismos (subvenções, incentivos fiscais) de estímulo às exportações de manufaturados.

Do lado das importações, desde o final dos anos 50 que os equipamentos industriais, ademais de combustíveis, compõem parte substancial das compras externas. As contas de serviços, em contrapartida, sempre foram deficitárias, em geral devido aos pagamentos líquidos de juros, seguros e fretes. A balança de transações correntes tendeu a apresentar déficit equivalente a 1% do PIB, volume aumentado para 3,5% nos anos 70, época dos grandes choques externos e do endividamento. Paradoxalmente, mas explicável certamente pela necessidade de gerar grandes saldos em divisas para o serviço da dívida, o comércio exterior brasileiro torna-se, a partir dessa época, "estruturalmente" superavitário, com base, evidentemente, em fortes doses de protecionismo tarifário e um incontável número de barreiras não-tarifárias. A situação voltou a se inverter a partir da abertura econômica conduzida desde princípios dos anos 90 e, sobretudo, com a utilização da "âncora cambial" como forma de se garantir o processo de estabilização monetária implementado com o Plano Real, desde julho de 1994.

Os investimentos diretos foram relevantes no século passado, quando da construção de ferrovias, e novamente a partir dos anos 50, durante o esforço industrializador. No geral, porém, as importações de capital se fizeram por motivos financeiros, para cobertura das obrigações externas em divisas. Os investimentos britânicos eram responsáveis por três quintos de todos os investimentos externos até 1914, sendo depois substituídos pelos norte-americanos, sobretudo a partir de 1930.[20] Após novo *boom* de investimentos diretos durante a fase de rápido crescimento de princípios dos anos 70, as entradas de capitais voltam a se dar essencialmente por razões financeiras a partir das crises do petróleo e da dívida externa, induzindo em parte o forte processo inflacionário conhecido nos anos 80 e princípios dos 90. Poder-se-ia eventualmente falar de uma "diplomacia da dívida", mas o conceito se encaixa mal no formato conhecido classicamente em diplomacia, que implica uma certa uniformidade ou similaridade de agentes negociadores (Estados soberanos em ambos os lados da mesa, por exemplo). As situações claramente negociadoras no caso da dívida, quando surgiram, foram mais decorrentes de situações de fato de inadimplência, do que resultantes de uma identidade ou reciprocidade de interesses ou do desejo de cooperação.

---

[20] Cf. Goldsmith, op. cit., p. 15.

2.3. O Brasil no sistema econômico internacional

O conhecimento adequado do quadro jurídico contemporâneo das relações econômicas internacionais afigura-se, assim, essencial para a plena compreensão dos modos possíveis de inserção econômica externa de um país como o Brasil. Com efeito, desde o seguimento imediato do Congresso de Viena – no qual, aliás, os interesses do Brasil nascente, em termos de navegação de rios internacionais e da continuidade do tráfico de escravos, estiveram representados, como não poderia deixar de ser, pelos diplomatas da Corte portuguesa – até a criação recente da Organização Mundial do Comércio, a diplomacia econômica brasileira desdobrou-se, em quase dois séculos, em uma multiplicidade de conferências, organizações, encontros e instituições de caráter político-econômico, nos planos bilateral, regional e multilateral. Suas principais áreas de trabalho tocam os temas comerciais, financeiros, de investimentos e de tecnologia, para não falar na própria regulação institucional – interna e externa – das relações econômicas internacionais. Para ilustrar as grandes linhas evolutivas dessa diplomacia econômica, o quadro transcrito no Apêndice 2 apresenta uma visão abrangente dos grandes eixos conceituais da diplomacia econômica no Brasil, nos séculos XIX e XX.

Apesar de ter sido sempre incluído, por historiadores e sociólogos, na categoria dos países "periféricos" ou "dependentes", o Brasil nunca deixou de manter com o sistema econômico internacional uma relação estratégica e fundamental, ainda que marcada por uma determinação unidirecional *vis-à-vis* os países centrais ou dominantes, conformando uma situação relacional de tipo assimétrica. A economia da fase independente não inovou substantivamente em relação às estruturas de produção conhecidas no período colonial, mas uma precoce organização estatal, segundo um modelo político-institucional europeu, trouxe, é verdade, um grau de participação no sistema internacional substantivamente mais importante que o permitiria normalmente o peso de sua economia nos circuitos mundiais de produção e comércio.

Uma diplomacia relativamente mais participativa no jogo das "potências" do século XIX, comparativamente à dos demais países do continente, colocou o Brasil em uma situação distinta em relação ao padrão típico dos países periféricos naquela conjuntura histórica. Da mesma forma, sua estrutura econômica comportava igualmente elementos dinâmicos, tornando sua inserção no sistema econômico internacional um modelo *sui generis* no conjunto dos chamados países periféricos. Do ponto de vista da participação brasileira nas organizações econômicas internacionais, por exemplo, essa relação foi caracterizada, alternativa ou simultaneamente, por um forte envolvimento institucional e por uma grande exclusão do processo decisório, o que é de certa forma compreensível ao se considerar a estrutura de poder do sistema internacional no século XIX, marcada por uma forte expansão da influência européia e por uma certa hegemonia coletiva sobre os negócios do planeta.

A situação peculiar do Brasil no chamado concerto de nações do século XIX explica, portanto, os fenômenos paradoxais de uma certa atração política, da parte de suas elites, pelos instrumentos de controle então criados para administrar a cooperação inter-estatal em áreas consideradas cruciais para a afirmação das novas relações econômicas internacionais – mão-de-obra, corso, transportes, comunicações, propriedade industrial –, ao mesmo tempo que era patente uma relativa indiferença da sociedade brasileira em relação ao modo de funcionamento efetivo das instituições pertinentes.

Essas caracterizações dicotômicas do relacionamento do Brasil com o sistema econômico internacional são válidas segundo uma perspectiva de longo prazo, e mais particularmente do ponto de vista de uma avaliação *ex-post*, já que nas conjunturas históricas de transformação da ordem econômica, o Brasil sempre manteve uma interação complexa, sutil e matizada com o sistema econômico, em todo caso bem mais intensa do que sua posição excêntrica e acessória, e de fato periférica, deixaria supor a partir da simples constatação de sua limitada capacidade de transformação desse sistema.

Quais são as bases históricas e estruturais desse relacionamento contraditório e atípico, no conjunto dos países em desenvolvimento, do Brasil com esse sistema? O peso relativo e a importância própria do Brasil na economia internacional não foram historicamente relevantes, é verdade, assumindo um papel específico e por vezes determinante apenas no que se refere à produção e fornecimento de algumas matérias-primas agrícolas e minerais de larga demanda em períodos determinados, enquanto uma presença muito menor se fazia em relação a produtos de maior valor agregado, cuja incorporação à pauta exportadora é bem mais recente. Basicamente, fomos exportadores de açúcar, café, borracha, cacau, algodão, minério de ferro e, mais tarde, de oleaginosos e suco de laranja. No passado colonial ou independente, o Brasil pode ter assumido uma certa posição dominante na produção e comercialização de alguns bens momentaneamente valorizados nos mercados mundiais: ouro e diamantes, café, borracha, mas o monopólio sempre foi fugaz. Em determinados momentos do período contemporâneo, por sua vez, nossa oferta de café solúvel, de calçados e de produtos siderúrgicos foi suficientemente competitiva para gerar atritos comerciais com vários países importadores de economia mais madura, mas dificilmente nossas exportações de bens duráveis de alto valor agregado, nos setores dinâmicos da demanda mundial, parecem suscetíveis de representar, atualmente, qualquer ameaça de *market disruption*, como parece ser o caso de alguns países asiáticos e mais particularmente a China.

Uma visão histórica sobre o grau de interdependência da economia brasileira em relação ao resto do mundo pode ser conferida na tabela a seguir, que demonstra uma diminuição relativa da integração do Brasil ao sistema econômico internacional durante todo o período, com um pequeno crescimento na fase recente.

Quadro 2.2
Exportação de Mercadorias em % do PIB, 1820-1992

Países	1820	1870	1913	1929	1950	1973	1992
Estados Unidos	2,0	2,5	3,7	3,6	3,0	5,0	8,2
Japão	–	0,2	2,4	3,5	2,3	7,9	12,4
Alemanha	–	9,5	15,6	12,8	6,2	23,8	32,6
França	1,3	4,9	8,2	8,6	7,7	15,4	22,9
Reino Unido	3,1	12,0	17,7	13,3	11,4	14,0	21,4
Canadá	–	12,0	12,2	15,8	13,0	19,9	27,2
Países Baixos	–	17,5	17,8	17,2	12,5	41,7	55,3
Espanha	1,1	3,8	8,1	5,0	1,6	5,0	13,4
Austrália	–	7,4	12,8	11,2	9,1	11,2	16,9
URSS/Rússia	–	–	2,9	1,6	1,3	3,8	5,1
Índia	–	2,5	4,7	3,7	2,6	2,0	1,7
Indonésia	–	0,9	2,2	3,6	3,3	5,0	7,4
China	–	0,7	1,4	1,7	1,9	1,1	2,3
Coréia	0,0	0,0	1,0	4,5	1,0	8,2	17,8
Taiwan	–	–	2,5	5,2	2,5	10,2	34,4
México	–	3,7	10,8	14,8	3,5	2,2	6,4
Argentina	–	9,4	6,8	6,1	2,4	2,1	4,3
Brasil	–	11,8	9,5	7,1	4,0	2,6	4,7
Mundo	1,0	5,0	8,7	9,0	7,0	11,2	13,5

Fonte: Maddison, *Monitoring the World Economy, 1820-1992*, p. 38.

Essa diminuição das exportações brasileiras sobre o total mundial se dá em descompasso com as grandes tendências da própria economia internacional: em 1820, por exemplo, as exportações globais representavam apenas 1% do produto mundial. Em 1913, com um percentual de 8,7%, já se podia falar de uma "economia mundial", mas o padrão de comércio e as modalidades de difusão de tecnologia eram certamente bastante diferentes dos conhecidos no pós-Segunda Guerra. Entre 1914 e 1950, o mundo retorna a práticas "mercantilistas" que resultam em uma contração da interdependência econômica mundial.[21] Esta só viria a se recuperar a partir da fase de rápido crescimento nas "trinta gloriosas" do pós-guerra – as três décadas de expansão sustentadada economia mundial entre os anos 50 e os 70 – para ser confirmada na fase recente de "globalização pós-socialista".

A expansão do intercâmbio global no pós-guerra contribuiu para o crescimento de todas as economias, mas cabe observar que países de dimensão continental – como o Brasil, os Estados Unidos e a URSS/Rússia – tenderam a apresentar um menor coeficiente de abertura econômica externa, comparativamente, por exemplo, aos Países Baixos ou a Taiwan. É sintomático, porém, que os países mais integrados ao sistema econômico internacional, como os da Ásia Oriental, conheceram taxas de crescimento econômico bem mais elevadas que aquelas registradas para a região latino-americana, cujas economias sempre foram mais isoladas das correntes dinâmicas do intercâmbio mundial. Os países asiáticos também se beneficiaram mais, no período recente, dos fluxos de investimento internacional, que tendem a facilitar a difusão do progresso técnico.

As razões da evolução em forma de "J" invertido para a participação do Brasil no comércio internacional e para o peso do comércio exterior em sua economia estão vinculadas à natureza do relacionamento assimétrico do País com o sistema econômico internacional, caracterizado secularmente por uma ampla demanda e uma estreita base ofertante; essa situação inicial é evidentemente mutável em função da própria mudança de condições nos mercados internacionais e da ascensão do País a patamares mais elevados de industrialização. Ainda antes de sua independência política, o Brasil

---

[21] Ver Angus Maddison, *Monitoring the World Economy, 1820-1992*. Paris: OECD, 1995.

encontrava-se naturalmente integrado ao sistema econômico internacional, mas numa posição subordinada e indireta, por força do pacto colonial que o prendia a Portugal. A estrutura de produção para exportação que vigorou durante todo o período de domínio metropolitano representava, contudo, um cerceamento das possibilidades de pleno desenvolvimento de suas forças econômicas, na medida em que diversas atividades produtivas e comerciais deveriam cingir-se aos interesses do Reino e de seus agentes econômicos.

O alvará de abertura dos portos, em 1808, sinalizou uma primeira assunção independente das relações econômicas internacionais do Brasil, cuja determinação passou a ser feita a partir de uma dinâmica própria, sobretudo porque a Casa Real de Portugal agora dependia de maneira absoluta do bom funcionamento econômico de sua mais importante colônia. O tratado de comércio com a Grã-Bretanha, de 1810, representou, por outro lado, o preço a pagar pelo apoio político e militar dado na luta contra o ocupante francês, assim como, de maneira estrutural, o reconhecimento da dependência em que Portugal vivia em relação ao reino britânico desde o tratado de Methuen de princípios do século XVIII.[22]

Esse tratado desigual, vilipendiado por gerações de economistas e de historiadores conservadores ou progressistas, não chegou contudo a representar uma grande alteração no processo de estruturação econômica do Brasil, na medida em que ele simplesmente colocava no papel uma situação de fato: a predominância dos interesses britânicos sobre nosso comércio e finanças durante toda a primeira metade do século XIX.[23] O processo de

---

[22] Efetuei uma análise do relacionamento econômico externo do Brasil a partir de 1808, na obra *Formação da Diplomacia Econômica no Brasil: as relações econômicas internacionais no Império*, originalmente apresentada, em versão reduzida, como tese no Curso de Altos Estudos do Instituto Rio Branco do Ministério das Relações Exteriores (1997) e que deverá ser publicada, em versão completa, em 1999.

[23] Cf. Dênio Nogueira, *Raízes de uma Nação: um ensaio de história socio-econômica comparada*. Rio de Janeiro: Forense Universitária, Editora Universitária Santa Úrsula, 1988, pp. 192-196.

O Brasil e o multilateralismo econômico

independência política em relação a Portugal era contudo inevitável, sobretudo a partir da elevação do Brasil à categoria de Reino, no final de 1815 (para fins de legitimação junto ao Congresso de Viena), e dos interesses constituídos no próprio País, depois de quase três lustros de presença da administração reinol.

Uma reflexão de caráter histórico sobre as relações econômicas internacionais do Brasil deveria, pois, partir do decreto de abertura dos portos em 1808 e do tratado de 1810 e prolongar-se na miríade de atos administrativos e legais que regularam – pelo lado da organização das condições de produção interna e do intercâmbio, da tributação e do estabelecimento de vínculos privilegiados com parceiros externos – os diferentes aspectos da inserção internacional do País nestes últimos 170 anos de vida independente. Na maior parte desse período, o essencial dessas relações econômicas internacionais ocorreu no âmbito dos tratados bilaterais de "amizade, comércio e navegação", que certamente constituem, junto com a pauta tarifária do País – que tinha um papel fundamentalmente fiscalista, cabe lembrar – o melhor retrato dos modos possíveis de inserção do Brasil no mundo.

Efetuar uma listagem detalhada dos acordos comerciais bilaterais – eles eram bem mais do que simples reguladores do intercâmbio, cobrindo igualmente investimentos, por exemplo –, bem como uma avaliação ponderada de seus respectivos processos negociadores e o impacto ulterior na vida econômica do País significaria fazer, em grande medida, uma recapitulação da própria história das relações econômicas internacionais do Brasil e traduziria algo do espírito de sua diplomacia econômica nessa fase dita "clássica" das relações políticas bilaterais. Em um mundo destituído de instituições universais de segurança ou voltadas para a organização da vida econômica, as relações entre os países apenas podem ser bilaterais. Os capitais de empréstimo no século XIX, por exemplo, são de origem essencialmente particular, derivando de contratos que se prendem ao direito privado, mais do que aos acordos entre países.[24]

As primeiras instituições intergovernamentais multilaterais foram constituídas para tratar de questões eminentemente práticas, como transportes e comunicações. A União Telegráfica Internacional, por exemplo, fundada em Paris em 1864, e antecessora da atual União Internacional de Telecomunicações, é provavelmente a decana das organizações multilaterais. Uma rápida avaliação da presença mundial da diplomacia multilateral brasileira revelaria uma ampla adesão à maior parte dos principais organismos internacionais de cooperação e de coordenação na área econômica, se não a todos eles. Com efeito, desde meados do século passado, o Brasil esteve presente em grande parte das conferências inaugurais de diversas entidades internacionais, sendo membro fundador das mais importantes. É o caso, por exemplo, no século passado, das entidades de cooperação técnica no terreno das comunicações (telegráfica, ferroviária e postal) e das uniões de defesa da propriedade intelectual (União de Paris, sobre propriedade industrial, e União de Berna, sobre direito do autor, esta de adesão mais tardia).

O Brasil não esteve presente na primeira, mas compareceu à segunda Conferência Internacional da Paz, realizada na Haia em 1907, assim como, tendo sido convidado, participou da Conferência de Paz de Versa-

---

[24] Uma relação completa dos atos internacionais do Brasil, desde os descobrimentos até 1912, foi publicada por José Manoel Cardoso de Oliveira, *Actos Diplomaticos do Brasil: tratados do periodo colonial e varios documentos desde 1492*. Rio de Janeiro: Typ. do *Jornal do Commercio*, de Rodrigues & C., 1912; 2 volumes: I, 1493 a 1870; II, 1871 a 1912. Uma reedição fac-similar, com um apêndice contendo os acordos multilaterais vinculando o Brasil a partir de 1912, foi por mim introduzida e publicada na coleção "Memória Brasileira" do Senado Federal em 1997; ver Addendum: "Relação dos principais instrumentos multilaterais vinculando o Brasil a partir de 1912": Tomo II, pp. i-lv. Uma relação atualizada dos instrumentos multilaterais entre 1815 e 1997 foi anexada a meu artigo "Estrutura institucional das relações econômicas internacionais do Brasil: acordos e organizações multilaterais de 1815 a 1997", *Contexto Internacional*, Rio de Janeiro: IRI/PUC-RJ, vol. 19, nº 2, julho-dezembro 1997, pp. 307-401, texto atualizado até 1998 e integrado ao livro *Relações Internacionais e Política Externa do Brasil*, op. cit.

lhes, em 1919, que criou a Sociedade das Nações e uma primeira organização dedicada às questões sociais e trabalhistas, antecessora da OIT. Ainda durante a Segunda Guerra, o Brasil materializou sua adesão à Declaração do Atlântico das Nações Unidas e participou, como um dos 44 países convidados pelo governo dos Estados Unidos, da conferência de cooperação econômica internacional de Bretton Woods, em julho de 1944, no âmbito da qual foram estabelecidos o Fundo Monetário Internacional e o Banco Internacional de Reconstrução e Desenvolvimento. No campo das grandes organizações conceituais e de estruturação das relações econômicas internacionais, o Brasil aderiu desde seu início à ONU e a seu Conselho Econômico e Social. Mais tarde, ele favoreceria a criação do Programa das Nações Unidas para o Desenvolvimento.[25]

No terreno comercial, depois de integrar, no final do século XIX, o Escritório de Bruxelas sobre estatísticas aduaneiras, o Brasil não apenas esteve nas sessões constitutivas do Acordo Geral sobre Tarifas Aduaneiras e Comércio [GATT], entre março e outubro de 1947, como também na Conferência das Nações Unidas sobre comércio e emprego de Havana (de novembro de 1947 a março de 1948), que criou uma natimorta Organização Internacional do Comércio. Em meados dos anos 50, foi um dos mais ativos participantes das reuniões de revisão do GATT e esteve na origem da criação, em 1964, da UNCTAD, bem como da inclusão de uma parte IV – sobre comércio e desenvolvimento – no Acordo Geral de 1947. Participou de quase todas as rodadas de negociação comercial multilateral, sobretudo da Rodada Uruguai, que criou a Organização Mundial do Comércio (1994).

Nas organizações econômicas de caráter técnico ou especializado, o Brasil se fez igualmente representar

---

[25] Para uma relação das principais organizações multilaterais a partir da Liga das Nações, ver o diretório preparado pelo Prof. Ricardo Seitenfus, *Manual das organizações internacionais*. Porto Alegre: Livraria do Advogado Editora, 1997.

como membro fundador em várias delas: Organização da Aviação Civil Internacional (1944), Organização para a Alimentação e Agricultura (FAO, 1945), UNESCO (1945), Organização Mundial da Saúde (1946), Organização Meteorológica Mundial (1947), Organização Marítima Internacional (criada em 1948 como organização intergovernamental consultiva da navegação marítima, em vigor desde 1958), Agência Internacional de Energia Atômica (1956), Organização das Nações Unidas para o Desenvolvimento Industrial (1966), Organização Mundial da Propriedade Intelectual (1967), Fundo Internacional para o Desenvolvimento Agrícola (1976), bem como em várias outras instituições de caráter social: infância (UNICEF, 1947), população, meio ambiente, *habitat*, drogas, direitos humanos etc.

No que se refere aos acordos e organizações regionais, à exceção do Congresso bolivariano do Panamá, em 1826, o Brasil esteve presente em todas as conferências relevantes, a começar pela de Washington de 1889-1890 (que criou o Escritório Comercial da futura União Pan-Americana), passando pelo Tratado Interamericano de Assistência Recíproca (TIAR, 1947) e a Organização dos Estados Americanos (OEA, 1948), até as várias conferências sub-regionais que resultaram nos projetos integracionistas do tipo ALALC (1960) e ALADI (1980) ou em órgãos técnicos como a Organização Pan-Americana de Saúde. Mais recentemente, pode ser considerado um impulsionador da integração regional, ao protagonizar o processo bilateral com a Argentina e iniciar a conformação de um bloco comercial na América do Sul, através do Mercosul. Tornou-se, igualmente, um dos principais protagonistas da projetada Área de Livre Comércio das Américas (ALCA), muito embora venha procurando favorecer uma abordagem de convergência progressiva por meio de esquemas sub-regionais de integração. A despeito da prioridade latino-americana de sua política externa, manifestada na proposta de uma Área de Livre Comércio Sul-Americana (ALCSA),

O Brasil e o multilateralismo econômico

sua condição tantas vezes enfatizada de *global trader* faz com que o Brasil busque uma inserção participativa na maior parte das instituições de caráter universal.

Capítulo 3

A emergência do multilateralismo contemporâneo

Como se desenvolveram a construção da ordem política e econômica mundial e o estabelecimento da própria "sociedade internacional" desde o século XIX até nossos dias? Teriam esses processos de longo prazo conservado os mesmos traços hegemônicos e as mesmas linhas de dominação política e de subordinação econômica que caracterizaram os grandes impérios do passado? Seria a *Pax Americana* do século XX a sucessora direta da *Pax Britannica* do século XIX e teria esta reproduzido em escala transcontinental, nos três oceanos nos quais a Royal Navy navegou soberanamente, o mesmo tipo de monopólio do poder e de centralização econômica que a *Pax Romana* trouxe ao mundo antigo, ou que outros impérios – islâmico, chinês, persa – consagraram em suas respectivas esferas de dominação? Como o Brasil inseriu-se nesse mundo de relações assimétricas e de soberanias diferenciadas e qual foi seu relacionamento com uma ordem internacional dotada, reconhecidamente, de um baixo coeficiente intrínseco de democracia em suas fases iniciais (e quiçá ainda hoje)?

Este capítulo toca no próprio âmago da construção da ordem internacional, a partir da primeira metade do século XIX até a atual fase de reestruturação dessa mesma ordem. A ênfase é colocada nas instituições intergovernamentais, de caráter econômico e de tipo multilateral, de cujos processos constitutivos participou o Brasil e às quais ele veio a aderir precocemente. Com

O Brasil e o multilateralismo econômico   **57**

efeito, o Brasil foi um dos países ditos "periféricos" que mais participou da construção da ordem internacional desde meados do século XIX até os dias que correm.

O argumento sobre a emergência do multilateralismo contemporâneo parte de um pressuposto empírico, que constitui na verdade uma das constatações mais recorrentes da politologia clássica: o de que o poder político se distribui desigualmente na *respublica* e na sociedade internacional, envolvendo tanto aspectos coercivos (uso ou ameaça de sanções físicas) como normativos (legais) ou compensatórios. Com efeito, desde a antigüidade clássica que se distinguem diferentes estruturas de poder: oligarquia, autocracia, democracia, plutocracia. Aristóteles, por exemplo, concebeu três tipos fundamentais de estruturas políticas – monarquia, aristocracia e democracia – e suas derivações deformadas – ditadura, oligarquia e oclocracia. Marx relacionou diretamente o poder político com as fontes de poder econômico nas sociedades de classes. Max Weber, por sua vez, se preocupava com as fontes de legitimidade do poder político, para ele baseadas num relação de autoridade que envolvia papéis políticos, funções desempenhadas na vida societal e posições ocupadas por diferentes estamentos ou grupos sociais.

A sociedade internacional, a despeito de seu caráter difuso – isto é, não definida territorialmente e heterogênea do ponto de vista civilizacional – não é muito diferente da *civis* ou da república, construindo progressivamente instituições para disciplinar a autoridade especificamente política ou o poder essencialmente econômico. O poder, a autoridade e a liderança não se mantêm indefinidamente pela coerção, assim como a estratificação social – ou societal, neste caso – evolui em função das mudanças nas técnicas e nos mercados. Os conceitos de *Macht, Power, Puissance,* tão bem estudados por Raymond Aron em muitas de suas obras hoje clássicas, são ainda mais válidos na esfera da sociedade internacional do que no âmbito puramente societal ou doméstico. Como evoluiu, portanto, a sociedade internacional desde princípios do século XIX até o final do século XX e como seus atores principais, os Estados nacionais, foram aceitando determinadas limitações de soberania em prol de uma "ordem internacional" ainda pouco definida e certamente mutável em termos políticos e econômicos? Estas são as grandes linhas conceituais da discussão basicamente histórica que se procederá a seguir, com ênfase na participação do Brasil nesse "sistema em construção".

3.1. O mundo restaurado: a sociedade internacional pós-napoleônica

Assim como o moderno Estado nacional não é uma cópia ampliada da cidade-Estado grega, a sociedade internacional da era contemporânea não é uma reprodução, ainda que melhorada, da ordem internacional da idade moderna, que esteve marcada pela afirmação unilateral do poder militar e por uma vontade hegemônica de vocação imperialista. O império napoleônico representou provavelmente o auge dessa concepção "militarista" da sociedade política, uma autocracia quiçá benevolente com as massas e socialmente mais "democrática" que as monarquias derrocadas em quase toda a Europa – no sentido de retirar o poder político e econômico das velhas aristocracias para colocá-lo nas mãos da burguesia – mais ainda assim basicamente inaceitável para os que não eram franceses (ou parentes da família de Napoleão). O regime de hegemonia coletiva que se desenha em princípios do século XIX na Europa, a partir do Congresso de Viena, contribui para a afirmação de um sistema de Estados que retoma alguns dos princípios do mundo vestfaliano: soberania e independência dos Estados "cristãos", tutela e contenção mútua nas diferentes esferas de influência.

O Brasil e o multilateralismo econômico

O princípio do legitimismo dinástico e a tentativa de se formar uma "santa liga dos príncipes cristãos" se encaixavam mal, por certo, com o espírito e o projeto kantianos da uma paz universal e duradoura, fundamentalmente baseados, este últimos, na existência de repúblicas democráticas. Mas, ainda assim, o sistema de Viena contribui para orquestrar uma nova e inédita realidade nas relações internacionais: uma espécie de hegemonia difusa que permite a emergência oportuna de instituições de cooperação interestatal que iriam se desenvolver enormemente no decorrer da segunda metade do século passado e ao longo deste. Em Viena, apenas cinco nações determinaram o perfil da sociedade internacional pós-napoleônica, o que aliás estava perfeitamente de acordo, no plano da sociologia política, com os sistemas oligárquicos e as poucas democracias censitárias que então dominavam o espectro político europeu.

O Brasil emergia para o mundo nesse contexto de reorganização da ordem internacional, tendo passado do *status* de colônia ao de Reino unido ao de Portugal no mesmo movimento que levou da hegemonia napoleônica ao "concerto europeu". Considerando-se o longo período de paz do século XIX, a primeira observação a ser feita no que se refere à "macropolítica" institucional da ordem internacional é, precisamente, as grandes diferenças que marcam os cenários políticos e econômicos internacionais respectivos sob os quais terão de atuar, numa primeira etapa, a experiente mas enfraquecida diplomacia portuguesa transplantada ao novo mundo, logo depois, em 1822, a incipiente diplomacia do jovem Estado independente e, finalmente, a segura "diplomacia imperial" do Segundo Reinado, que forneceria tantos bons quadros à diplomacia republicana, no final do século.

Observa-se, em primeiro lugar, uma grande mudança na quantidade e também na qualidade dos atores participando do chamado jogo internacional. Com efeito, no Congresso de Viena, em 1815, estiveram representadas oito nações "cristãs": Grã-Bretanha, Prússia, Rússia, Áustria, França, Espanha, Suécia e Portugal, este apenas em virtude de sua relação privilegiada com a Grã-Bretanha e basicamente no contexto de seu envolvimento, embora involuntário e marginal, com o grande drama napoleônico que agitou a Europa na seqüência da Revolução francesa. As relações de força e de poder desenhadas naquela primeira grande conferência diplomática da época contemporânea continuaram a dominar os desenvolvimentos diplomáticos (e militares) durante a maior parte do século XIX, relações de poder algo temperadas, é verdade, pela Doutrina Monroe – proclamada unilateralmente pelos Estados Unidos, secundados pela própria Grã-Bretanha – e seu modesto poder de coerção ou de "dissuasão" contra as potências recolonizadoras da Santa Aliança.

Em Viena foram debatidos, quase que exclusivamente, os interesses das grandes potências e acomodados os desejos das menores. Portugal teve de ceder de volta a Guiana à França e aceder à pressão inglesa para restringir o alcance do tráfico de escravos. Quanto ao Brasil, que logo mais buscaria sua legitimação internacional depois do movimento da independência, ele é, em face do novo equilíbrio político europeu que emerge dos compromissos de 1815, uma nação claramente periférica no quadro do sistema de alianças e da diplomacia dos congressos. Dois dos temas tratados em Viena, ainda que de forma secundária, interessariam diretamente à jovem nação sul-americana: a livre navegabilidade dos rios internacionais, sobretudo para fins comerciais, e a restrição ao tráfico de negros africanos, sustento econômico da poderosa classe mercantil carioca, que constituía aliás a própria base política do poder imperial. Transformados ambos em princípios reconhecidos das relações entre Estados, eles estariam no centro das relações exteriores do País, marcando de forma indelével os primeiros passos da diplomacia brasileira.

O Brasil e o multilateralismo econômico

Nessa fase, as forças incipientes do primeiro capitalismo industrial e a afirmação ainda relativamente tímida da "ordem burguesa" não são suficientes para romper com a soberania política absoluta dos Estados nacionais em favor da construção de uma ordem internacional que privilegiasse o poder da técnica no confronto com a técnica do poder. São finalmente poucas as instituições intergovernamentais surgidas na primeira metade do século XIX, praticamente nenhuma que tivesse tido continuidade ou seguimento nas décadas seguintes, marcadas por intensos intercâmbios comerciais, tecnológicos e financeiros. Se os esforços de alguns promotores do "liberal-internacionalismo" capitalista nos anos "heróicos" da burguesia ascendente poderiam talvez, retrospectivamente, orgulhar filósofos como Immanuel Kant ou Adam Smith, eles não lograram contudo impulsionar organizações de cooperação industrial ou comercial de cunho "supranacional", ou pelo menos "desnacionalizado".

3.2. Das caldeiras da primeira Revolução Industrial aos motores da segunda

A Exposição Universal do Crystal Palace, em Londres, realizada pela "iniciativa privada" em 1851, é provavelmente o fato histórico relevante a ser considerado nesta análise da construção da ordem internacional a partir das organizações de cooperação técnica de caráter multilateral. Ela praticamente dá a partida a uma série de conferências, congressos e seminários industriais que estão na origem da constituição das primeiras entidades intergovernamentais que se perpetuarão neste século.

Como diz um estudioso dessa questão, o norte-americano Craig Murphy, muitos historiadores consideram essas conferências técnicas como sendo uma espécie de *low politics*, colocando-as de fora do sistema inaugurado pelo Congresso de Viena, supostamente enquadrado no reino essencialmente diplomático da *high politics*. Mas, como ele também lembra, mesmo o Congresso de Viena tratou da internacionalização dos rios e do tráfico de escravos. As conferências de caráter técnico, à diferença dos grandes congressos políticos, "se converteram em meios para os governos nacionais explorar os interesses comuns potenciais sem necessariamente comprometer-se em ratificar ou obrigar-se por qualquer regime que poderia ser proposto".[26]

Os encontros políticos envolvendo altos dirigentes continuavam a ser o terreno preferido de manobras da "oligarquia" do poder mundial, enquanto as reuniões de caráter técnico permitiam a incorporação de potências médias e mesmo de pequenos parceiros ou de nações periféricas, como o Brasil. Na conferência de paz de Paris, de 1856, por exemplo, participaram tão-somente algumas poucas nações "civilizadas" da Europa, essencialmente a Grã-Bretanha e a França, proclamando princípios (como os da guerra marítima) que depois seriam "oferecidos" ao resto da comunidade "civilizada", inclusive ao Brasil (que a eles vem a aderir no ano seguinte).

Vejamos com maior grau de detalhamento histórico a evolução da sociedade internacional desde o incipiente "plurilateralismo otimista" de meados do século XIX até a afirmação do "multilateralismo nacionalista" do começo do atual. As primeiras instituições internacionais foram constituídas para tratar de questões eminentemente práticas, interessando a resolução de problemas técnicos vinculados ao crescente intercâmbio entre as economias capitalistas, como transporte ferroviário e comunicações. É o caso, por exemplo, das entidades de cooperação técnica no terreno das comunicações (telegráfica, ferroviária e postal), das uniões de defesa da propriedade intelectual (União de Paris, sobre propriedade industrial) e da União Internacional de Bruxelas

---

[26] Cf. Craig N. Murphy, *International Organization and Industrial Change: global governance since 1850*. New York: Oxford University Press, 1994, p. 61.

O Brasil e o multilateralismo econômico

para a publicação das tarifas aduaneiras.[27] Uma avaliação sintética da presença mundial da diplomacia brasileira revelaria uma ampla adesão à maior parte dos principais organismos internacionais de cooperação e de coordenação nas áreas técnica e econômica, senão a todos eles.

O primeiro instrumento "plurilateral" a regulamentar as regras para o tratamento da propriedade alheia em situações de conflito consistiu, na verdade, de um conjunto de princípios de direito marítimo, adotados pela França e pela Grã-Bretanha em 1855 para regular suas relações com os neutros durante a guerra da Criméia, contra a Rússia, normas essas que depois foram "multilateralizadas" de maneira unilateral. Em resposta ao convite formulado pelos dois países para sua participação no arranjo, o Brasil – que de certo modo aplicava esses princípios desde o início dos conflitos na bacia do Prata, para atender aliás aos interesses do comércio europeu na região – declarou que nenhum corsário poderia ser armado, aprovisionado ou admitido com suas presas nos portos brasileiros e que os súditos do Império se absteriam de tomar parte em armamento de corsários ou quaisquer outros atos opostos aos deveres de estrita neutralidade.

Depois da guerra, o Congresso de Paris formalizou, pelo tratado de paz de 30 de março de 1856, a abolição do corso e os princípios de direito marítimo segundo os

---

[27] A União Telegráfica Internacional, por exemplo, fundada em Paris em 1865 e antecessora da atual União Internacional de Telecomunicações, é provavelmente a decana dessas organizações multilaterais (mas, o Brasil já firmava, desde 1864, um tratado com a França e outros países europeus sobre a construção de uma linha telegráfica entre a Europa e a América); segue-se, em 1874, a Convenção de Berna criando uma União Geral dos Correios, antecessora da atual União Postal Universal; o *Bureau International des Poids et Mesures*, em 1875 (cuja filiação brasileira demorou, apesar de o País aplicar seus princípios); a Convenção de Paris criando uma União para a proteção da propriedade industrial, em 1883; a Convenção de Berna para a proteção das obras literárias e artísticas, em 1886 (esta de adesão bem mais tardia), e, finalmente, a Convenção de Bruxelas de 1890 criando uma União para a publicação das tarifas aduaneiras, precursora da atual Organização Mundial das Alfândegas; o Brasil esteve ausente, compreensivelmente, dos acordos regionais de ligação entre vias férreas dos países europeus.

quais o pavilhão neutro cobre a mercadoria inimiga, com exceção do contrabando de guerra, sendo que a mercadoria neutra não poderia ser apresada sob pavilhão inimigo. Ficava também estipulado que os bloqueios, para serem obrigatórios, deveriam ser efetivos, isto é, mantidos por força suficiente para proibir realmente o acesso ao litoral inimigo. Os demais países foram convidados a aderir a esses princípios, à condição que eles fossem considerados indivisíveis e aceitos sem restrição alguma; por Nota de 18 de Março de 1857, o Brasil resolveu aceitar esses princípios, fazendo inclusive, consoante sua tradicional postura legalista e jurisdicista no plano das relações internacionais, uma declaração quanto à conveniência de recorrer-se, "tanto quanto as circunstâncias o permitirem, à mediação de potência amiga, nos casos de dissensão internacional, antes de apelar-se ao uso da força".[28]

Dois outros exemplos precoces de regulação multilateral de "acesso a mercados", envolvendo interesses comerciais de número amplo de países na penetração marítima de rios e portos da Europa setentrional, consistiram nos tratados concluídos "entre várias potências da Europa e da América" com os reinos de Hanôver e da Bélgica, respectivamente em 1861 e 1863, para a abolição definitiva, por meio do resgate, dos direitos de pedágio dos rios Stade (na desembocadura do Elba) e do Escalda: a diplomacia imperial participou das negociações e, depois de consultas ao Conselho de Estado e devida-

---

[28] Cf. *Relatório* da Repartição dos Negócios Estrangeiros apresentado à Assembléia Geral Legislativa na primeira Sessão da décima Legislatura [2 de maio de 1857]. Rio de Janeiro: Typographia Universal de Laemmert, 1857, pp. 13-15. Em sua Nota, o Governo Imperial saudava a "adoção de máximas tão moderadas e justas" e declarava esperar que "a política sábia e generosa que inspirou tão feliz iniciativa, regulará também a sua verdadeira prática, evitando-se assim as divergências e conflitos que têm dado lugar em todas as épocas as restrições dos 2° e 3° princípios, no tocante ao direito de visita e a qualificação de mercadoria hostil..."; "... mas, em nome dos mesmos princípios, é lícito ainda pedir às potências signatárias... a conseqüência salutar que se contém nas máximas que elas proclamaram... que toda propriedade particular inofensiva, sem exceção dos navios mercantes, deve ficar ao abrigo do direito marítimo contra os ataques dos cruzadores de guerra".

O Brasil e o multilateralismo econômico

mente autorizada por decretos executivos, realizou o pagamento da parte que cabia ao Brasil em cada um dos arranjos.[29]

No que se refere especificamente ao Brasil, ainda que a medida não tenha resultado de negociação multilateral – talvez mais da "pressão internacional" – caberia uma menção ao decreto de 7 de dezembro de 1866, que abriu os rios Amazonas, Tocantins, Tapajós, Madeira, Negro e São Francisco à navegação dos navios mercantes de todas as nações.[30]

As conferências, congressos e exposições internacionais, a maior parte convocada pelos próprios soberanos dos países patrocinadores, tenderam a multiplicar-se na segunda metade do século XIX, solicitando a atenção das chancelarias e dos serviços econômicos dos países "civilizados". Os congressos industriais ou comerciais e, em especial, as "exposições universais" serviam de quadro inicial de discussão substantiva de determinados temas de interesse momentâneo, abrindo assim o caminho a conferências diplomáticas e ao estabelecimento das primeiras "uniões intergovernamentais".

Foi o caso, por exemplo, da "Conferência de Paris destinada a examinar questões concernentes à proteção da propriedade industrial", realizada em Paris em 1883,

---

[29] Vide os tratados de 22 Junho 1861 (Hanover) e de 16 Julho 1863 (Bélgica) *in* José Manoel Cardoso de Oliveira, *Actos Diplomaticos do Brasil*. Rio de Janeiro. Typ. do Jornal do Commercio, 1912,, vol. I, pp. 293-294 e 324-325 (existe edição fac-similar: Brasília, Senado Federal, 1997, com introdução e atualização dos atos multilaterais até 1996 por Paulo Roberto de Almeida); segundo informam os *Relatórios* do MNE de 1862 e 1864, "o governo imperial teve de desembolsar [no caso do rio Elba] 1.038 thalers, ou 1:417$081, quantia insignificante, considerando-se a importância da negociação" (1862, p. 31), e 1.680 francos pelo trânsito no rio Escalda (1864, p. 24). Em contrapartida, o Governo imperial recusou-se a contribuir para o resgate dos direitos de passagem pelos estreitos de Sunda e de Belts, objeto de convenção de 1857, sob administração da Dinamarca ("a fim de não contrair voluntariamente um ônus em pura perda para os cofres públicos"), ou então propunha reciprocidade por permitir a livre navegação no Amazonas e para o Paraguai; ver Oliveira, vol. II, pp. 33-34 e *Relatórios* de 1871, p. 50, e de 1872, Anexo I, p. 172.

[30] Decreto nº 3.749, regulamentado em 31 de julho de 1867; cf. Oliveira, *Actos*, vol. I, p. 381.

mas cujas bases tinham sido colocadas na exposição universal de Viena de 1873, mediante um congresso que já estabelecia a iniciativa de uma "união de proteção". Foi o caso, igualmente, do Congresso Internacional do Comércio e da Indústria de Bruxelas, nesse mesmo ano, no qual se avançariam os trabalhos para uma convenção sobre o intercâmbio de documentos oficiais e, mais adiante, para o estabelecimento de uma União Internacional para a Publicação das Tarifas Aduaneiras, com sede em Bruxelas. Essa capital também concentrou a maior parte das atividades de cooperação internacional em matéria de transportes ferroviários e marítimos, enquanto Berna ficava com as uniões sobre comunicações e propriedade intelectual.[31]

3.3. A multiplicação das organizações de cooperação

Entre 1860 e princípios do século XX, várias organizações intergovernamentais foram fundadas em diversas áreas de interesse econômico, ausentando-se tãosomente o Brasil daquelas entidades marcadamente regionais (interligações ferroviárias na Europa, por exemplo) ou voltadas para atividades de âmbito restrito (produtos típicos do hemisfério norte). Essas "uniões" tinham como tarefa precípua promover a indústria e o comércio, pela interconexão de obras de infra-estrutura e de comunicações (União Telegráfica Internacional, União Postal Universal, associações internacionais dos congressos de ferrovias e de navegação, União Radiotelegráfica Universal), pelo estabelecimento de padrões industriais e de propriedade intelectual (*Bureau* Interna-

---

[31] O Relatório de 1882 relaciona, assim, mais de dúzia de conferências, congressos e exposições aos quais o Governo Imperial tinha sido convidado; cf. *Relatório* apresentado à Assembléia Geral Legislativa na primeira sessão da décima-oitava legislatura pelo Ministro e Secretário de Estado interino dos Negócios Estrangeiros Franklin Americo de Menezes Doria. Rio de Janeiro: Typographia Nacional, 1882, p. 35.

cional de Pesos e Medidas, uniões internacionais para a proteção da propriedade industrial e das obras literárias e artísticas), pela facilitação do trânsito aduaneiro (como a União Internacional para a Publicação das Tarifas Aduaneiras, criada em Bruxelas em 1890, ou, mais adiante, o *Bureau* Internacional de Estatísticas Comerciais), ou ainda administrando conflitos interestatais no terreno da arbitragem (como as duas conferências da Haia) e promovendo a educação e a pesquisa (como a Associação Geodética Internacional, de 1864, e as associações internacionais de sismologia, de matemática e de cartografia, de princípios do século).

Para uma visão global do papel dessas organizações na estruturação do capitalismo industrial moderno, é essencial uma consulta ao estudo já citado de Craig Murphy, *International Organization and Industrial Change*, que relaciona as principais, se não todas as, entidades criadas entre 1860 e 1914.[32] No capítulo 2 de seu livro, dedicado a *Building the Public International Unions*, Murphy cita mais de 30 organizações globais de caráter intergovernamental, fundadas entre 1860 e 1914, nas áreas e datas seguintes:

Quadro 3.1
Organizações intergovernamentais, 1860-1914

1. Promovendo a Indústria
1.1. Infra-estrutura:
1865: União Telegráfica Internacional
1874: União Postal Universal
1884: Associação Internacional do Congresso de Ferrovias
1890: Escritório Central do Transporte Ferroviário Internacional
1894: Associação Internacional Permanente dos Congressos de Navegação
1905: Conferência Diplomática do Direito Marítimo Internacional
1906: União Radiotelegráfica Universal
1909: Associação Internacional Permanente dos Congressos rodoviários
1.2. Padrões Industriais e Propriedade Intelectual:
1875: *Bureau* Internacional de Pesos e Medidas
1883: União Internacional para a Proteção da Propriedade Industrial
1886: União Internacional para a Proteção das Obras Literárias e Artísticas
1912: *Bureau* Internacional de Química Analítica da Alimentação Humana e Animal

---

[32] Ver a lista às pp. 47-48; a Tabela 3 (pp. 57-59) traz a relação das conferências européias e mundiais entre 1850 e 1914.

1.3. Comércio:
1890: União Internacional para a Publicação das Tarifas Aduaneiras
1893: Conferência da Haia sobre o Direito Internacional Privado
1913: *Bureau* Internacional de Estatísticas Comerciais

2. Administrando Conflitos Sociais Potenciais
2.1. Trabalho:
1901: Escritório Internacional do Trabalho
2.2. Agricultura:
1879: Comissão Internacional do Álamo
1901: Conselho Internacional para o Estudo do Mar
1902: União Internacional do Açúcar
1905: Instituto Internacional da Agricultura

3. Reforçando os Estados e o Sistema de Estados
3.1. Ordem Pública:
1875: Comissão Penitenciária Internacional
1910: Instituto Internacional de Ciências Administrativas
3.2. Administrando conflitos interestatais:
1899: Corte Permanente de Arbitragem (I Conferência da Haia; ouviu 15 casos entre 1902 e 1920)
1907: Corte Internacional de Presas (II Conferência; não ratificada e não entrou em vigor)

4. Reforçando a Sociedade
4.1. Direitos Humanos:
1890: Escritório Internacional Marítimo contra o tráfico escravo
4.2. Salvamento e Bem-estar:
1907: *Bureau* de Informações e investigação relativo à ajuda para estrangeiros
4.3. Saúde:
1900: Comissão de Revisão da Nomenclatura das Causas de Morte
1907: Escritório Internacional de Higiene Pública
1912: Associação Internacional de Banhos Públicos e da Limpeza
4.4. Educação e Pesquisa:
1864: Associação Geodética Internacional
1903: Associação Internacional de Sismologia
1908: Comissão Internacional para o Ensino das Matemáticas
1909: *Bureau* Central para a Cartografia Internacional

3.4. O Brasil e a construção da ordem econômica internacional no século XIX

A despeito de sua reação de cautela em relação aos tratados comerciais, o Brasil já vinha contraindo convenções bilaterais sobre navegação e transporte de correspondência, todos contendo dispositivos relativos a pagamentos postais, bem como acordos protegendo invenções e marcas de comércio e de fábrica. O novo

O Brasil e o multilateralismo econômico

quadro regulatório, de âmbito multilateral, permitiu uma certa "economia" negociatória e, no que se refere ao *clearing* das transações postais correntes, a uniformização das regras aplicadas ao câmbio de moedas, que podia assim se desenvolver em amplas bases geográficas. Algumas dessas reuniões plurilaterais permitiram, por exemplo, introduzir um pouco de harmonização técnica e de uniformidade metrológica nos diferentes padrões e normas utilizados pelos diversos países participando do vasto mercado capitalista, o que era essencial para uma circulação ampliada de bens e equipamentos objeto de comércio internacional: estão nesse caso as convenções sobre o metro e sobre pesos e medidas em geral ou, ainda, as normas sobre sinais marítimos, importante fator de padronização das comunicações nos oceanos.

Sem pretender ser exaustivo, o quadro reproduzido abaixo relaciona os principais instrumentos multilaterais de interesse econômico, no período em consideração, objeto de negociação ou de adesão brasileira, a começar pela Convenção Telegráfica Internacional, de 1864, antecessora da atual UIT. Essa primeira "união telegráfica" foi acordada entre reduzido número de países (Brasil, França, Haiti, Itália e Portugal unicamente) e seu objetivo precípuo era o estabelecimento de um cabo telegráfico transatlântico unindo a Europa à América, a ser construído segundo um regime de concessão; protocolo de 1869, adicional à Convenção de 1864, reduziu o prazo de concessão que tinha sido dado ao primeiro contratante; outro, em 1872, anulou a Convenção original, substituída pela de 1875, contraída em São Petersburgo com base na de 1864. Essa última convenção, celebrada entre 15 países europeus e a Pérsia, recebeu a adesão do Brasil em 1877; a ela se seguiu a conferência de Berlim, em 1885, que fixou tarifas regulares, mas, na de Paris, em 1890, se decidiu a criação de três grupos de países dispondo de taxas diferenciadas, em função da extensão de seus respectivos territórios.

Ainda em relação às comunicações telegráficas, deve-se mencionar a convenção internacional de 1884, criando uma união para a proteção dos cabos submarinos, assinada em Paris por 38 Estados, entre os quais o Brasil, e que retomava trabalhos desenvolvidos em congresso internacional de telegrafia reunido em Roma doze anos antes.

Quadro 3.2

Brasil: Acordos e organizações econômicas multilaterais, 1864-1890

1864 (16.05)	Convenção Telegráfica Internacional: assinada em Paris, estabeleceu uma União Telegráfica Internacional, em vigor em 1865 com 20 Estados europeus; em 1869 foi estabelecido em Berna um Escritório Internacional de Telegrafia; o tratado constitutivo estabelecia princípios comuns para o tratamento dos telegramas; ainda em 1864 se acordou entre Brasil, França, Haiti, Itália e Portugal, a instalação de linha telegráfica transatlântica, mas um protocolo de 1869 reduziu o prazo de concessão dado ao contratante original; outro, de 1872, anulou a Convenção original, substituída pela de 1875, contraída em São Petersburgo;
1868 (27.02)	Código comercial de sinais marítimos: aceitação pelo Brasil desse instrumento proposto por uma comissão anglo-francesa para uso geral, logo disseminado como padrão de comunicação no mar;
1874 (09.10)	União Geral dos Correios: assinado em Berna entre 20 países europeus, os Estados Unidos e o Egito; o Brasil aderiu em 1877, depois do Japão, da Índia britânica e de várias colônias européias; estabeleceu as bases da convenção mais elaborada de 1878;
1875 (20.05)	Convenção Internacional do Metro: assinada em Paris, por 18 Estados, que estabeleceram um Escritório Internacional de Pesos e Medidas voltado para a internacionalização do sistema decimal; ele tinha sido precocemente adotado no Brasil, mas encontrou sérias resistências nos países anglo-saxões;
1875 (10-22.07)	Convenção Telegráfica Internacional: celebrada em São Petersburgo entre 15 países europeus e a Pérsia, com base na de 1864; o Brasil aderiu em 1877; a conferência de Berlim (1885) fixou tarifas regulares, mas em Paris (1890) se decidiu criar três grupos com taxas diferentes, em função da extensão do território;
1878 (01.07)	Convenção Postal Universal: celebrada em Paris em conferência com mais de 30 países, criando uma União com sede em Berna; Brasil ratificou em setembro desse ano; o território dos Estados-partes forma uma zona única, regida pelos mesmos princípios relativos ao tratamento das expedições postais (liberdade de trânsito, taxa de porte uniforme etc.);
1879 (28.07)	Regulamento do Serviço Internacional Telegráfico, firmado em Londres, para entrar em vigor em 1880; Brasil aderiu em dezembro de 1879;
1883 (20.03)	Convenção criando a União para a proteção da propriedade industrial: concluída em Paris, estabeleceu o princípio do tratamento nacional para as invenções de residentes estrangeiros e fixou um escritório em Berna; ratificada pelo Brasil em julho de 1883;

O Brasil e o multilateralismo econômico

1884 (14.03)	Convenção Internacional criando uma união para a proteção dos cabos submarinos: assinada em Paris por 38 Estados, sobre a base de trabalhos desenvolvidos no III Congresso Internacional de Telegrafia (Roma, 1872); Brasil ratificou a convenção em agosto;
1886	União Internacional para a Proteção das Obras Literárias e Artísticas (Berna); revista em Berlim, em 13 de novembro de 1908, versão à qual aderiu o Brasil em 18.07.1921;
1886 (15.03)	Convenção para a troca de documentos oficiais e publicações científicas e literárias: assinada em Bruxelas; Brasil ratificou em 1888, tendo decreto do Governo Provisório de 1890 criado um escritório de permutas anexo à Biblioteca Nacional;
1890 (05.07)	Convenção relativa ao estabelecimento de uma União Internacional para a Publicação das Tarifas Aduaneiras: firmada em Bruxelas e ratificada pelo Brasil em setembro desse ano; deu origem, bem mais tarde, à Organização Mundial das Alfândegas.

Fonte: Cardoso de Oliveira, *Actos Diplomaticos do Brasil*, passim.

Outra importante convenção internacional abordou a questão das comunicações postais, objeto de reunião realizada em Berna em 1874, da qual resultaria uma união geral dos correios, atual União Postal Universal: o Brasil a ela aderiu já em 1877, integrando um pequeno batalhão de países pioneiros na facilitação das comunicações postais. No ano seguinte, nova conferência postal realizada em Paris e assistida pelo Brasil decide confirmar a sede do secretariado da União em Berna e estabelecer algumas regras para seu funcionamento: o território dos Estados-partes forma uma zona única, regida pelos mesmos princípios relativos ao tratamento das expedições postais (liberdade de trânsito, taxa de porte uniforme etc.). Também para facilitar as comunicações entre os países, foram realizadas diferentes conferências ferroviárias, com vistas a unificar bitolas, definir padrões de correspondência e de trânsito das locomotivas, equipamentos e pessoal, mas elas tinham âmbito essencialmente europeu e delas o Brasil esteve compreensivelmente ausente.

Já se mencionou a convenção de Paris de 1883, criando uma união internacional para a proteção da propriedade industrial, cujo mérito principal foi o de estabelecer o princípio do tratamento nacional para as invenções de residentes estrangeiros.[33] Menos conhecida é a convenção de Bruxelas de 1886 para o intercâmbio recíproco de documentos governamentais (jornais oficiais, textos legais, publicações de caráter científico ou cultural), com o objetivo de aproximar os Estados e os povos e diminuir os motivos de conflitos entre eles. Finalmente, o governo imperial também participou dos preparativos para a criação de um escritório internacional para a divulgação das tarifas aduaneiras dos países: ele foi efetivamente instituído, também em Bruxelas, mas quando o Brasil já se constituíra em República, e seria a base do futuro Conselho de Cooperação Aduaneiro, mais tarde Organização Mundial das Alfândegas.

No estudo da emergência do multilateralismo econômico e da crescente inserção internacional do Brasil não se poderia tampouco descurar a dimensão regional ou propriamente hemisférica da atuação da diplomacia brasileira, que no final do Império e sobretudo a partir da República passa a dar cada vez mais atenção às suas relações com os vizinhos continentais. Com efeito, na penúltima década do século XIX, os países americanos começaram um movimento de aproximação política, processo do qual resultaria, mais adiante, um Escritório Comercial das Américas, embrião da futura União Pan-Americana. Na área econômico-comercial, eles começaram a reproduzir alguns dos instrumentos multilaterais em negociação no plano internacional, tendo adotado, em longa conferência realizada em Montevidéu em 1889 entre Estados sul-americanos, acordos sobre patentes, sobre propriedade literária e artística, sobre marcas de

---

[33] Pelo Artigo 5º da convenção, o privilegiado "ficará sujeito à obrigação de usar seu privilégio, na conformidade das leis do país onde introduzir os objetos privilegiados"; ver a *Coleção* das Leis do Império do Brasil de 1884 (Rio de Janeiro, Typographia Nacional, 1885), Parte II, Tomo XLVII, pp. 268-276: Decreto nº 9.233, de 28 de junho de 1884, promulga a convenção assinada em Paris a 20 de março de 1883, pela qual o Brasil e outros Estados (Bélgica, Espanha, França, Guatemala, Itália, Países Baixos, Portugal, El Salvador, Sérvia e Suíça) se constituem em União para a proteção da propriedade industrial; acessão ulterior da Grã-Bretanha, da Tunísia, do Equador e de outros Estados.

O Brasil e o multilateralismo econômico

fábrica e de comércio e sobre direito comercial internacional, nenhum deles, entretanto, aprovado pelo Brasil.[34]

Mais relevante, a despeito da grande distância entre as pretensões iniciais dos Estados Unidos e seus parcos resultados práticos, foi a Primeira Conferência Internacional Americana, realizada em Washington, de outubro de 1889 a abril de 1890, tendo portanto o Brasil nela ingressado como monarquia e terminado como república. O Governo imperial manteve, desde o início, reticências em relação a vários temas que seriam debatidos na conferência de Washington, em especial no que se refere à possibilidade de abertura comercial e ao tratamento da propriedade intelectual, cuja regulamentação era amplamente satisfatória no Brasil. A pretensão dos Estados Unidos de discutir a criação de uma *American Customs Union*, para a promoção do comércio hemisférico – dispondo inclusive de uma "moeda de prata comum, com curso legal em todas as transações comerciais" – foi deixada de lado, mas se aprovaram resoluções sobre, entre outros temas, união monetária, tratados comerciais, direito de tonelagem, sistema métrico, bancos, nomenclatura de mercadorias estrangeiras, estrada de ferro continental, propriedade literária e artística, patentes de invenção e marcas de fábrica, direito comercial, convênio sanitário, navegação dos rios, linhas de navegação e telégrafo.[35] Dessa conferência também resultaria o estabelecimento de um Escritório Internacional Americano, que publicaria um Boletim em três línguas com todas as tarifas vigentes nos países, todos os regulamentos oficiais de comércio exterior, extratos

---

[34] Nesse "Congresso dos Estados da América do Sul", celebrado em Montevidéu para formular tratados em matéria de direito internacional privado, foram ainda discutidas convenções sobre direito penal, direito civil e exercício de profissões liberais, nenhuma delas suscetível de aprovação pelo Brasil, por divergências em relação à legislação interna; ver *Relatório* apresentado à Assembléia Geral Legislativa na quarta sessão da vigésima legislatura pelo Ministro e Secretário de Estado dos Negócios Estrangeiros Rodrigo Augusto da Silva. Rio de Janeiro, Imprensa Nacional, 1889, pp. 5-11.

[35] Cf. *Relatório* de 1889, op. cit., pp. 16-18 e 69-73.

dos tratados de comércio e de correios existentes entre as repúblicas americanas, ademais de dados estatísticos importantes sobre o comércio exterior e a oferta de produtos nacionais.[36] Tratava-se obviamente de apenas um arranjo "administrativo" até que se lograssem as condições para alcançar os verdadeiros objetivos econômicos da potência já então hegemônica. O livre comércio hemisférico começava sua marcha secular...

3.5. Uma modesta democratização do sistema internacional

Mais para o final do século, o leque de participantes do "sistema" internacional continua a ser ampliado, um pouco por consenso, outro tanto devido ao reconhecimento da emergência de novos atores, como seria o caso do Japão depois de suas vitoriosas guerras contra a China e a Rússia. Na primeira conferência de paz da Haia (1899), por exemplo, participaram tão-somente 26 países, número elevado a 44 na segunda conferência (1907). O Brasil esteve ausente da primeira, mas compareceu à segunda Conferência Internacional da Paz da Haia, representado por Rui Barbosa.

Como informa ainda Murphy, nas conferências da paz da Haia, os representantes militares, influenciados pela idéias geopolíticas do estrategista naval norte-americano Alfred Mahan, superavam em furor e eloqüência os advogados internacionalistas. Uma outra escola também presente na segunda Conferência eram os delegados do império austro-húngaro e alemães, que pertenciam a um grupo de pensamento que poderia ser identificado à escola da "redenção-pela-guerra". Quando do a segunda conferência começou a especificar os

---

[36] Pela manutenção do Escritório, o Brasil pagaria, numa proporção calculada em função da população, uma quota de 5.250 dólares, de um total de 36 mil, enquanto os Estados Unidos ficariam com 18.800 e a Argentina 1.462 dólares; cf. Anexo ao *Relatório* de 1900, pp. 107-109.

O Brasil e o multilateralismo econômico   **75**

campos nos quais a arbitragem iria ser obrigatória, a Alemanha lutou, junto com a Áustria-Hungria, para evitar a extensão da arbitragem obrigatória num grande número de campos: colisões no mar, correios e telégrafos (telefone), medidas dos navios, pesos e medidas, docagem, propriedade intelectual, igualdade de estrangeiros frente à tributação, direito internacional privado, procedimentos civis e comerciais, tarifas aduaneiras, direito de estrangeiros sobre propriedades, regulação de companhias, sistemas monetários, reivindicações pecuniárias e de danos, proteção internacional de trabalhadores, salários de marinheiros e outros casos como epizootias, reivindicações por danos de guerra e regulações sanitárias. Evidentemente, conclui Murphy, nenhum dos poderes tinha vontade de concretizar a terceira conferência da Haia, planejada para 1914.[37]

Nesse período, de extrema exacerbação dos nacionalismos, de retorno ao protecionismo comercial e de ascensão potencial dos conflitos entre as "potências imperialistas", ocorre também um refluxo das organizações multilaterais. De fato, as atividades das uniões internacionais são cada vez mais contaminadas por considerações nacionais, o que leva ao insucesso de muitas delas: praticamente um terço delas não sobreviveu à Primeira Guerra Mundial, como relata Murphy.[38] As relativas à infra-estrutura, à indústria, à propriedade intelectual e ao comércio sobreviveram, muito embora algumas tiveram seu potencial diminuído com o desaparecimento de alguns de seus patrocinadores tradicionais (reis e príncipes). O historiador norte-americano apresenta a lista das organizações que foram abolidas antes de 1920:

---

[37] Cf. Murphy, op. cit., pp. 50-55.
[38] Idem, pp. 82-118.

Quadro 3.3
Declínio temporário do multilateralismo antes da Liga das Nações

1. Administrando Conflitos Sociais Potenciais
1.1. Agricultura:
- União Internacional do Açúcar: cessou com a I Guerra

2. Reforçando os Estados e o Sistema de Estados
2.1. Administrando conflitos interestatais:
- Corte Internacional de Presas [marítimas]: cessou com a I Guerra
- Corte Permanente de Justiça Internacional: maior parte das funções foi para a Corte Internacional de Justiça, resultante do Tratado de Versalhes

3. Reforçando a Sociedade:
3.1. Direitos Humanos:
- Escritório Internacional Marítimo contra o tráfico escravo: algumas funções foram para a Liga das Nações e depois para a ONU

3.2. Salvamento e Bem-estar: :
- *Bureau* de Informações e investigação relativo à ajuda para estrangeiros: cessou com a I Guerra

3.3. Saúde:
- 1900: Comissão de Revisão da Nomenclatura das Causas de Morte: maior parte das funções foi para a Liga das Nações e depois para a ONU
- Associação Internacional de Banhos Públicos e da Limpeza: cessou com a I Guerra

3.4. Educação e Pesquisa:
- Associação Geodética Internacional: privatizada na I Guerra
- Comitê Internacional Meteorológico: privatizado na Longa depressão
- Associação Internacional de Sismologia: privatizada na I Guerra
- *Bureau* Central para a Cartografia Internacional: maior parte das funções foi para a Liga das Nações e depois para a ONU

Quais foram as razões fundamentais que explicam o desaparecimento dessas organizações, técnicas em sua maior parte? Segundo Murphy, apesar da unificação de padrões industriais e dos avanços materiais, a Europa permaneceu politicamente dividida. Entre 1885 e 1900, ocorreu na Europa um processo de unificação de mercados similar ao que ocorreria depois dos Tratados de Roma e da unificação de mercados comunitária. Mas, os conflitos comerciais se instalam rapidamente: a Alemanha começou a "tomar" mercados dos britânicos, graças a sua posição central e maior eficiência mercadológica.

As uniões eram verdadeiramente necessárias?, pergunta Murphy, apresentando em seguida uma série de argumentos históricos, segundo o modelo contra-factual, para sustentar seus argumentos. Elas certamente

O Brasil e o multilateralismo econômico

ajudaram a abrir os mercados europeus e a fazê-los funcionar da mesma forma que no vasto território dos Estados Unidos. A vastidão dos mercados é decisiva no sentido em que tem de haver retorno para os importantes investimentos iniciais feitos em supridores, serviços, *marketing* e em P&D (pesquisa e desenvolvimento). Antes das uniões, os capitalistas já estavam construindo ferrovias em direção de outros países, mas eles não poderiam, aparentemente, ter criado um grande mercado apenas em virtude de suas ações isoladas, sem padronização ou regras comuns de proteção à propriedade intelectual. Os governos poderiam bloquear, como de fato o fizeram pouco depois, uma linha telegráfica em nome da segurança nacional, da mesma forma como eles promoveram linhas não-rentáveis em nome da defesa nacional, do interesse público ou mesmo do imperialismo. Murphy pergunta se acordos bilaterais poderiam ter funcionado no lugar das uniões. Num certo sentido sim, e a maior parte das ligações transfronteiriças eram operadas num quadro bilateral e, da mesma forma como os acordos comerciais, eles continham quase todos a cláusula de nação-mais-favorecida (NMF). Mas, isso seria por demais custoso em termos de operacionalização e administração: considerando-se que a Europa pré-guerra era formada de 11 grandes países industriais (Alemanha, Áustria-Hungria, Bélgica, Dinamarca, França, Grã-Bretanha, Itália, Países Baixos, Rússia, Suécia e Suíça), seriam necessários 55 acordos bilaterais para preencher o papel de um único acordo elaborado numa conferência multilateral.

Os liberal-internacionalistas do século XIX não podiam imaginar que conflitos irremediáveis poderiam emergir a partir dos vastos mercados que eles estavam interessados em criar. Mas, como diz Murphy, "a segunda revolução industrial criou ou exacerbou todos os conflitos que levaram à Grande Guerra. O dinamismo das economias industriais da Europa começou a ameaçar a velha ordem social ao mesmo tempo em que a nova economia criava ressentimentos na periferia próxima do centro industrial europeu e um desenvolvimento desigual entre os poderes industriais. Todos esse conflitos combinaram-se para garantir que uma modalidade competitiva de nacionalismo oficial tomaria o lugar do nacionalismo benigno antecipado pelos liberais do século XIX. À medida em que a Europa se endurecia em dois blocos competitivos, as instituições do século XX criadas para enfrentar conflitos internacionais tornaram-se ineficazes. A maior parte das instituições cooperativas da sociedade civil não eram simplesmente voltadas para gerir um mundo no qual conflitos de interesse inerentes tomaram o lugar da harmonia implícita de interesses; assim as Uniões Públicas Internacionais pouco puderam fazer para evitar a crise final".[39]

3.6. Uma experiência frustrada de internacionalismo: a Liga das Nações

Baseada nos princípios saudavelmente democráticos de Wilson, a sociedade internacional concebida em 1918 prometia um mundo mais aberto e consensual, mas sua vinculação "genética" com a Paz de Versalhes certamente não contribuiu para manter esse empenho. Em termos quantitativos, a Liga das Nações começou a trabalhar com 42 países-membros, o que parece enorme quando comparado ao Congresso de Viena, um século antes, ou mesmo às conferências da Haia, mas que na verdade corresponde à expansão dos Estados nacionais com o final dos grandes impérios multiétnicos. Ela chegou a alcançar 63 membros na sua fase de maior expansão, nos anos 30, mas, diversos países dela se retiraram, como "pioneiramente" o Brasil (em 1926) e, mais tarde a Itália mussoliniana e a Alemanha hitlerista, depois de 1933, ou o Japão, invasor da Manchúria em 1931 e da própria China em 1937.

[39] Cf. Murphy, op. cit., p. 137.

O Brasil e o multilateralismo econômico

O elemento inédito, em termos histórico-institucionais, é a tendência crescente à negociação de instrumentos plurilaterais e mesmo multilaterais, no lugar dos tradicionais acordos bilaterais. Com efeito, até meados deste século, pelo menos, os tratados bilaterais de amizade, comércio e navegação – contendo ou não a cláusula de nação-mais-favorecida – representavam o instrumento mais utilizado na vida econômica externa dos países: eles regulavam os diversos aspectos da cooperação econômica e técnica bilateral, inclusive a proteção aos nacionais e aos investimentos da outra parte. O sistema de Versalhes avançou na direção de uma regulação multilateralista das relações internacionais, mas além de seu *penchant* tipicamente político-militarista, ele deixava a desejar na seleção dos instrumentos e mecanismos mobilizados para fazer "reviver" o universo do padrão-ouro e o mundo do livre-cambismo, de resto mais proclamados do que reais. Algumas conferências foram convocadas, reuniões mantidas sob a égide da Sociedade das Nações, mas muito pouco pôde-se fazer em termos de construção efetiva de uma ordem internacional duradoura no espaço histórico da "segunda Guerra de Trinta Anos" em que parece ter vivido a Europa, e com ela grande parte do mundo, entre 1914 e 1945. Keynes, aliás, em plena conferência de Paris, já tinha alertado, em seu célebre "panfleto", sobre as *Conseqüências Econômicas da Paz*, para as "loucuras econômicas" de Versalhes, como elementos potenciais de uma nova desestabilização política do continente.

No plano econômico multilateral, o cenário é caracterizado por poucas negociações e, de fato, nenhuma regulamentação substantiva, a não ser por algumas conferências internacionais de cooperação, no âmbito da Liga das Nações ou do Escritório de Bruxelas (dedicado à facilitação aduaneira e ao intercâmbio de estatísticas e de pautas de comércio exterior). Os debates sobre questões comerciais ou monetárias redundam em rotundos fracassos *et pour cause*: segundo um historiador, a Liga das Nações "não era suficientemente universal para conseguir uma conciliação geral, nem suficientemente coesiva para conseguir uma ação decisiva como um concerto de potências".[40]

O entre-guerras, a não ser por algumas iniciativas da Liga das Nações em questões de simplificação aduaneira e de mútua aceitação de cheques e notas cambiais, não assiste a nenhum desenvolvimento notável do sistema comercial multilateral, sendo antes um período de bilateralismo estrito, quando não de "guerra comercial". Uma primeira conferência econômica da Liga, em 1927, tentou converter esforços bilaterais e unilaterais de liberalização comercial em um tratado de redução multilateral de tarifas, sob o princípio da NMF, mas o tratado recebeu muito poucas ratificações para entrar em vigor, inclusive porque os EUA não reduziram substancialmente suas tarifas. A Alemanha, apesar de proibida pelo *diktat* de Versalhes, retomou inclusive sua liderança aérea, estabelecendo as primeiras ligações internacionais fora de acordos. No plano hemisférico, ocorrem algumas reuniões dedicadas ao tratamento comercial uniforme, a questões arbitrais e outras matérias técnicas.

A crise de 1929 e a depressão que se seguiu determinaram um reforço ainda maior das tendências protecionistas e de esquemas estritamente bilateralistas, inclusive do ponto de vista dos pagamentos, com a introdução de acordos de compensação. De fato, ela precipitou a desordem mundial pela próxima década e meia. De uma forma geral, esse período foi incapaz de restabelecer as condições de uma ordem internacional aceita por todos os parceiros, sobretudo em virtude de atitudes defensivas por parte da Entente e o prosseguimento de políticas coloniais.

Ainda assim, várias organizações internacionais emergem nesse período, como se pode constatar pela

---

[40] Cf. David Thomson, *Pequena História do Mundo Contemporâneo*. Rio de Janeiro: Zahar, 1967, p. 93.

O Brasil e o multilateralismo econômico

lista transcrita abaixo, estabelecida mais uma vez de maneira competente por Murphy.[41]

Quadro 3.4
Organizações internacionais na era da Liga das Nações, 1919-1939

1. Promovendo a Indústria
1.1. Infra-estrutura:
1919: Comissão de Navegação Aérea
1920: Instituto Internacional de Refrigeração
1925: Comitê Consultivo para o Telégrafo e o Telefone
1926: Comitê de Peritos em Questões Aéreas
1927: Comitê Consultivo para o Rádio
1.2. Padrões Industriais e Propriedade Intelectual:
1926: Federação das Sociedades de Padronização
1934: Comissão Internacional para as Indústrias Alimentares
1.3. Comércio:
1919: Instituto Internacional de Comércio
1931: Escritório Internacional de Feiras (Exposições)
1.4. Administração:
1925: Instituto Internacional de Administração

2. Administrando Conflitos Sociais Potenciais
2.1. Trabalho:
1919: Organização Internacional do Trabalho
2.2. Agricultura:
1924: Escritório Internacional de Epizootias
1924: Escritório Internacional da Uva e do Vinho
1939: Comitê Assessor Internacional do Algodão

3. Reforçando os Estados e o Sistema de Estados
3.1. Ordem Pública:
1923: Interpol
1926: Academia Diplomática Internacional
3.2. Finanças Públicas:
1930: Banco de Compensações Internacionais
3.3. Administrando conflitos interestatais:
1920: Liga das Nações
1920: Corte Permanente de Justiça Internacional
3.4. Refugiados:
1939: Comitê Intergovernamental de Refugiados

4. Reforçando a Sociedade
4.1. Direitos Humanos:
1926: Instituto Internacional para o Direito Privado
4.2. Salvamento e Bem-estar:
1927: União Internacional de Socorro

---

[41] Ver o capítulo 5, "Liberal Learning and the free world order" (pp. 153-187), que analisa a emergência das "internacionais" do pós-guerra. O quadro de organizações do entre guerras foi retirado da Tabela 6: "New world organizations of the League and UN eras (established from 1919 through 1970)", pp. 154-157.

1931: Organização da Defesa Civil Internacional
4.3. Saúde:
1919: Comissão Internacional para Medicina Militar
4.4. Educação e Pesquisa:
1921: Organização Hidrográfica Internacional
1925: Escritório Internacional de Educação
1925: Instituto Internacional de Cooperação Intelectual

3.7. O sistema onusiano do pós-guerra: promessas e limites

Argumentando sempre em termos de "democratização" do sistema internacional, pode-se constatar que as Nações Unidas, finalmente, encetaram sua missão universal de paz e desenvolvimento com pouco mais de 50 países-membros, alcançando quase 200 neste meio século de existência. Esse movimento de ampliação da "base censitária" do sistema internacional tem sua equivalência no plano dos processos de democratização social e política das principais sociedades ocidentais, com uma lenta mas segura incorporação das massas operárias aos benefícios da democracia política e do Estado de bem-estar; nessa evolução secular, o Brasil originalmente monárquico também abandonou o sistema de voto censitário e as formas mais gritantes de exclusão social em favor de formas restritas de inclusividade social no período republicano, movimento acelerado no Estado varguista e completado na fase recente.

Na nova fase do pós-segunda guerra, o ordem internacional deixa de ser formulada, segundo Murphy, pelos "fundamentalistas" da Liga das Nações e passa a ser administrada pelos "keynesianos" das Nações Unidas, começando por Bretton Woods. "Cooperação em finanças públicas, apoio aos refugiados e ajuda aos países menos desenvolvidos são três áreas de atividade para as Nações Unidas que não têm precedentes nas Uniões Internacionais Públicas" do período anterior.[42] Mas, ele também estabelece claramente os limites sob os quais deve passar a atuar a ONU: a Guerra Fria, iniciada

---

[42] Cf. Murphy, op. cit., p. 166.

O Brasil e o multilateralismo econômico

praticamente com a inauguração dessa entidade, "terminou com qualquer esperança de que uma organização mundial pudesse estar no centro do sistema do pós-guerra de administração de conflitos entre os grandes poderes".[43] O sistema das Nações Unidas "requeria o tipo de consenso entre grandes poderes que tinha existido sob o sistema das conferências européias do século XIX" e isso estava claro, pela atitude de Stalin, que não iria mais ocorrer. A Revolução maoísta – e o conseqüente isolamento da China das Nações Unidas, durante várias décadas –, assim como o conflito Norte-Sul também dificultou a emergência de algum tipo de "governo mundial". Mas, o sistema das Nações Unidas era muito mais realista do que o da Liga, embora a partir dos anos 60 – a partir das independências de ex-colônias européias – a maioria automática do Terceiro Mundo na Assembléia Geral tenha servido para retrair algo do antigo multilateralismo dos EUA: muitas novas agências foram criadas desde então, precipitando talvez a crise de todo o sistema.

De fato, a partir da segunda metade deste século, e com maior vigor a partir dos anos 1960, os acordos multilaterais começaram a suplantar os instrumentos bilaterais enquanto mecanismos reguladores da vida econômica das nações. Inaugurados timidamente no último terço do século XIX, durante a fase do capitalismo triunfante, mas interrompidos logo depois pelos desastres políticos, econômicos e sociais das duas guerras mundiais e mais particularmente pelos fenômenos da depressão e do protecionismo dos anos 30, os instrumentos multilaterais passam a estar no centro da reconstrução da ordem econômica internacional, que começou a ser elaborada, sob a égide da ONU, em bases essencialmente contratuais e institucionalistas.[44]

---

[43] Idem, p. 177.

[44] Em face da meia dúzia de entidades "multinacionais" do século passado, estima-se em cerca de 350 as organizações existentes atualmente, sendo pelo menos uma centena de base universal; cf. Jean-Paul Jacqué, *Les organisations internationales contemporaines*. Paris, Pedone, 1988, citado pelo Professor Ricardo Seitenfus, *Manual das Organizações Internacionais*. Porto Alegre: Livraria do Advogado, 1997, p. 21.

Os Estados, sob a discreta pressão da potência hegemônica nessa época, aceitam transferir uma parte de suas soberanias respectivas – ou melhor, de suas competências reguladoras – em favor de uma administração concertada de alguns setores da vida econômica, sobretudo no campo do comércio, das finanças e dos meios de pagamentos e adicionalmente no da regulação de alguns aspectos da vida produtiva (como o das relações de trabalho, por exemplo). A conferência de Bretton Woods (julho-agosto de 1944) é o marco inicial desse processo "fundador" multilateral (com a criação do Fundo Monetário Internacional e do Banco Internacional de Reconstrução e Desenvolvimento), que se desdobra igualmente em Chicago (dezembro de 1944: Organização da Aviação Civil Internacional) e em Quebec (1945: Organização para a Alimentação e Agricultura), bem como nas várias conferências do pós-guerra em capitais européias e em cidades norte-americanas (1946-47), preparatórias à conferência sobre comércio e emprego de Havana (1947-48), que deveria completar o tripé institucional concebido em Bretton Woods, acrescentando uma organização dedicada exclusivamente ao comércio (mas num sentido amplo) às entidades já criadas para os aspectos monetário (FMI) e financeiro (BIRD).

A emergência de novos instrumentos e instituições multilaterais de caráter econômico se deu durante as três décadas seguintes – reforma do GATT, surgimento da UNCTAD, criação da ONUDI e de diversos outros foros para inserir os países menos avançados na economia mundial –, culminando com a própria tentativa de estabelecimento, pelos países em desenvolvimento, de uma "nova ordem econômica internacional".[45] As gran-

---

[45] Para uma reconstituição extremamente profissional dos principais lances da diplomacia econômica no período recente, ver Luis Augusto Souto Maior, "A diplomacia econômica brasileira no pós-guerra (1964-1990) *in* José Augusto Guilhon de Albuquerque (org.), *Sessenta Anos de Política Externa Brasileira (1930-1990)*, Vol. II: *Diplomacia para o Desenvolvimento*. São Paulo: Cultura editores associados, 1996, pp. 267-296, com ênfase na problemática desenvolvimentista e na cooperação política e econômica regional.

des mudanças nos cenários político e econômico mundiais, nos anos 1980, com a fragmentação política do chamado Terceiro Mundo, a emergência da Ásia e a derrocada econômica do mundo socialista, acarretaram situações inéditas do ponto de vista das relações internacionais, sobretudo em sua vertente econômica. À "diplomacia comercial" do tratamento especial e mais favorável para os países em desenvolvimento, isto é, o estabelecimento de regimes concessionais sem reciprocidade – propugnado com bastante ênfase pelo Brasil durante os anos 1960-1980, marcados pela idéia desenvolvimentista – veio somar-se, nos anos 1990, a "diplomacia dos investimentos", praticada por países asiáticos dotados de grande atratividade para os capitais produtivos, e a "diplomacia do ajuste estrutural", em que se empenharam nos anos 1980 os latino-americanos e africanos e se empenham ainda hoje africanos e ex-socialistas. Os recursos limitados colocados à disposição das instituições de financiamento sistêmico de desajustes estruturais contrastam com a enormidade dos fluxos de capitais voláteis suscitada pela integração dos mercados financeiros e o aparecimento de instrumentos derivados de liquidez.

De modo geral, as instituições de Bretton Woods, a OCDE e a nova Organização Mundial do Comércio ganham relevância em relação à UNCTAD, que pretendeu ser, nos anos 1970, o principal foro negociador de uma "nova ordem econômica internacional".[46] A OMC, por exemplo, passou a ser encarregada de administrar, desde 1995, os resultados da mais complexa rodada de negociações comerciais multilaterais – envolvendo agricultura, serviços, investimentos e propriedade intelectual, por exemplo – já conhecida na história econômica contemporânea. O FMI e o BIRD se vêm confrontados,

---

[46] Ver meu trabalho "OCDE, UNCTAD e OMC: uma perspectiva comparada sobre a macroestrutura política das relações econômicas internacionais" *in* Paulo Borba Casella e Araminta de Azevedo Mercadante (coords.), *Guerra Comercial ou Integração Mundial pelo Comércio? a OMC e o Brasil*. São Paulo: Ltr Editores, 1998, pp. 149-198.

cada um à sua maneira, a gigantescos fluxos de capitais voláteis ou a necessidades insaciáveis de capitais para investimentos, num contexto de instabilidade crescente dos mercados financeiros. A OCDE se lança em iniciativas – como a negociação de um Acordo Multilateral sobre Investimentos – que passam a evidenciar um novo papel negociador, ademais de suas tradicionais funções enquanto foro de coordenação de políticas macroeconômicas.

3.8. As organizações do multilateralismo contemporâneo

Como situar, nesse contexto, o papel da diplomacia multilateral? Ele se torna certamente mais complexo, permanente e constante, e não apenas restrito aos temas habituais ou exercido apenas por ocasião de grandes conferências, como no passado. Esse tipo de diplomacia passa a tocar em terrenos não apenas comerciais, ou pelo menos não classicamente econômicos: meio ambiente, recursos naturais, tecnologias da informação e de comunicações, normas laborais, questões sociais de um modo geral.[47] Os instrumentos jurídicos resultantes dos diferentes foros negociadores acumulam-se com velocidade espantosa: à multiplicidade particularista e pouco homogênea dos antigos acordos bilaterais de tipo político sucede a enormidade quantitativa de atos multilaterais, buscando aplicar um conjunto uniforme de regras institucionais – acesso a mercados, não-discriminação, solução de controvérsias – a matérias complexas e tematicamente diversas. Em outros termos, o adequado tratamento do escopo jurídico e do quadro institucio-

---

[47] O tratamento político dado ao problema fundamentalmente econômico da chamada "cláusula social" no comércio internacional do século XIX pode ter como antecedente histórico a questão do tráfico escravo no século XIX; tratei desse tipo de analogia, não de todo anacrônica, em meu artigo "A cláusula social no comércio internacional", *RBCE Comércio Exterior*. Rio de Janeiro: Funcex, nº 40, jul-ago-set 1994, pp. 52-60.

nal das relações internacionais contemporâneas tornou-se essencial para a plena compreensão dos modos possíveis de inserção externa de um país como o Brasil. O mundo hoje é, reconhecidamente, mais global do que nunca. Seja por efeito do "fim da História", seja como resultado da unificação dos mercados capitalistas, o "Mundo Livre", como argumenta Murphy, unificou a ordem inter-imperial do começo do século, e o sistema norte-americano expandiu-se para incluir o Japão. Não está muito claro qual o papel relativo das organizações internacionais e o do poder hegemônico, mas eles podem ser considerados como complementares. Segundo esse historiador, "se a dissuasão nuclear pode ter servido para 'conter' o comunismo, as organizações mundiais facilitaram importantes formas de cooperação entre países divididos pela ideologia. Elas permitiram que as superpotências trabalhassem juntas para minimizar a proliferação nuclear e conter alguns dos violentos conflitos nos quais elas estavam sustentando lados opostos. O sistema da ONU também ajudou os adversários globais a usar recursos comuns globais – os oceanos, o rádio-espectro e o espaço exterior – sem chegar às vias de fato. Finalmente, as organizações intergovernamentais globais facilitaram o comércio e a cooperação social entre sistemas, tarefas largamente empreendidas pelas atualmente desprezadas UNCTAD e UNESCO".[48]

Sem que seja mais necessário dividir o mundo entre sistemas opostos, recorremos, uma vez mais, ao trabalho de Murphy para uma última relação das organizações relevantes do multilateralismo contemporâneo:[49]

---

[48] Cf. Murphy, op. cit., pp. 241-242.

[49] Compilada novamente a partir da Tabela 6: "New world organizations of the League and UN eras (established from 1919 through 1970)", pp. 154-157. À lista de Murphy poderia ser acrescentada uma entidade de criação mais recente (1995), a Organização para a Proibição de Armas Químicas (OPCW, na sua sigla inglesa, com sede na Haia e cujo diretor é um diplomta brasileiro, o Emb. José Maurício Bustani), resultante da Convenção sobre a Proibição de Desenvolvimento, Produção, Estocagem e Uso de Armas Químicas e sobre sua Destruição, concluída em 13 de janeiro de 1993, em Paris, com 159 Estados signatários.

Quadro 3.5

Organizações internacionais na era das Nações Unidas, 1944-1970

1. Promovendo a Indústria

1.1. Infra-estrutura:
1944: OIAC/ICAO (Organização Internacional da Aviação Civil)
1947: Junta Internacional de Registro de Freqüências
1948: Organização Internacional Consultiva Marítima
1957: Conselho Consultivo de Estudos Postais (UPU)
1964: Intelsat (Organização Internacional das Telecomunicações por Satélite)

1.2. Padrões Industriais e Propriedade Intelectual:
1944: Comissão das Nações Unidas para a Padronização
1946: ISSO (Organização Internacional de Padronização/*International Standardization Organization*)
1952: Comitê Internacional do Direito Autoral
1955: Organização Internacional de Metrologia Legal
1961: União para a Proteção das Variedades Vegetais (UPOV)
1962: FAO/OMS Comissão do *Codex Alimentarium*
1967: OMPI (Organização Mundial da Propriedade Intelectual)

1.3. Comércio:
1948: GATT (Acordo Geral sobre Tarifas Aduaneiras e Comércio)
1950: Conselho de Cooperação Aduaneira
1964: Centro Internacional de Comércio

2. Administrando Conflitos Sociais Potenciais

2.1. Trabalho:
1959: Centro de Saúde e Segurança no Trabalho
1960: Instituto Internacional de Estudos Sociais (OIT)
1963: Centro de Treinamento Vocacional

2.2. Agricultura:
1944: Grupo Internacional de Estudos sobre a Borracha
1945: FAO (Organização das Nações Unidas para Alimentação e Agricultura)
1947: Grupo Internacional de Estudos sobre a Lã
1946: Comissão Internacional da Baleia
1948: Comissão Internacional do Arroz
1948: Comissão Sericícola Internacional
1949: Conselho Internacional do Trigo
1950: Conselho Internacional do Óleo de Oliva
1951: Conselho de Apelação de Origem de Queijos
1958: Organização Internacional do Açúcar
1962: Organização Internacional do Café

2.3. Outros velhos setores:
1956: Conselho Internacional do Estanho
1959: Grupo de Estudo Internacional do Chumbo e do Zinco

2.4. Países menos Avançados:
1945: Banco Mundial
1946: UNICEF (Fundo das Nações Unidas para a Infância)
1955: Instituto de Desenvolvimento Econômico
1956: Corporação Financeira Internacional
1957: Fundo Especial da ONU para o Desenvolvimento
1958: Centro para a Preservação da Propriedade Cultural
1960: Associação Internacional de Desenvolvimento
1962: Secretariado Internacional para o Serviço Voluntário
1963: Programa Alimentar Mundial

O Brasil e o multilateralismo econômico

1964: UNCTAD (Conferência das Nações Unidas sobre Comércio e Desenvolvimento)
1965: PNUD (Programa das Nações Unidas para o Desenvolvimento)
1966: Centro Internacional para Solução de Controvérsias sobre Investimentos
1966: Fundo das Nações Unidas para o "Capital" Desenvolvimento
1967: ONUDI (Organização das Nações Unidas para o Desenvolvimento Industrial)
1968: Centro da OMS para o Suprimento de Água das Comunidades
1969: Fundos das Nações Unidas para Atividades de População
1970: Banco Internacional de Investimentos

3.Reforçando os Estados e o Sistema de Estados
3.1. Ordem Pública:
1963: Instituto das Nações Unidas para o Treinamento e a Pesquisa
1968: Conselho para o Processamento de Dados nos Governos
1968: Instituto das Nações Unidas para Pesquisa em Defesa Social
3.2. Finanças Públicas:
1945: FMI (Fundo Monetário Internacional)
3.3. Administrando conflitos interestatais:
1945: Organização das Nações Unidas
1945: Corte Internacional de Justiça
1956: AIEA (Agência Internacional de Energia Atômica)
1970: Sistema Internacional de Informação Nuclear
3.4. Refugiados:
1943: Administração das Nações Unidas de Socorro e Reabilitação
1946: Organização Internacional de Refugiados
1950: Agência das Nações Unidas de Socorro e Obras (Palestina)
1951: ACNUR (Alto Comissariado da ONU para os Refugiados)
1951: Comitê Intergovernamental para as Migrações Européias

4. Reforçando a Sociedade
4.1. Direitos Humanos:
1945: Comissão de Direitos Humanos das Nações Unidas
1947: Centro das Nações Unidas contra o Apartheid
4.2. Salvamento e Bem-estar:
1950: Centro Internacional da Criança
1963: Instituto de Pesquisa das Nações Unidas para o Desenvolvimento Social
4.3. Saúde:
1946: OMS (Organização Mundial da Saúde)
1955: Grupo Assessor das Nações Unidas sobre Proteínas e Calorias
1961: Junta Internacional de Controle de Narcóticos
1965: Agência Internacional de Pesquisa sobre o Câncer
4.4. Educação e Pesquisa:
1945: UNESCO (Organização das Nações Unidas para Educação, Ciência e Cultura)
1946: Organização Meteorológica Mundial
1951: Instituto da UNESCO para a Educação
1960: Comissão Oceanográfica Internacional
1963: Instituto Internacional para o Planejamento Educacional
1970: Centro Internacional de Física Teórica

A participação do Brasil nos principais instrumentos e organizações multilaterais desde o século XIX até o presente pode ser vista na relação apresentada no Quadro 3 do Apêndice, que confirma a densificação normativa e a extensão temática coberta pela diplomacia econômica do Brasil, bem como a crescente complexidade de suas relações econômicas internacionais.

3.9. Construindo a paz universal?

Este longo itinerário histórico-analítico sobre a construção da ordem internacional contemporânea permitiu constatar que, a despeito dos percalços eventuais, a "comunidade internacional" se ampliou e se democratizou bastante em relação aos padrões conhecidos no século XIX. As autorizações oficiais para "guerra de corso", finalmente, foram banidas desde 1856 e não se encontram mais em moda "presas" e "butins". Muito embora os bloqueios e a "diplomacia da canhoneira" possam estar ainda eventualmente em uso, deve-se reconhecer que a *força do direito* tende a ampliar sua margem de atuação em relação ao *direito da força*. Trata-se de um desenvolvimento significativo em relação ao realismo cru do século XIX, quando navios de guerra das nações "civilizadas" se achavam no direito de violar impunemente, em nome de um conceito auto-assumido de "justiça", as águas territoriais e, como ocorreu em algumas ocasiões, até mesmo os portos brasileiros.

Por outro lado, a despeito de uma configuração basicamente "liberal" apresentada pela "ordem econômica internacional" no século XIX e, inversamente, das tendências fortemente estatizantes, intervencionistas e protecionistas observadas em nosso próprio século, assim como das tentativas frustradas de construção de uma "nova ordem econômica internacional" no período recente, deve-se enfatizar a crescente interdependência do mundo econômico contemporâneo. A revolução industrial, agora em sua terceira geração, chegou à periferia, alterou radicalmente fluxos de intercâmbio de bens, serviços e capitais e continua produzindo grandes modificações nos padrões de distribuição da riqueza e da

O Brasil e o multilateralismo econômico

tecnologia proprietária em nível mundial. Certamente que, em termos de poder e dinheiro, a "oligarquia econômica mundial" não é muito diferente hoje do que ela era em meados ou finais do século XIX, mas novos atores entram em cena – as chamadas "economias emergentes" – e os termos do intercâmbio global não reproduzem mais necessariamente, pelo menos para alguns desses atores, o tradicional padrão Norte-Sul de trocas entre bens primários e produtos manufaturados.

Mais importante, ainda, uma fração crescente do "poder regulatório internacional" deixou a esfera puramente bilateral das relações entre Estados soberanos para concentrar-se cada vez mais no seio de organizações intergovernamentais dotadas de *staff* técnico capacitado para lidar com os complexos problemas da agenda econômica internacional. É evidente que o poder *real* de propor, negociar e implementar medidas efetivas de acesso a mercados ou normas disciplinadoras das relações econômicas internacionais permanece e permanecerá com os Estados individuais, mormente com os mais poderosos dentre eles. Mas, não resta dúvida de que a emergência do multilateralismo econômico representa um enorme avanço sobre a era dos "tratados desiguais" do século XIX.

Entre o cosmopolitismo esclarecido dos pioneiros do século passado, ao organizar as primeiras reuniões fundacionais das "uniões" e "escritórios de cooperação", e as grandes conferências globais onusianas deste final de século, o mundo certamente evoluiu para melhor, no sentido em que se logrou diminuir enormemente o potencial de conflito embutido nas divergências de interesses por motivos econômicos. Muito embora as organizações originais de cooperação industrial não tenham conseguido evitar dois desastrosos conflitos mundiais neste mesmo século, o surgimento da ONU, em 1945, e a multiplicação de suas agências especializadas desde então, fez com que o cenário político internacional certamente se aproximasse um pouco mais dos projetos de "paz perpétua" advogados pelo primeiro internacionalista liberal conseqüente: Kant. O consenso tornou-se um princípio quase que imutável de negociação de interesses econômicos divergentes e a *global governance* buscada desde os tempos do filósofo de Königsberg vem sendo pacientemente construída, ainda que de forma parcial e parcelada, pela miríade de instituições multilaterais hoje existentes. A emergência do liberal-internacionalismo neste final de século talvez não signifique a confirmação da paz universal, tal como pretendia Kant no final do século XVIII, mas sem dúvida a guerra tornou-se bem mais difícil no limiar do século XXI. Uma única guerra parece doravante justificada: a guerra pelo desenvolvimento econômico e social de quase dois terços de países membros do sistema internacional contemporâneo.

O Brasil e o multilateralismo econômico 93

Capítulo 4

A reconstrução da ordem econômica mundial no pós-guerra

O século XIX tinha sido caracterizado, do ponto de vista comercial, por tímidos avanços do liberalismo comercial, sob a impulsão da Grã-Bretanha, e por políticas nacionais de favorecimento à industrialização, marcadas por alguns períodos protecionistas, sobretudo no caso dos Estados Unidos e de certos países europeus engajados tardiamente na modernização (Alemanha, Itália). Uma multiplicidade de acordos bilaterais de comércio, contendo a cláusula de nação-mais-favorecida (NMF), tornou possível o intercâmbio de reduções tarifárias entre a maior parte dos países europeus, criando, de fato, um sistema multilateral de comércio. A "era liberal" se estende da segunda metade do século XIX até a Primeira Guerra Mundial, quando o esquema informal e espontâneo de livre-comércio sucumbe totalmente às paixões guerreiras e às práticas protecionistas do período de entreguerras. Os instrumentos de política comercial criados depois da crise de 1929 agravaram o declínio das correntes mundiais de comércio: elevação unilateral de tarifas, restrições quantitativas, proibições de importar, controle cambial e acordos bilaterais de compensação. O comércio multilateral teria de ser "reinventado" pelo GATT, sob a forma de um sistema contratual, depois da Segunda Guerra Mundial.

Até esse período, o fenômeno da integração econômica e o próprio conceito de bloco regional de comércio eram largamente marginais, com algumas poucas exce-

---

O Brasil e o multilateralismo econômico   **95**

ções, como o *Zollverein* alemão e a união alfandegária belgo-luxemburguesa de 1922. A formação de espaços econômicos preferenciais, sobretudo na Europa e na América Latina, iria tornar-se uma das características principais da ordem econômica do pós-guerra.

Mesmo que as características essenciais da ordem política e econômica que o mundo conheceria a partir de 1945 tenham sido fixadas mediante arranjos diplomáticos e militares realizados durante a fase final da guerra – notadamente em Bretton Woods, Dumbarton Oaks, Ialta, Potsdam e São Francisco –, suas origens podem ser traçadas desde muito cedo, antes ainda da internacionalização do conflito e em plena guerra européia. Com efeito, um de seus mais importantes marcos fundadores é constituído pela "Carta do Atlântico", de 14 de agosto de 1941, na qual Roosevelt e Churchill alinham os grandes princípios que deveriam reger a nova ordem mundial no pós-guerra. Nessa "Declaração de Princípios das Nações Unidas", à qual o Brasil aderiria em 6 de fevereiro de 1943, ademais da defesa dos direitos soberanos das nações, os líderes políticos dos Estados Unidos e da Grã-Bretanha, conscientes de que as disputas por mercados e fontes de matérias-primas tinham sua parte de responsabilidade no acirramento das relações entre as grandes potências, afirmam pretender assegurar para todos os povos, além da defesa dos direitos soberanos das nações, um "acesso igualitário às matérias-primas e ao comércio mundial", e propõem um amplo processo de cooperação econômica internacional sem discriminações. Por insistência americana, é incluída uma referência segundo a qual os governos britânico e americano "se empenharão para que todos os Estados, grandes ou pequenos, vitoriosos ou vencidos, tenham acesso em igualdade de condições ao comércio e às matérias-primas de que precisem para a sua prosperidade econômica". Alguns meses depois, no Artigo VII do *Master Lend Lease Agreement* entre os EUA e a Grã-Bretanha, os dois governos concordaram em trabalhar em favor "da eliminação de todas as formas de tratamento discriminatório no comércio internacional". Esse documento de Roosevelt e Churchill constitui, assim, um dos marcos fundadores da reconstrução econômica e política do mundo do pós-guerra.

4.1. Os marcos fundadores da ordem econômica internacional

O outro grande marco fundador é, no terreno econômico, a Conferência de Bretton Woods, realizada nessa cidade do New Hampshire, em julho/agosto de 1944, a convite dos EUA. Em Dumbarton Oaks, em agosto desse mesmo ano, são estabelecidas as bases políticas de uma organização das "nações aliadas", que, em São Francisco, em abril de 1945, se converteria na Organização das Nações Unidas (ONU). Finalmente, em Yalta e em Potsdam, em fevereiro e em julho-agosto de 1945, respectivamente, são delineadas as linhas da fronteira geopolítica que passaria a dividir o mundo com maior nitidez a partir de 1947.

No que se refere mais especificamente às relações econômicas internacionais, os dirigentes norte-americanos estavam convencidos de que a crise econômica dos anos 30 tinha aberto caminho ao totalitarismo e ao militarismo, principais causadores do conflito. Harry Dexter White, o principal responsável norte-americano pela preparação da conferência de Bretton Woods, diria, em 1942, que "a ausência de um alto grau de colaboração econômica entre as principais nações resultará inevitavelmente, na próxima década, em uma guerra econômica que não será senão o prelúdio e a instigadora de uma guerra militar em escala ainda maior".

Mesmo que a guerra não pareça ter tido raízes econômicas bem definidas, é certo que o estabelecimento de barreiras econômicas por parte da Alemanha fascista na Europa oriental, do Japão no Extremo Orien-

O Brasil e o multilateralismo econômico

te, e da Grã-Bretanha nos países da *Commonwealth*, pode ter contribuído para exacerbar rivalidades econômicas, colocando as grandes potências no caminho da guerra. Por isso, além de promover seus objetivos políticos tradicionais – liberdade dos oceanos, autodeterminação nacional e governo democrático –, os EUA trataram, desde essa época, de implementar a política da *Open Door*. Supunha-se que um ambiente internacional sem discriminações ofereceria os benefícios da concorrência econômica pacífica, o acesso igualitário às matérias-primas e o máximo de eficiência por meio do princípio das vantagens comparativas. Mais perto do final da guerra, o secretário de Estado-assistente William L. Clayton afirmava, quase que como um bom discípulo marxista, que "a maioria das guerras tem origem em causas econômicas" e que a administração Roosevelt havia concebido Bretton Woods para que "todas as nações tivessem acesso livre e igual ao comércio e às matérias-primas do mundo".

No período anterior à entrada dos EUA na guerra, os norte-americanos já tinham proposto, durante uma conferência de ministros americanos realizada em Havana em 1940, a criação de um "cartel comercial hemisférico", com o objetivo de fazer dos EUA uma espécie de *clearing house* de todo o comércio do hemisfério ocidental, projeto aliás que já tinha sido explicitado desde a "primeira conferência internacional americana", realizada em Washington em 1889-1890. Na conferência de Havana, antecipando um esquema que seria proposto novamente em 1990, no quadro da "Iniciativa para as Américas", os Estados Unidos visavam basicamente a abrir os mercados latino-americanos a seus produtos manufaturados. Mas, devido à oposição de alguns países latino-americanos, então preocupados com a administração de divisas escassas, num mundo entregue a práticas bilateralistas e tarifas protecionistas, o projeto não prosperou; ele apenas teria seguimento a partir de 1994 com o projeto de uma área hemisférica de livre comércio, processo lançado na Conferência de chefes de Estado americanos de dezembro desse ano, em Miami.

4.2. Moeda e finanças: a volta à ortodoxia

A conferência de Bretton Woods está identificada com a criação das duas principais instituições financeiras internacionais: o FMI e o Banco Mundial. Representantes de 45 Estados ou governos, incluído o da URSS, decidem criar um Banco Internacional de Reconstrução e Desenvolvimento, que teria como missão realizar empréstimos de capital a longo prazo para os países urgentemente necessitados ou subdesenvolvidos, após análise de projetos específicos a serem decididos, em princípio, segundo "critérios técnicos". É criada, igualmente, uma nova instituição financeira, o Fundo Monetário Internacional, com a finalidade de conceder créditos de curto prazo em condições que permitissem superar dificuldades temporárias de balanço de pagamentos.

Os principais objetivos do FMI eram, resumidamente, alcançar e manter a estabilidade nas taxas de câmbio, facilitar a liberação de restrições de câmbio e abrir caminho para a conversibilidade das moedas. Estabelece-se que o dólar passa a ser a divisa referencial para a avaliação dos tipos de câmbio. Os países-membros foram solicitados a definir um valor paritário para suas moedas em termos de ouro (ou de dólar), o qual somente poderia ser modificado com a aprovação do Fundo; eles tinham ainda de aceitar certas regras, limitando suas prerrogativas em matéria de restrições cambiais, bem como estabelecer e manter um sistema multilateral de pagamentos.

O governo do general Dutra (que ratificou os acordos de Bretton Woods pelo Brasil), mesmo tendo sido obrigado a reintroduzir medidas de controle cambial em meados de 1947, recusou-se persistentemente, por

O Brasil e o multilateralismo econômico

exemplo, a alterar a paridade do cruzeiro, uma vez que, de acordo com as regras do Fundo Monetário Internacional, o câmbio estável era considerado um princípio "sacrossanto" de bom comportamento econômico. Com efeito, para assegurar a estabilidade cambial nas relações econômicas internacionais, o convênio constitutivo do FMI – promulgado no Brasil em maio de 1946 – não permitia a existência de moedas flutuantes, nem a introdução de depreciações unilaterais para aumentar a competitividade. Evidentemente, o Brasil do governo Dutra manteve-se atrelado a esse princípio durante todo o seu período constitucional, mesmo diante de desvalorizações manifestamente "ilegais" como as realizadas por alguns países europeus (a França, por exemplo) durante a fase de penúria de dólares no imediato pós-guerra. Uma vez feita a declaração de paridade de sua moeda em meados de 1946 – o valor era aquele expresso em termos de ouro (ou dólares) em julho de 1944, data da Conferência de Bretton Woods, e correspondia a uma taxa de Cr$ 18,46 por dólar, já em vigor desde 1939 –, ela seria mantida até o próximo governo Vargas, quando se volta a adotar o pouco "ortodoxo" sistema de taxas diferenciadas.

4.3. O Brasil e a nova ordem econômica mundial

De que forma o Brasil participou nesse processo de reorganização econômica em escala planetária? As relações econômicas internacionais do Brasil eram, nessa época, inegavelmente dominadas pela "relação especial" com os Estados Unidos. Depois de um breve ensaio de independência econômica nos anos 30, durante os quais a liderança varguista tenta preservar uma posição de equilíbrio entre as potências dominantes de então (EUA, Grã-Bretanha e Alemanha), o Brasil se vê restringido ao comércio bilateral com a potência americana, sobretudo a partir de dezembro de 1941, quando o ataque japonês a Pearl Harbor e as declarações de guerra das potências do Eixo aos EUA precipitam igualmente o envolvimento brasileiro no conflito ao lado das nações aliadas. Na segunda conferência interamericana de consulta, realizada no Rio de Janeiro em princípios de 1942, as nações americanas hipotecavam solidariedade ao país agredido. O Brasil faz mais do que isso: concebendo a aliança como uma excelente oportunidade para resolver os problemas da industrialização pesada e do suprimento militar, o governo de Vargas decide, mais adiante, um envolvimento direto no conflito militar, algo não exigido pelos estrategistas aliados.

No terreno econômico, a colaboração também passa a ser a regra. Em maio de 1944, Roosevelt estende ao Brasil o convite para participar, junto com 43 outras "nações unidas e associadas", da conferência que deveria discutir a reconstrução econômica do pós-guerra. O Brasil esteve representado em Bretton Woods pelo Ministro da Fazenda do governo Vargas, Arthur de Souza Costa, que chegou a presidir um dos comitês (o de "organização e administração") da Comissão I da Conferência (que tratava do próprio FMI). Acompanhavam-no, como delegados, entre outros, Francisco Alves dos Santos Filho, da Carteira de Câmbio do Banco do Brasil; Valentim Bouças, à época pertencente à Comissão bilateral de Controle dos Acordos de Washington sobre a dívida brasileira; Eugenio Gudin, membro do Conselho Econômico e Financeiro e do Comitê de Planejamento Econômico da Presidência da República; Octávio Gouveia de Bulhões, da Divisão de Estudos Econômicos e Financeiros do Ministério da Fazenda; e Vitor Bastian, Diretor do Banco da Província do Rio Grande do Sul (de onde vinha Souza Costa antes de ser convidado por Vargas para substituir Oswaldo Aranha na Fazenda). Faziam ainda parte da delegação o jovem diplomata Roberto de Oliveira Campos, então segundo secretário da Embaixada em Washington, e Santiago Fernandes, economista do Banco do Brasil.

O Brasil e o multilateralismo econômico

Entre outras contribuições aos trabalhos da Conferência, a delegação brasileira propôs, de acordo com o perfil do "Brasil essencialmente agrícola" de então, uma conferência específica para promover a estabilidade nos preços dos produtos de base, idéia que seria ulteriormente retomada na Conferência das Nações Unidas sobre Comércio e Emprego em Havana e, de forma sistemática, em diversas outras reuniões econômicas que, nos anos 50 e começo dos 60, levam à constituição da Conferência das Nações Unidas sobre Comércio e Desenvolvimento (UNCTAD). Os esforços do Brasil e de alguns outros países para viabilizar medidas em favor do desenvolvimento econômico não encontram eco nos debates de então. Os acordos de constituição do FMI, por exemplo, assim como o Acordo Geral de 1947, não fazem nenhuma distinção entre países desenvolvidos e em desenvolvimento. Não se tratava, no entanto, de uma discriminação direta e voluntariamente perversa: o problema simplesmente não se colocava, na ótica dos que convocaram a Conferência de Bretton Woods. A reorganização econômica e monetária do mundo era um problema a ser resolvido basicamente entre as grandes potências, que se consideravam como as únicas "responsáveis pela ordem internacional". Em Bretton Woods atuaram essencialmente os EUA e a Grã-Bretanha: todos os demais participantes eram meros figurantes.

Apesar de seus muitos inconvenientes, em especial para os países em desenvolvimento, o sistema financeiro criado em Bretton Woods era audaz e criativo, permitindo uma transição relativamente tranqüila para uma economia internacional mais aberta e menos sujeita aos sobressaltos do período anterior. Para os que se apressam em condenar a "saída liberal" – e forçosamente desigual – encontrada pelo sistema capitalista para resolver o problema de suas "crises periódicas", cabe advertir que a alternativa disponível para os países em desenvolvimento não seria, exatamente, uma espécie de *Commonwealth* socialista – que nunca chegou a existir, apesar de algumas tentativas de coordenação no âmbito do Conselho para Assistência Econômica Mútua (Comecon) –, mas um regresso provavelmente catastrófico ao sistema protecionista e discriminatório dos anos anteriores à guerra. A redução das barreiras comerciais e o estabelecimento de taxas estáveis de câmbio, baseadas em um dólar firme, eram os pré-requisitos para a recuperação do comércio mundial, do qual os países em desenvolvimento continuariam a participar na qualidade de tradicionais exportadores de produtos primários.

4.4. Reestruturando o comércio internacional

A questão do comércio também recebe atenção prioritária no processo de restauração econômica então em curso. Mas, apesar de a Conferência de Bretton Woods ter reafirmado que o estabelecimento de um sistema multilateral de livre comércio era essencial para a restauração econômica do mundo no pós-guerra, não havia tempo ou condições para se negociar um acordo internacional nessa matéria. As disposições pertinentes a um sistema multilateral de comércio deveriam ser objeto de uma conferência especial a ser convocada em ocasião ulterior, o que de fato acabou ocorrendo em 1947 e 1948, em Havana.

Havia concordância, entre os participantes de Bretton Woods, de que se deveria privilegiar um enfoque multilateralista na reorganização das correntes de comércio, combatendo as práticas bilateralistas que vinham multiplicando-se desde o período anterior à guerra. O multilateralismo tinha a seu favor a lembrança recente, e amarga, da falência do protecionismo generalizado, nascido com a crise do 1929 e que desembocou na guerra. Os maiores promotores da mutação multilateralista eram, evidentemente, os EUA, que praticamente obrigavam os países beneficiários de acordos de *lend-lease* a se comprometer a participar, com eles, de uma ação coordenada tendente à eliminação de todas as formas de discriminação no comércio internacional e à redução das tarifas e outras barreiras comerciais. Em novembro de 1945, o secretário de Estado norte-americano James Byrnes apresenta quatro propostas (as *four freedoms*), razoavelmente bem acolhidas, para a expansão do comércio mundial e do emprego: liberação das restrições impostas pelos governos, liberação das restrições impostas pelas ententes e pelos cartéis privados, liberação da ameaça de desordem nos mercados de produtos de base e liberação dos temores ligados a crises na produção e no emprego.

As propostas encaminhadas pelo Departamento de Estado visando a alcançar uma liberalização do comércio mundial e estabelecer uma organização regulatória de acordos comerciais foram examinadas em várias negociações preparatórias realizadas sob a égide das Nações Unidas entre 1945 e 1947 e que contaram com a participação do Brasil. O Brasil defendia, então como agora, uma postura basicamente desenvolvimentista no encaminhamento dos problemas do sistema econômico internacional. Na abertura de reunião de Genebra da qual deveria resultar o texto do Acordo Geral em vigor a partir de 1948, o chefe da delegação brasileira, ministro Antonio de Vilhena Ferreira-Braga, declarava: "Consideramos que a tarefa de estimular a economia mundial e garantir o pleno emprego está intimamente ligada ao problema do desenvolvimento dos países pouco industrializados. [...] A interdependência econômica das nações está demonstrada pelo fato mesmo de que os problemas da subprodução e do desemprego só poderão ser solucionados pelo aumento do poder aquisitivo dos países de economia jovem."[50] Ou ainda, no que se refere à questão da fixação dos níveis tarifários, objeto específico da reunião de Genebra, declarava o mesmo diplomata em entrevista à imprensa: "Por ser o Brasil

---

[50] Arquivo Histórico Diplomático do Itamaraty (AHI): ONU, "Ofícios recebidos", 1947/1948; Ofício nº 2, de Genebra, 9/6/1947.

ainda relativamente pouco desenvolvido, não esperamos que nos peçam favores de maneira a prejudicar nosso progresso econômico. Naturalmente, não estamos em situação de fazer em nossas tarifas reduções tão substanciais quanto as nações desenvolvidas porque necessitamos de proteção para que nossas indústrias em formação possam funcionar economicamente".[51]

Em reuniões sucessivas conduzidas em Genebra, entre março e outubro de 1947, pares de países negociaram produtos individuais dos quais cada um era o principal fornecedor de outro. As concessões assim acordadas deveriam então ser estendidas a todos os demais. Durante essa fase bilateral das negociações, cada participante estava presumivelmente disposto a garantir a seu parceiro concessões cujos benefícios iriam se estender a terceiros países, uma vez que imaginava, ao mesmo tempo, obter os benefícios de concessões inicialmente negociadas pelos demais. Os resultados dos 123 conjuntos de negociações entre 23 países foram incorporados em um único "Acordo Geral sobre Tarifas Aduaneiras e Comércio", assinado em 30 de outubro de 1947. Embora "provisório", o GATT tornou-se efetivo, em 1º de janeiro de 1948, entre os EUA e sete outros signatários. O Acordo continha não apenas esquemas de concessões envolvendo produtos individuais, mas, também, numerosas regras de política comercial, grosso modo aquelas que deveriam ser administradas pela futura Organização Internacional do Comércio (OIC).

4.5. O GATT e a Carta de Havana

Para tratar dos aspectos substantivos e institucionais do sistema multilateral de comércio, foi convocada uma grande conferência sobre "comércio e emprego",

---

[51] AHI: Ofício nº 3, 30/6/1947. Para a Conferência de Havana, "Diversos no Exterior": Conferência de Comércio e Emprego (Delegação do Brasil): Ofícios recebidos, de março de 1947 a março de 1948.

realizada em Havana, de novembro de 1947 a março de 1948, e da qual resultou um documento intitulado "Carta de Havana Instituindo a Organização Internacional do Comércio", dando assim acabamento ao tripé econômico multilateral concebido e iniciado em Bretton Woods. A versão final da Carta da OIC foi assinada, em 24 de março de 1948, por representantes de 53 países, incluindo os EUA. Para obter tal acordo, a Carta da OIC incluía tantas exceções, lacunas e ambigüidades deliberadas que mesmo seus partidários mostravam muito pouco entusiasmo por ela – apenas dois países chegaram a ratificá-la: a Austrália, de forma condicional, e a Libéria, incondicionalmente. O GATT, que deveria ter sido absorvido pela OIC, precisou desempenhar-se sozinho. Como indicou um antigo diretor do GATT, "o insucesso da Carta de Havana deixa um vazio na organização das relações econômicas do pós-guerra. Um vazio considerável na medida em que a Carta contém disposições sobre o emprego e a atividade econômica, sobre o desenvolvimento econômico e a reconstrução [aqui compreendida no sentido da reconstrução das regiões européias e asiáticas devastadas pela guerra], sobre a política comercial [a única, aliás, implementada provisoriamente pelas partes interessadas, mediante o Acordo Geral], sobre as práticas comerciais restritivas, sobre acordos intergovernamentais sobre produtos de base [aspecto que tocava muito de perto os interesses de países primário-exportadores, como o Brasil], ademais da criação da OIC".[52]

O fato de o GATT não reconhecer, em seu início, os problemas específicos dos países em desenvolvimento explica-se, assim, pelo seu caráter de "capítulo" destacado de um acordo mais amplo. Pela Carta de Havana, retomando os termos de seu Artigo 1º, pretendia-se "fomentar e auxiliar o desenvolvimento industrial assim

---

[52] Olivier Long, "La Place du Droit et ses Limites dans le Système Commercial Multilateral du GATT", in Académie de Droit International, *Recueil des Cours 1983*, IV. Haia: Martinus Nijhoff, 1984, p. 17.

como o desenvolvimento econômico geral, em particular no que concerne aos países cujo desenvolvimento industrial ainda é incipiente". Nela, os Estados participantes reconheciam as "dificuldades especiais" ligadas à produção e comércio de determinados produtos de base, chegando conseqüentemente a propor um "tratamento especial" por meio de acordos governamentais. A Carta continha, efetivamente, diversas disposições especiais aplicáveis aos produtos de base (sistema de estabilização de receitas, subsídios à exportação etc.) e um capítulo dedicado a "acordos governamentais sobre produtos de base". Esses acordos poderiam compreender a "regularização da produção ou o controle quantitativo de exportações ou importações", ou a "regularização de preços", mecanismos que tinham sido inaugurados pelo Brasil, de forma pioneira, quando da implementação dos primeiros esquemas nacionais de sustentação do café no começo do século.

Mas, se o sistema de Bretton Woods era (negativamente) indiferente em relação à questão do desenvolvimento, se pretendia que ele fosse (positivamente) neutro do ponto de vista político, permitindo a acomodação, numa mesma estrutura, entre os países capitalistas e os socialistas. Na verdade, em Bretton Woods, os EUA previam mais problemas com o Reino Unido (e com os outros países europeus) do que com a própria União Soviética. Não se deve esquecer, por exemplo, que a discriminação comercial exercida contra os Estados Unidos com base na famosa "preferência imperial" da *Commonwealth* britânica (1932) sempre constituiu uma fonte de atritos entre os dois membros mais importantes do mundo capitalista.

Em todo caso, a "planificação" da ordem econômica do pós-guerra também reservou um papel para a URSS, a despeito da pequena importância que esta tinha nos fluxos monetários e comerciais internacionais. Ao assim procederem, os EUA queriam evitar o desastroso erro de Versalhes que, ao excluir uma potência – no caso, a

O Brasil e o multilateralismo econômico

Alemanha de Weimar – do concerto mundial, havia gerado o clima de instabilidade e desconfiança responsável pelo ulterior acirramento dos conflitos no continente europeu. Os EUA se mostraram sensíveis aos interesses soviéticos, em parte porque previam um grande intercâmbio entre matérias-primas soviéticas e manufaturados norte-americanos, o que, depois, revelou-se ilusório.

Em virtude dessa disposição favorável por parte dos EUA, a União Soviética conseguiu a terceira maior subscrição no esquema inicial do FMI e, quando os delegados soviéticos se recusaram temporariamente a contribuir com uma quantidade equivalente (1,2 bilhão de dólares) para o Banco Mundial, a delegação dos EUA arranjou-se para que os países ocidentais compensassem a lacuna. Em síntese, se acertou uma quota para a URSS que pouca ou nenhuma relação tinha com sua importância no comércio mundial, mas que foi estabelecida como reconhecimento de sua importância política e potencialmente econômica; mais ainda: vários dos mecanismos desenhados no FMI e no Banco Mundial foram concebidos especialmente para as economias socialistas, entre eles, a atribuição de um poder de voto desproporcional para a URSS. Sem embargo, na data-limite de 31 de dezembro de 1945, a URSS não ratificou os acordos de Bretton Woods, ficando assim de fora das primeiras instituições econômicas legitimamente multilaterais que o mundo passou a conhecer.

Capítulo 5

A interdependência na prática: OCDE e FMI-BIRD

A situação econômica e social da Europa, ao cabo da Segunda Guerra Mundial, era bastante precária. Na mesma conjuntura histórica na qual se negociava o GATT-1947 e a Carta de Havana de 1948, os países europeus enfrentavam graves situações de penúria material e de desequilíbrios macroeconômicos fundamentais, que pareciam colocar em perigo a ordem liberal que os Estados Unidos tencionavam colocar em vigor nos países por eles liberados do jugo nazifascista. O espectro do comunismo rondava novamente a Europa, como tinha antecipado Marx exatamente um século antes.

Dois problemas maiores se colocavam aos Estados Unidos e aos países ocidentais na difícil conjuntura que então se desenhava na Europa: o da situação de penúria absoluta e relativa em que viviam as populações dos países destruídos pela guerra e o da ameaça comunista representada pelo renovado vigor que as forças de esquerda e a própria URSS imprimiam aos movimentos de protesto social e econômico nesses países. A aliança da época da guerra se desfazia rapidamente: entre 1945 e 1947 os desentendimentos se aprofundaram, seja a propósito da situação da Alemanha unificada, seja em relação à implementação das decisões de Ialta nos países centro-orientais (eleições livres, governos democraticamente eleitos, etc.). O "grande cisma" entre as democracias ocidentais e os países socialistas – segundo o título dado por Raymond Aron a um de seus livros dessa época – se desenvolve a despeito de uma vontade inicial

O Brasil e o multilateralismo econômico   109

de *entente* e de colaboração entre os parceiros da guerra, manifesta sobretudo na atitude conciliadora da França em relação à URSS e no desejo da primeira de, mais uma vez, diminuir economicamente e subordinar militarmente a Alemanha, inimiga principal desde 1871.

Mas, apenas dois atores passaram a contar efetivamente no grande jogo mundial que então começava: os EUA e a URSS, com interesses e valores que opunham-se de maneira radical, como escreveria George Kennan no "longo telegrama". Do ponto de vista das relações internacionais, o relativo equilíbrio geopolítico existente até a Segunda Guerra foi substancialmente alterado pelos seus resultados. A bipolaridade russo-americana, anunciada um século antes por Tocqueville, estava finalmente convertendo-se em realidade, trazendo contudo pelo menos dois elementos historicamente inéditos em relação ao cenário imaginado pelo filósofo liberal francês: um conflito ideológico global, impensável em termos da política de poder tradicional, bem como uma completa, e excepcional, dependência dos países europeus em face das potências ocupantes. A realidade da bipolaridade estrita apresenta-se, então, como um fenômeno novo no sistema internacional, já que nem os antigos impérios, nem o equilíbrio vestfaliano nascido com os modernos Estados-nacionais tinham conseguido reduzir de tal maneira os atores da *Machtpolitik*, para empregar um conceito caro a Raymond Aron.

A reconstrução econômica do mundo do pós-guerra tentaria, é verdade, evitar os erros cometidos ao cabo da Primeira Grande Guerra, quando a humilhação política e a punção econômica operadas contra a Alemanha acarretaram os germes da Segunda. As instituições monetária e financeira criadas em 1944 em Bretton Woods, aquela dedicada ao comércio que se desenhava em 1947-48 na conferência de Havana, bem como – e principalmente – o Plano Marshall que criou a OECE representam, assim, importantes inovações conceituais e pragmáticas em relação aos esquemas puramente reivindicativos implementados depois de Versalhes.

5.1. Do Plano Marshall à Organização Européia de Cooperação Econômica

O quadro institucional que presidiu ao surgimento da OECE é o do Programa de Recuperação da Europa, historicamente conhecido como Plano Marshall, estabelecido pelos Estados Unidos para opor-se à marcha do comunismo no continente. Com efeito, como indicava em abril de 1948 um contemporâneo, o então professor de Economia da Universidade de Harvard Gottfried Haberler: "Os fatores e motivos políticos e econômicos entrelaçam-se inseparavelmente no PRE. Os objetivos básicos são tanto econômicos como políticos. A recuperação econômica da Europa Ocidental não é apenas um fim em si, mas também um meio de preservar a paz e de sustar a marcha para o ocidente do totalitarismo comunista".[53]

O Plano Marshall não fazia parte do planejamento econômico do pós-guerra, mas veio a ser implementado tanto por razões econômicas, como pela urgência política representada pela ameaça comunista em diversos países do continente europeu. Com efeito, seriamente preocupados com o quadro de caos social que se desenhava na Europa em princípios de 1947, os EUA decidem sustentar um plano de reconstrução econômica suscetível de complementar os esquemas de segurança política e militar em vias de estabelecimento. Uma nova concepção sobre a restauração econômica da Europa ocidental – inclusive da Alemanha ocupada, contra a vontade da França, que pretendia limitar o potencial industrial alemão – e sobre os esquemas militares susce-

---

[53] Gottfried Haberler: "Alguns aspectos do Programa de Recuperação da Europa", *Revista Brasileira de Economia*, ano 2, n° 3, setembro de 1948, pp. 31-85, cf. p. 31.

tíveis de garantir a segurança desses países em face da ameaça soviética toma forma no primeiro semestre de 1947.[54] Seu primeiro capítulo foi anunciado em abril desse ano em mensagem do Presidente ao Congresso sobre o apoio econômico e militar aos "povos livres" que resistiam às tentativas de servidão vindas de fora, no que veio depois a ser conhecido como "Doutrina Truman". Truman afirmou ante o Congresso: "Creio que os Estados Unidos devem apoiar os povos livres que resistem às tentativas de servidão que pretendem impor-lhes algumas minorias armadas ou pressões exercidas de fora. Creio que devemos ajudar os povos livres a forjar seus destinos com suas próprias mãos. E creio que nossa ajuda deve consistir essencialmente em dar-lhes apoio econômico e financeiro que lhes é indispensável para sua estabilidade econômica e para ter uma vida política coerente."[55]

Seu segundo e mais importante capítulo (o Plano Marshall) integrou o famoso discurso do Secretário de Estado norte-americano George Marshall na Universidade de Harvard, em 5 de junho seguinte. A Doutrina Truman e o Plano Marshall formam, nas palavras do historiador norte-americano Combs, as "pedras angulares" do que veio a ser conhecido como a política do *containment*.[56] Ele propôs, concretamente, o oferecimento, pelos EUA, de cerca de 20 bilhões de dólares, em matérias-primas e alimentos, em ajuda à Europa, à

---

[54] A referência documental de base para o estudo da políticas dos Estados Unidos nesse período se encontra em Thomas H. Etzold and John Lewis Gaddis (eds): *Containment: Documents on American Policy and Strategy, 1945-1950*. New York: Columbia University Press, 1978.

[55] Cf. Jerald A. Combs: *The History of American Foreign Policy*, volume II: *Since 1900*. New York, Alfred A. Knoff, 1986, pp. 310 e 332.

[56] O conceito de *containment* é derivado de um artigo publicado no primeiro semestre de 1947 na prestigiosa revista *Foreign Affairs* e assinado por um certo "Mr. X". Logo se descobriu que Mr. X era George Kennan, diretor de planejamento político no *State Department*. Nessa sua versão condensada do seu *"long telegram"*, Kennan reiterou sua crença de que a Rússia era motivada por sua própria dinâmica interna a expandir-se até que encontrasse uma força oposta superior. Cf. Combs, Cap. 16: "From the Marshall Plan to the war in Korea: the Hardening of Containment", pp. 332-337.

condição que os países europeus estabelecessem um plano racional e integrado para a reorganização econômica da região em seu conjunto, inclusive a reconstrução da Alemanha.[57] A primeira versão do *containment* era relativamente flexível (ainda que baseada nos interesses primários dos EUA), e a ênfase era mais política e econômica do que propriamente militar. Os eventos dos dois anos entre 1948 e 1950 – o golpe de Praga, o bloqueio de Berlim, o triunfo de Mao na China, a explosão da primeira bomba atômica soviética e a invasão da Coréia do Sul pela Coréia do Norte – iriam, contudo, endurecer o *containment*.

A ajuda americana, no quadro do *European Recovery Program*, era oferecida ao conjunto da Europa, o que colocava de imediato o problema de sua unidade, ou pelo menos o da coordenação européia. Uma conferência em Paris, em 27 de julho de 1947, discutiu as modalidades de aplicação dessa ajuda e ficou claro que um acordo seria difícil entre ocidentais e soviéticos.[58] Inicialmente, os Estados Unidos estavam dispostos a oferecer essa ajuda inclusive à URSS e aos países de sua esfera de influência. Ressalte-se que os países da Europa sob controle soviético, como a própria URSS, não estavam, *a priori*, excluídos dos programas de ajuda concessional e dos créditos generosos que o Governo dos EUA estava oferecendo para aplacar a penúria em que viviam então os países europeus.

Mas isto implicaria a coordenação econômica entre os países recipiendários, bem como o fornecimento de informações estatísticas e dados sobre o funcionamento

---

[57] Num editorial do *Le Figaro* de 1º de setembro de 1947, Raymond Aron saúda o lançamento do Plano Marshall, mas considera a *entente* européia como uma responsabilidade histórica. "A long terme, l'unité douanière offre à l'Europe sa dernière chance de prospérité. Mais cette unité ne se fera ni en quelques semaines ni en quelques mois, trop d'intérêts s'opposent à la libre circulation des biens et des hommes". Ver Alain Peyrefitte (org): *Le Monde Contemporain, 1946-1988*. Paris: Hachette, 1989, p. 43.

[58] Estavam presentes, ademais dos países da Europa ocidental, a URSS, representada por Molotov em pessoa, a Polônia, a Tchecoslováquia, a Hungria e a Iugoslávia.

O Brasil e o multilateralismo econômico

das economias nacionais, condições que feriam profundamente a prática do segredo econômico cultivada pela URSS. A URSS preferiria que os Estados Unidos se limitassem a fornecer os produtos que seriam indicados pelos países interessados, segundo seus próprios planos nacionais de reconstrução. Segundo o mesmo historiador, a oferta norte-americana era "estritamente um embuste destinado a evitar que os Estados Unidos aparecessem como responsáveis pela divisão da Europa". Marshall e seus assessores, que temiam que a URSS sabotasse o plano de integração européia e que o Congresso rejeitasse o plano se ele incluísse doações aos países comunistas, e esperavam que as condicionalidades ligadas à ajuda levariam os soviéticos a rejeitá-la. O plano funcionou: a URSS obrigou os países de sua órbita a rejeitar qualquer ajuda e estabeleceu uma série de tratados econômicos bilaterais que ficaram conhecidos como o Plano Molotov[59] A França e a Grã-Bretanha aceitam a ajuda norte-americana em finais desse mesmo mês de julho. A URSS rejeita o plano de recuperação econômica coordenado pelos Estados Unidos e, sob pressão soviética, o governo checo recua de participar de uma conferência econômica sobre a ajuda do Plano Marshall.

A Comissão Econômica para a Europa, da ONU (que incorporava igualmente a área sob influência soviética e que estava sendo instalada nesse mesmo momento), também foi afastada da administração da ajuda, em favor de mecanismos institucionais regulando a coordenação da ajuda entre europeus ocidentais e norte-americanos. Depois de vários meses de tergiversações, ao abrigo de um Comitê de Cooperação Econômica Européia, criado pela conferência de julho de 1947,[60] o

---

[59] Cf. Combs, op. cit., 331. Como diria o chanceler inglês Bevin a seu colega norte-americano Acheson, a retirada dos russos facilitou muito as coisas.

[60] Foram membros fundadores do CCEE: Bélgica, Dinamarca, França, Grécia, Irlanda, Islândia, Itália, Luxemburgo, Noruega, Países Baixos, Portugal, Reino Unido, Suécia, Suíça e Turquia, ou seja, os mesmos que passaram a integrar a OECE, aqui acompanhados da Alemanha e da Áustria, que se

ato de nascimento da Organização Européia de Cooperação Econômica foi assinado em Paris, em 16 de abril de 1948, vinculando 16 países europeus soberanos e dois territórios ocupados, a Alemanha ocidental e Trieste. É sintomático, por exemplo, que a nova organização acolhesse países da linha de frente da luta anticomunista – como a atrasada Turquia e Portugal salazarista –, assim como ela veio a integrar, no decorrer da década de 50, a Iugoslávia titoísta e a Espanha franquista.

5.2. A OECE e a reconstrução da Europa ocidental

O órgão supremo da OECE era um Conselho, que escolhia um Comitê Executivo, dotado de um Presidente e de um Secretário-Geral. Muitos pensaram descobrir na nova instituição um embrião de supranacionalidade. Raymond Aron, por exemplo, num de seus raros julgamentos políticos não confirmados pela História, via na OECE uma etapa "da transferência a uma autoridade superiora de uma parte das soberanias nacionais [européias]", mas o essencial restava a ser feito, escrevia ele logo depois.[61] Esse papel pioneiro na construção de uma perspectiva comunitária no continente europeu coube, como se sabe, ao Tratado de Paris de 1951, criando a Comunidade Européia do Carvão e do Aço, seguido pelos tratados de Roma de 1957, relativos ao mercado comum europeu e à comunidade atômica européia, bases da atual União Européia.

encontravam ainda sob ocupação; o "território autônomo" de Trieste seria absorvido depois pela Itália. Tratava-se, nessa primeira fase, de praticamente toda a Europa ocidental, inclusive Portugal e Turquia, com exceção da Espanha, então ostracizada pela péssima imagem que o regime franquista tinha junto às democracias por causa de suas ligações com o nazifascismo derrotado.

[61] Raymond Aron, "L"Europe Unie", *Bulletin de liaison, d'information et de propagande du mouvement français por les Etats-Unis d'Europe*, julho-agosto 1948, n° 1, citado por Gérard Bossuat, *La France, l'aide américaine et la construction européenne, 1944-1954*. Paris: Ministère des Finances, Comité pour l'Histoire Economique de la France, 1992, vol. I, p. 195.

O Brasil e o multilateralismo econômico

A OECE começou a trabalhar, por meio de comitês técnicos, em torno dos preocupantes temas do momento, basicamente os mesmos que (à exceção daqueles europeus e eminentemente conjunturais) viriam mais tarde a ser incorporados na futura OCDE: balança de pagamentos, pagamentos inter-europeus, intercâmbio extra-europeu, programas, alimentação e agricultura, aço, carvão, eletricidade, matérias-primas, máquinas agrícolas, produtos químicos, madeira, papel, têxteis, não-ferrosos, carburantes, transportes marítimos e internos.

Desses o mais grave na perspectiva imediata era o da chamada "penúria de dólares": em 1947, por exemplo, a balança dos países da OECE registrava exportações de 11,1 bilhões de dólares e importações de 18,3 bilhões , deixando portanto um déficit de 7,2 bilhões. A liquidação de dívidas no exterior drenou ainda 2 bilhões, o que deixava um saldo a financiar de 9,2 bilhões de dólares. Entre 1948 e 1951, os EUA colocariam 13 bilhões de dólares na Europa, sendo que, de 1947 a 1949, a ajuda americana aos países europeus representou mais do quarto da valor total das importações européias de bens e serviços (em 1950, esse percentual cai a 19%, e depois a 11% em 1951).[62] O quadro da página seguinte resume os fluxos da ajuda norte-americana nesse período:

---

[62] Já em dezembro de 1947, Truman solicitou ao Congresso uma autorização de gasto de 17 bilhões de dólares entre 1948 e 1952 (6,8 para os primeiros quinze meses do programa de recuperação européia), tendo firmado a "Lei de Ajuda Exterior" em 3 de abril de 1948.

Quadro 5.1
Ajuda econômica dos EUA à Europa ocidental, 1947-1952
(milhões de dólares)

Ano	Ajuda militar	Doações	Empréstimos longo prazo	Total da ajuda	% sobre Ms de bens e serviços
1947	43	672	3.737	4.409	24
1948	254	2.866	1.213	4.070	22
1949	170	3.951	503	4.454	26
1950	463	2.775	180	2.955	19
1951	1.112	2.317	84	2.401	11
1952	2.151	1.453	453	1.906	9

Fonte: Maurice Niveau, *Histoire des Faits Économiques Contemporains*.[63]

De um ponto de vista político e diplomático, os resultados do Plano Marshall, bem como o movimento em prol da integração econômica européia, possuem enorme significado histórico. A tendência à elevação de tarifas e ao protecionismo econômico depois da Primeira Guerra, sob iniciativa inclusive dos próprios Estados Unidos, tinha conduzido à grande depressão e a uma maior intensificação do nacionalismo econômico. A partir de Bretton Woods, essa tendência inverteu-se. Do ponto de vista prático, a sustentação do processo de liberalização econômica foi garantida pelo Plano Marshall: ele permitiu efetivamente uma progressiva liberalização do comércio entre os países da Europa ocidental e destes com o resto do mundo.

A união européia de pagamentos, estabelecida pouco depois igualmente com o suporte financeiro do Plano Marshall, garantiu um canal para a conversão das moedas. Com efeito, um dos méritos essenciais do Plano Marshall foi o de oferecer aos países europeus não apenas uma ajuda bilateral, mas também uma ajuda multilateral ligada aos mecanismos de pagamentos in-

[63] Cf. Maurice Niveau, *Histoire des Faits Économiques Contemporains*. 4ª ed., Paris: Presses Universitaires de France, 1976; ver Deuxième Partie: "La reconstruction et le developpement des Pays Capitalistes depuis la Seconde Guerre Mondiale", Título II: "La Reconstruction du Système Monétaire International", pp. 489-548.

O Brasil e o multilateralismo econômico   117

tra-europeus. A ajuda americana contribuiu para relançar o intercâmbio comercial entre os países membros da OECE, acelerando assim a tendência ao reequilíbrio a longo termo das relações econômicas internacionais. Ademais de ter atuado como ponto de coordenação na distribuição da ajuda norte-americana, a OECE, em seus primeiros dez anos, dedicou-se essencialmente a eliminar barreiras e obstáculos à liberalização do comércio entre os países da região e com terceiros mercados e a implementar um sistema multilateral de pagamentos, tarefa difícil numa situação de penúria de dólares, de restrições compreensíveis às transações financeiras (por causa de desequilíbrios persistentes nas balanças de pagamentos dos países-membros) e de inconversibilidade generalizada das moedas nacionais. Os países europeus, contrariamente à maior parte dos latino-americanos, entre eles o Brasil, chegaram mesmo a realizar algumas desvalorizações cambiais manifestamente ilegais do ponto de vista das regras do Fundo Monetário Internacional, mas que passaram impunes no clima de crises econômicas e políticas em que então se vivia.[64] No caso do Brasil, a paridade cambial declarada oficialmente ao FMI em 1946 – de 18 cruzeiros por dólar, taxa que remontava a 1939 – foi mantida até 1953, a despeito da enorme inflação registrada nesse período. A única conseqüência dessa adesão um pouco míope aos princípios estritos do FMI foi a supervalorização da moeda brasileira, embora um pouco limitada pela inflação mundial, pela prática de ágios a partir de 1947 e pela desvalorização das moedas européias no final dos anos 40.[65]

---

[64] Como confirmado por uma historiadora "oficial", na primeira fase de sua atividade, o FMI concentrou-se muito mais no problema das taxas múltiplas e as práticas discriminatórias em moedas dos países menores do que as enormes restrições de câmbio prevalecentes nos países europeus: "Isto provocou um certo mal-estar por parte dos países em desenvolvimento, especialmente na América Latina, que ressentiam que muito mais atenção era dada às suas práticas de taxas cambiais e restrições que à dos *major powers*"; cf. Margaret Garritsen de Vries, *The IMF in a Changing World, 1945-85*. Washington, D.C.: International Monetary Fund, 1986, p. 218.

[65] A revista *Conjuntura Econômica* de janeiro de 1950, num retrospecto de 1949, registrava euforicamente o seguinte quadro na área cambial: "Mais de 30

A OECE teve um certo sucesso no estímulo ao intercâmbio regional, contribuindo positivamente para a recuperação dos níveis de comércio intra-europeu e para a abolição das restrições quantitativas que vigoravam nas importações recíprocas dentro e fora da área. Ela impulsionou, ao mesmo tempo, os estudos pioneiros dos quais iriam resultar os primeiros projetos integracionistas na região, sob a forma de uniões aduaneiras e de mercado comum para certos produtos (carvão e aço, por exemplo). O processo de integração econômica, já testado na experiência da Comunidade Européia do Carvão e do Aço (1951), se desdobraria institucionalmente por meio do Tratado de Roma (1957), colocando as bases de um futuro mercado comum de bens, serviços e fatores produtivos. No final dos anos 50, a maior parte das restrições comerciais e cambiais estabelecidas no imediato pós-guerra tinha sido levantada, os níveis de comércio e de produção industrial tinham largamente superado os índices do pré-guerra e o Sistema Europeu de Pagamentos, regulado pelo Banco de Compensações Internacionais (BIS) de Basiléia, podia abrir espaço à livre conversibilidade das moedas, por meio do Acordo Monetário Europeu, entrado em vigor em dezembro de 1958.[66]

O papel mais importante desempenhado pela OECE em seus primeiros anos foi, portanto, o de contribuir com a liberalização dos fluxos financeiros e comerciais entre os países europeus e entre estes e o resto do mundo. Grande parte da mecânica dessas operações foi assumida pela União Européia de Pagamentos, cuja atuação teve repercussões inclusive para o comércio de

---

países se viram forçados a desvalorizar suas moedas. Com exceção dos Estados Unidos, o Brasil foi o único grande país do mundo ocidental que manteve integralmente sua taxa cambial, evitando graves perturbações monetárias".

[66] Concebida desde o início como um sistema provisório, a UEP cessa suas atividades em 27 de dezembro de 1958, quando entra em vigor o AME, baseado numa paridade estável das moedas européias, segundo regime concebido em Bretton Woods. É bem verdade que, nessa mesma época, o franco francês foi desvalorizado em mais 14,9%, numa operação casada com a própria mudança da moeda.

O Brasil e o multilateralismo econômico   **119**

seus países-membros com o Brasil naqueles anos de penúria de divisas, como veremos a seguir.

A UEP não era, no sentido geográfico, uma instituição puramente européia, porque compreendia, além dos países membros da região (à exceção da Espanha), toda a zona do esterlino e a maior parte dos territórios coloniais europeus. Assim, mais da metade do comércio mundial e grande parte das operações financeiras internacionais passavam pela contabilidade da UEP.

Ademais de ser uma câmara de compensação, ela concedia créditos àqueles de seus membros cujo balanço de contas com o conjunto dos outros países-membros era deficitário. Por outro lado, a UEP pedia a seus membros que deixassem entrar, com certa liberalidade, os produtos provenientes dos outros países-membros, salvo quando houvesse evidente desequilíbrio da balança de pagamentos. No entanto, as trocas comerciais da Europa ocidental com a América do Sul e com o Brasil em particular tardaram a se intensificar, em virtude, precisamente das restrições existentes aos fluxos de divisas.

Com efeito, como não deixava de assinalar artigo na revista *Conjuntura Econômica*, o sistema de crédito automático entre os países-membros era generoso, mas ocasionava desvio de comércio: "Por que comprar café ou cacau no Brasil, à vista, se era possível fazê-lo a crédito nas colônias britânicas? Por que comprar cobre contra divisas no Chile se era possível adquiri-lo com um pequeno pagamento parcial no Congo Belga, através da União?"[67]

5.3. A reconstituição da OECE e o estabelecimento da OCDE

Ao final dos anos 50, graças entre outros fatores ao trabalho da OECE, o problema da reconstrução econô-

---

[67] Cf. "Liquidação Condicionada da União Européia de Pagamentos", seção "A Conjuntura no Estrangeiro", *Conjuntura Econômica*, ano IX, n° 9, setembro de 1955, pp. 45-46.

mica européia e, acessoriamente, o da superação da ameaça representada pela forte presença de forças comunistas nacionais, bem como pela influência da propaganda soviética na Europa ocidental, estavam basicamente resolvidos. Os Estados Unidos, sobretudo a partir da forte recuperação da Alemanha Ocidental, podiam respirar um pouco.[68] Mas, a atração das economias planificadas e o desafio do desenvolvimento econômico nos países que então se preparavam para escapar da dominação colonial permaneciam de pé, quando não se desenvolviam neles focos agudos de tensão social, representando uma ameaça para a estratégia de contenção ideológica e militar seguida pela potência ocidental dominante, como era o caso na Indochina. Os Estados Unidos passam a insistir com os demais países ocidentais numa espécie de *burden sharing* no campo da assistência ao desenvolvimento.

No plano mundial, os Estados Unidos começam com efeito a pressionar os demais países desenvolvidos a engajarem-se mais resolutamente no apoio aos países mais pobres, muitos dos quais estavam tornando-se independentes nessa mesma época. Para discutir essa questão, os presidentes dos Estados Unidos, da França, o primeiro ministro do Reino Unido e o Chanceler da República Federal Alemã se reúnem em dezembro de 1959, dando ênfase à ajuda aos países em desenvolvimento. Desses primeiros esforços de coordenação emergiria, mais adiante, o processo negociatório que permitiu transformar a OECE em OCDE.

Os Estados Unidos, preocupados em primeiro lugar com o desafio de um socialismo renovado pelas promessas krushevistas de alcançar e superar o capitalismo no espaço de uma geração, decidem-se precisa-

---

[68] No quadro global dos "trinta anos gloriosos", as três décadas de grande prosperidade econômica nas economias ocidentais que se seguiram à reconstrução do pós-guerra, o período aqui coberto é conhecido entre os economistas e historiadores como os *silver fifties* e os *golden sixties*; ver Herman Van Der Wee, *Histoire Économique Mondiale, 1945-1990*. Louvain-la-Neuve: Academia-Duculot, 1990, pp. 35-60.

O Brasil e o multilateralismo econômico

mente por impulsionar decisivamente a integração européia, criando ao mesmo tempo novos mecanismos de ajuda aos países subdesenvolvidos para retirá-los da força de atração da economia centralmente planificada.[69] A extensão da ameaça comunista na Ásia – a guerra na Indochina epitomizava a "teoria dos dominós", verdadeira *hântise* do Pentágono – e o choque da Revolução cubana no hemisfério americano repercutem amplamente nas chancelarias ocidentais. É nesse contexto que a OECE converte-se, em 1960, na Organização de Cooperação e de Desenvolvimento Econômicos, com a adjunção do Canadá e dos próprios Estados Unidos no quadro de uma Convenção renovada que prometia os "mais altos padrões de vida aos países membros" e a "expansão do comércio mundial numa base multilateral e não-discriminatória".

A OCDE não deixa de ser uma organização da guerra fria, mas ela se abre mais largamente aos problemas do desenvolvimento econômico, numa conjuntura em que o socialismo passava por uma nova fase expansiva no Terceiro Mundo, com a descolonização africana e asiática, ao mesmo tempo em que ele se rigidificava na Europa, a partir da construção do muro de Berlim. A convenção estabelecendo a OCDE foi firmada em 14 de dezembro de 1960, pelos 18 membros europeus da OECE, mais os EUA e o Canadá, tendo entrado em vigor em 30 de setembro de 1961, um mês depois, portanto, do começo da construção do muro de Berlim.

Um dos objetivos centrais da nova organização, coerente aliás com o seu nome, era o de "contribuir com uma sólida expansão econômica nos países membros e não-membros em vias de desenvolvimento econômico": em outros termos, a luta contra o comunismo impunha

---

[69] Para uma reconstrução das diferentes etapas de expansão das economias ocidentais, dos problemas das economias de tipo soviético e do Terceiro Mundo na economia mundial, ver Jean-Charles Asselain, *Histoire Économique du XXe siècle: la réouverture des économies nationales, 1939 aux années 1980*. Paris: Presses de la Fondation Nationale des Sciences Politiques & Dalloz, 1995, capítulos 2, 3 e 4.

programas especiais de ajuda aos países mais pobres e o estabelecimento de esquemas especiais de financiamento para suas necessidades mais urgentes. Não se deve esquecer, precisamente, que a Associação Internacional de Desenvolvimento é constituída nessa época, como agência especializada do grupo do Banco Mundial, dedicada à concessão de empréstimos concessionais a longo prazo. Por outro lado, decisão do Conselho da OCDE de outubro de 1962 decide estabelecer o Centro de Desenvolvimento, órgão autônomo de pesquisa e de formulação de políticas de desenvolvimento, voltado para a coleta e o aproveitamento da experiência e do conhecimento da OCDE em matéria de políticas econômicas em benefício das regiões mais pobres. Apesar de constituir parte integral da Organização, o Centro de Desenvolvimento possui, como veremos, seu próprio programa de trabalho, buscando de forma mais intensa projetos de estudo em cooperação com outras organizações internacionais, tratando igualmente de questões de desenvolvimento.

A agenda negociadora econômica internacional assumia, então, mais um aspecto, a dos esquemas concessionais, muitas vezes unilaterais, de "assistência ao desenvolvimento" e de cooperação com os projetos de infra-estrutura. Numa primeira fase, o papel do comércio enquanto fator impulsionador do processo de desenvolvimento passava ao largo das preocupações geopolíticas dos países desenvolvidos, muito embora os Estados Unidos tenham impulsionado, desde essa época, os primeiros acordos de produtos de base – como o Acordo do Café de 1958, por exemplo – como forma de promover o equilíbrio da balança de pagamentos e o crescimento econômico nos países pobres.

Mas, durante a maior parte do primeiro pós-guerra, os problemas do desenvolvimento estiveram separados das questões comerciais, tendo sua junção sido operada apenas na primeira conferência das Nações Unidas para o comércio e desenvolvimento, em 1964, sob a impulsão,

O Brasil e o multilateralismo econômico   **123**

como se verá mais adiante, de países em desenvolvimento como o Brasil. Até então, com poucas exceções, o GATT-1947 insistia na reciprocidade estrita de direitos e obrigações e no princípio da não-discriminação entre partes contratantes. Um fator mais relevante quanto ao papel do comércio na estruturação da macroestrutura política da ordem econômica internacional no pós-guerra seria dado pelo desenvolvimento do regionalismo comercial, em primeiro lugar na Europa ocidental, depois na América Latina.[70]

Os esquemas de união alfandegária ou de zonas de livre comércio, tal como impulsionados pelo regionalismo econômico, tendem a colocar em xeque o multilateralismo do GATT e a suscitar o aparecimento de espaços particulares, regidos por regras especiais e discriminatórias. Na Europa, a contradição se estabeleceu entre os seis países continentais partidários de um mercado comum (e já congregados na Comunidade Européia do Carvão e do Aço, estabelecida pelo Tratado de Paris de 1951) e alguns outros, liderados pelo Reino Unido, que pretendiam manter o caráter aberto do intercâmbio comercial. Esse processo explica aliás, em parte, a crise da OECE e sua evolução para a OCDE: as tentativas de conciliar o esquema fortemente protecionista da Comunidade Econômica Européia com a prática de um regionalismo aberto – para usar um conceito contemporâneo –, tal como defendida por países que procuravam instituir uma zona pan-européia de livre comércio, causaram fortes tensões na OECE em seus dois últimos anos de existência. Em última instância, os países comprometidos com o esquema de "regionalismo aberto" terminaram por se reagrupar, em 1960, na Associação Européia de Livre Comércio (AELC/EFTA).[71]

[70] Alguns destes aspectos foram tratados com maior detalhe na primeira parte de meu livro *O Mercosul no contexto regional e internacional*, op. cit., "Comércio internacional e integração regional", pp. 29-68.

[71] Ver a propósito o capítulo 9, "La libéralisation du commerce international après la seconde guerre mondiale", no livro de Van Der Wee, *Histoire Économique Mondiale*, pp. 293-326. Vide igualmente André Gauthier, *L'Économie*

Curiosamente, as mesmas tendências observadas ainda hoje no continente europeu a propósito do itinerário futuro da União Européia, em especial em torno dos debates sobre o conteúdo substantivo de seu mandato liberalizador no campo comercial, bem como a respeito de seu formato político-institucional, manifestavam-se então, em termos quase similares, entre os países membros da CECA e os demais da OECE: os Países Baixos e a Alemanha viam com simpatia as perspectivas comerciais da ampla zona de livre comércio, enquanto a França (que tinha aceito a muito custo o projeto da CEE no condicionamento estrito de uma política agrícola protecionista e de associação dos "países do ultramar") não deixava de manifestar sua hostilidade; o Reino Unido, por sua vez, exigia que as regras de não-discriminação imperantes na OECE determinassem a extensão automática a todos os demais países das medidas de liberalização do intercâmbio que deveriam ser implementadas pela CEE a partir de janeiro de 1959.

A negociação terminou em impasse, retirando da OECE (e de sua sucessora) condições "psicológicas" de mais tarde legislar sobre os diferentes aspectos da interface regionalismo-multilateralismo ou mesmo de controlar o desenvolvimento muito pouco liberal do processo de construção comunitária na Europa (de que é exemplo, entre outros, a extensão desmesurada e de certa forma irracional, em termos da estrita ortodoxia econômica da OCDE, da política agrícola européia).

Os problemas de coordenação de políticas setoriais e as dificuldades de conciliação de interesses econômicos divergentes entre os países-membros explicam em grande medida a postura de *low profile* mantida pela OCDE em grande parte de sua história organizacional, perfil discreto apenas rompido, no período recente, pela aparente unanimidade em torno dos princípios da economia de mercado suscitada pela derrocada do socialis-

---

Mondiale depuis la Fin du XIXe siècle. Paris: Bréal, 1995, Parte 3: "Composantes et relations de l'espace monde", capítulos 1 e 4, pp. 295-394 e 493-560.

mo e das alternativas ideológicas à ordem liberal-democrática. Com efeito, se as dissensões entre os países-membros se tornassem muito profundas ou evidentes, a organização poderia perder, segundo um observador, sua relativa eficácia e mesmo sua razão de ser.[72] Essas características explicam talvez porque a OCDE, que poderia reivindicar uma amplitude relativamente *global* em sua agenda temática e em seu escopo de interesses, nunca pôde, contudo, tornar-se verdadeiramente *universal* em termos de participação e de negociações, ainda que afastando-se do conceito de organização regional conhecido nas estruturas onusianas. Em suas primeiras três décadas de existência, seu *membership* sempre foi estruturalmente limitado ao seleto clube dos países pertencentes ao arco histórico-civilizacional da economia de mercado, ao conjunto de aderentes a um sistema político funcionando formalmente sob as regras da democracia liberal (alguns nem tanto) e teoricamente respeitosos dos direitos humanos (alguns membros ainda de maneira insuficiente, é verdade).

Na verdade, as regras de adesão e de participação nos trabalhos sempre foram aplicadas de maneira flexível e diversificada, segundo a conveniência política do momento. Nesse sentido, a OECE aceitou precocemente a participação em algumas de suas atividades (e sob um estatuto particular), da Iugoslávia titoísta, assim como sua sucessora, a OCDE, permitiria, nos anos 60, a associação em condições particulares da Finlândia neutralista (que continuava a manter acordos comerciais em condições não-discriminatórias com a URSS), ao mesmo tempo em que ela postergava o exame de candidaturas como as de Israel, do Marrocos e da Argentina. O fato de a maior parte de seus países-membros integrarem o Comitê de Ajuda ao Desenvolvimento (e dessa maneira controlar cerca de 90% da ajuda mundial nesse terreno) nunca impediu, por outro lado, que o reconhecimento

---

[72] Cf. Paul Reuter, *Organisations Européennes*. Paris: Presses Universitaires de France, 1965, p. 92.

do relativo subdesenvolvimento de alguns dos países da linha de frente – Grécia e Turquia nos Bálcãs semi-socialistas, Portugal engajado na defesa do "Ocidente" em terras africanas – se traduzisse na prática por medidas especiais adotadas em favor desses Estados: consórcios para a Grécia e para a Turquia, por exemplo, ou derrogações de aplicação de certas recomendações etc. De uma maneira geral, o pragmatismo exemplar demonstrado pela OCDE em sua história política representou uma garantia adicional de que a busca de uma ativa interdependência entre seus países-membros – objetivo último da organização – não seria obstaculizada pela manutenção efetiva de disparidades econômicas estruturais ou pela preservação de incômodas distorções nas políticas setoriais nacionais. Sua flexibilidade permitiu, assim, acomodar os interesses de diversos esquemas regionais ou particularismos nacionais. Na prática, poder-se-ia aplicar à OCDE uma paráfrase da célebre frase orwelliana sobre a igualdade na espécie: todos os países são interdependentes, mas alguns são mais interdependentes do que outros.

5.4. As organizações de Bretton Woods: as mais iguais

A mesma caracterização geral sobre a desigualdade inerente às relações econômicas internacionais aplica-se, a mais forte razão, às duas entidades financeiras derivadas dos acordos de Bretton Woods: o FMI e o Banco Mundial. Desde logo deve-se reconhercer que sua gestão efetivamente corresponde ao peso econômico diferenciado que os países, tomados individualmente,[73]

---

[73] A criação de uma união monetária no âmbito da União Européia poderá induzir a uma reformulação da presença dos países europeus interessados nos órgãos de direção das entidades de Bretton Woods, reestruturação que poderá começar pela pela própria redefinição da participação de pelo menos duas das moedas em extinção – o *deutsche mark* e o franco francês, no futuro talvez a libra britânica, também – no valor relativo da unidade de conta do

exercem sobre o curso da economia mundial e em especial no âmbito do comércio internacional. Como afirmou o economista John Maynard Keynes, chefe da delegação britânica em Bretton Woods, o FMI não é uma espécie de esquema de ajuda filantrópico do tipo da Cruz Vermelha, pelo qual os países ricos vêm em ajuda aos mais pobres. Trata-se de um mecanismo econômico altamente necessário, servindo tanto aos interesses dos credores como aos dos devedores.

Essa percepção de um interesse partilhado do conjunto dos países membros do FMI em favor de mecanismos corretivos de desequilíbrios conjunturais entre países deficitários e superavitários sempre foi manifestada pelo Brasil, em diferentes ocasiões, inclusive na única reunião até hoje realizada no próprio País. Com efeito, poucos se lembrarão, hoje, que o Rio de Janeiro abrigou, em 1967, uma reunião conjunta das instituições de Bretton Woods, quando teve início o processo de criação de um novo instrumento de liquidez internacional, os Direitos Especiais de Saque do FMI, que ainda hoje permanecem como um padrão de referência na gestão dos desequilíbrios temporários de balanças de pagamentos (cuja composição deverá no entanto ser revista em função da criação do euro). O mundo vivia então – a despeito da criação dos *General Arrangements to Borrow* em 1962, com a participação de dez países – uma fase de inquietações quanto ao baixo nível das reservas internacionais.

Ao abrir as reuniões, diria o Presidente brasileiro Costa e Silva: "Conquanto houvesse o sistema monetário internacional funcionado com grande eficiência no pós-guerra, existe hoje a convicção de haver chegado o instante em que o nível de reservas internacionais não mais pode ser o resultado imprevisto das contingências da produção do ouro, tampouco de deliberações fortuitas ou de medidas aleatórias, mas deve ser objeto de

FMI, o Direito Especial de Saque, hoje calculado sobre a base das cinco principais moedas (as três citadas, mais o dólar e o iene).

decisão consciente, tal como ocorrerá no curso desta Reunião, transcorridos 23 anos dos trabalhos iniciados em Bretton Woods".[74] O Diretor-Gerente do FMI naquela época, Pierre-Paul Schweitzer, confirmou a introdução do que seria a primeira emenda ao Convênio constitutivo do Fundo, autorizando a criação dos DES, proporcionais às cotas dos países-membros, enquanto o Ministro brasileiro da Fazenda, Delfim Netto, saudou a introdução dos novos ativos de reserva, mas reclamou uma melhoria dos processos de ajustamento dos balanços de pagamentos: ele achava que a responsabilidade pela aplicação de políticas corretivas deveria recair "tanto sobre os países deficitários quanto sobre os superavitários". Ele também sugeria que o Fundo aproveitasse a oportunidade da reforma para considerar "sua provável contribuição para apoiar os movimentos de integração econômica regional", refletindo talvez a preocupação da ALALC com o financiamento dos fluxos intra-regionais de comércio e com a sustentação dos meios de pagamentos.[75]

Na mesma ocasião, o Secretário do Tesouro dos Estados Unidos confirmava que o "compromisso norte-americano de conversão do dólar em ouro, a US$35, continua firme. Isto tem sido e continuará a ser um fator central no sistema monetário". Mas ele também advertia que "o crescimento da reserva no futuro não pode repousar, como no passado, nos déficits de pagamentos dos Estados Unidos". Quatro anos depois, como se sabe, os EUA, confrontados a déficits crescentes e sem dispor da quantidade de ouro necessária para honrar o compromisso de 1944, rompiam unilateralmente o contrato de Bretton Woods e precipitavam o mundo no "não-sis-

---

[74] Ver os principais documentos relativos a essa reunião, inclusive os pronunciamentos das autoridades brasileiras, na *Revista Brasileira de Política Internacional*, Rio de Janeiro, ano X, nºs 39/40, setembro-dezembro de 1967.

[75] O apoio ao processo de integração regional na Europa tinha sido feito, recorde-se, com o apoio financeiro norte-americano, mediante a criação da União Européia de Pagamentos, numa fase de inconversibilidade das moedas nacionais e de "penúria de dólares", aliás problemas constantes na América Latina.

O Brasil e o multilateralismo econômico

tema financeiro internacional", mediante o regime de paridades flutuantes que exigiu uma segunda emenda no Convênio do FMI.

Do ponto de vista da formulação de políticas econômicas globais e da reativação da liquidez na economia internacional, as instituições de Bretton Woods – Fundo Monetário Internacional e Banco Internacional de Reconstrução e Desenvolvimento – tiveram um certo papel orientador desde o imediato após-guerra até o início dos anos 70. Entre 1947 e 1971 funcionou o sistema de paridades fixas mas flexíveis. Mas o mundo de Bretton Woods – atrelamento do dólar ao ouro e das demais moedas ao dólar – terminou efetivamente naquele ano, depois de acumular diversas disfuncionalidades; desde então vivemos, na prática, um não-sistema financeiro internacional, com muitas outras distorções.

Desde 1971 as moedas flutuam livremente, como oficializado na conferência da Jamaica em 1975. Com efeito, com o desmoronamento do sistema monetário de Bretton Woods, teve início um período de instabilidade nas relações monetárias que se estende até os dias de hoje. A frouxa coordenação que ainda se realiza na área macroeconômica é mais resultante dos esforços de concertação do G-7 do que propriamente de um papel dirigente exercido pelas instituições de Bretton Woods.

Atualmente, o sistema de paridades monitorado mas não mais administrado pelo FMI compreende três tipos de flutuações: as de mercado, aquelas administradas pelos próprios países e as que poderiam ser descritas como "selvagens". O segundo tipo ocorre para evitar flutuações desordenadas das moedas, e o terceiro é percebido como uma espécie de manipulação para obtenção de vantagens unilaterais (mas que muitas vezes se revelam desfavoráveis ao próprio país, na medida em que induzem a mais inflação). Hoje em dia, mais de 30 países autorizam suas moedas a flutuarem livremente segundo as tendências do mercado, inclusive os EUA e o Japão. Outros países vinculam suas moedas a uma moeda de referência – países latino-americanos em relação ao dólar – ou a uma cesta de moedas, como ocorreu no âmbito da Comunidade (União) Européia durante a vigência do sistema monetário europeu, isto é, antes que fosse lançado o projeto da moeda única.

Em virtude de um papel essencialmente dedicado ao financiamento do desenvolvimento, o Banco Mundial é menos objeto de contestações políticas do que o FMI, encarregado, supostamente, de monitorar as políticas econômicas nacionais em troca de modestos avanços em casos de desequilíbrios de balança de pagamentos ou de empréstimos de consolidação de políticas de estabilização. Atribui-se contudo à organização monetária um poder que ela não tem, na medida em que o FMI é, na verdade, "propriedade" de seus membros, com as relações de propriedade determinadas por um regime de quotas, que orienta também o sistema de votação. O número de votos que um país possui é determinado sobre a base de um voto por cada 100 mil "direitos especiais de saque" (DES), mais os 250 votos que cada membro possui automaticamente. A proporção da quota de cada membro é definida em função de critérios altamente politizados, que combinam a dimensão da economia, sua participação no comércio internacional e o valor das reservas de divisas.

As decisões no FMI são normalmente por consenso, mais do que por votação, o que diminui a politização e a confrontação das decisões de empréstimo. Os votos são diferenciados em função das quotas detidas por cada país. O quadro a seguir dá uma idéia sumária da repartição existente:

Quadro 5.2
Poder de Voto no FMI (1997)

País ou grupo de países	Votos	% do total
Estados Unidos	265.518	17,78
Alemanha	82.665	5,54
Japão	82.665	5,54
Reino Unido	74.396	4,98
França	74.396	4,98
Grupo Bélgica [1]	75.983	5,09
Grupo Países Baixos [2]	74.276	4,97
Grupo Espanha [3]	64.295	4,31
Grupo Itália [4]	59.987	4,02
Grupo Canadá [5]	55.500	3,72
Grupo Escandinavo [6]	51.771	3,47
Arábia Saudita	51.556	3,45
Grupo Zimbabue [7]	51.292	3,43
Grupo Austrália [8]	49.182	3,29
Grupo Egito [9]	47.646	3,19
Grupo Malásia [10]	43.505	2,91
Rússia	43.381	2,90
Grupo Suíça [11]	41.229	2,76
Grupo Irã [12]	39.542	2,65
Grupo Brasil [13]	39.270	2,63
Grupo Índia [14]	38.561	2,58
China	34.102	2,28
Grupo Argentina [15]	31.985	2,14
Grupo Côte d'Ivoire [16]	19.936	1,34
TOTAL	1.493.331	98,52 [17]

[1] Áustria, Hungria, Turquia, República Checa, Luxemburgo, Eslovênia, Bielorrússia, etc.
[2] Ucrânia, Israel, Bulgária, Croácia, Chipre, Geórgia, Macedônia, Romênia, Bósnia, etc.
[3] México, Venezuela e países da América Central.
[4] Grécia, Portugal, Albânia, Malta e San Marino.
[5] Irlanda, Belize e países do Caribe.
[6] Suécia, Dinamarca, Noruega, Finlândia, Estônia, Islândia, Letônia e Lituânia.
[7] Angola, Nigéria, Tanzânia, Zâmbia, África do Sul, Moçambique, Quênia, Etiópia, etc.
[8] Coréia, Mongólia, Filipinas, Nova Zelândia, países do Pacífico.
[9] Bahrain, Iraque, Jordânia, Líbano, Síria, Líbia, Kwaite, Iemen, Emirados Árabes, etc.
[10] Indonésia, Cingapura, Camboja, Brunei, Tailândia, Vietnã, Laos, Nepal, Tonga, Fidji, etc.
[11] Polônia, Azerbaijão, Quirguízia, Tadjiquistão, Turquemenistão e Uzbequistão.
[12] Marrocos, Afeganistão, Argélia, Gana, Paquistão, Tunísia.
[13] Colômbia, Trinidad-Tobago, Equador, Rep. Dominicana, Panamá, Suriname, Guiana e Haiti.
[14] Sri Lanka, Bangladesh e Butão.
[15] Chile, Bolívia, Paraguai, Peru e Uruguai.
[16] Gabão, Benin, Burquina Faso, Senegal, Cabo Verde, São Tomé, Congo, Guiné-Bissau, Togo, etc.
[17] Cada país dispõe de uma cota básica de 250 votos, sobre a qual vem agregar-se um voto suplementar para cada fração de cota-parte equivalente a 100 mil Direitos Especiais de Saque.

As quotas estabelecidas na origem do FMI não lograram atender às necessidades de financiamento, à medida que a economia mundial crescia. No começo dos anos 60 foram criados os *General Arrangements to Borrow* (GAB), uma segunda fonte de recursos concertada entre os membros do G-10. Os direitos especiais de saque (DES ou SDRs, de *Special Drawing Rights*, sob a forma de unidades de conta intercambiáveis entre os países-membros), implementados a partir de 1970, tinham precisamente essa função de complementar os recursos do Fundo em casos de novas crises de liquidez. Inicialmente, os DES eram fixados sobre a base de 16 moedas, mas em 1981 foram reduzidos às moedas do G-5: dólar (42%), *Deutsche mark* (19%), *yen* (15), franco francês e libra esterlina (12% cada). O valor exato do SDR é determinado diariamente e ele conserva uma certa estabilidade na medida em que variações numa moeda são compensadas por mudanças nos valores de outras.

Outras fontes de financiamento do FMI incluem a venda de suas reservas de ouro, comissões e empréstimos de determinados países, geralmente no quadro do GAB e mais recente do *New Arrangements to Borrow* (NAB). O FMI esforça-se por ser uma espécie de *"lender of last resort"*, ou "emprestador de última instância" em casos de desequilíbrios de balança de pagamentos e perda de reservas, mas deve-se reconhecer suas limitações efetivas nessa área. Cada país-membro tem o direito de usar suas "tranches", sucessivamente, segundo certas condições e limites (a primeira é praticamente incondicional, mas as demais são progressivamente mais rigorosas, segundo um programa de ajuste). O saque de tranches adicionais se dá por meio de acordos condicionais, ou *stand-by*, geralmente cobrindo um período de 12 a 18 meses (com pagamento em até cinco anos). As condicionalidades do FMI são altamente controversas, na medida em que são consideradas ultraliberais e ortodoxas, com recomendações para redução da inflação e das despesas governamentais (eliminação de subsídios e distorções de preços) e desvalorização da moeda (que é por sua vez inflacionária).

Esse tipo de crítica levou o FMI a colaborar com o BIRD, levando este último a realizar empréstimos para compensar, pelo menos em parte, os efeitos sociais adversos das políticas do Fundo. O FMI criou, ao longo de sua história, diversos tipos de *facilities* para a concessão de créditos em condições especiais: a *compensatory contingency financing facility* (CCFF), em 1963; a *buffer stock facility* (BSF), em 1969; a *extended Fund facility* (EFF), em 1974, e a *systemic transformation facility* (STF), em 1993. Os países em desenvolvimento e mais intensamente os ex-socialistas nos anos 90 fizeram largo uso dessas *facilities*. Mais recentemente, no quadro das turbulências financeiras da Ásia, foi criado, no final de 1997, mais um desses instrumentos, uma *emergencial facility*.

Algumas *facilities* são altamente concessionais, como a *structural adjustment facility* (SAF), criada em 1986, para paliar os efeitos negativos da crise da dívida, depois reforçada pela ESAF, *enhanced* SAF, em 1987. Em cooperação com o BIRD, os ESAF permitiram a muitos países financiar a renegociação de suas dívidas, em troca de um programa estrito de ajuste monitorado, delineado num *Policy Framework Paper* (PFP). Atualmente, a função original do FMI como *"lender of last resort"* foi reduzida, seja como resultado da anarquia monetária, seja pela modéstia de seus recursos em face das necessidades. Depois do fim do sistema de paridades fixas, em 1971, sua influência sobre os países ricos diminuiu bastante, ao mesmo tempo em que crescia sua importância para os países menos desenvolvidos. Conjuntamente com o BIRD, ele praticamente vigia a política econômica desses países numa base permanente.

Os efeitos dos programas do FMI podem ser eventualmente negativos, no curto prazo, em termos de redistribuição, ao impor condições severas de ajuste. Daí o desenvolvimento de preocupações sociais associadas aos programa do Fundo. No terreno do financiamento para o desenvolvimento, por exemplo, os últimos anos foram caracterizados pela inversão da transferência líquida de recursos (serviço da dívida, inclusive multilateral; pagamento dos empréstimos do BIRD, diminuição dos fluxos de ajuda oficial ao desenvolvimento provida pelos países membros do Comitê de Ajuda ao Desenvolvimento da OCDE e dos recursos colocados à disposição da Associação Internacional de Desenvolvimento, o "braço concessional" do BIRD).

A integração dos mercados financeiros acarretou novos problemas de volatilidade dos fluxos de capitais, e os recursos disponíveis no âmbito do FMI são notoriamente insuficientes para enfrentar determinadas crises de balança de pagamentos (a superação da crise cambial e financeira do México, de dezembro de 1994, foi obtida graças à mobilização dos recursos dos Estados Unidos, e não ao desembolso de DES, aliás disponibilizados à razão de 400% acima da cota normal do México). Coloca-se, portanto, o problema da adequação dos recursos financeiros do FMI à realidade dos desequilíbrios existentes e potenciais (debate sobre o aumento das quotas, ampliação dos GABs, novas alocações de DES etc.), questão igualmente vinculada à política de condicionalidades estritas seguida pelas instituições de Bretton Woods.

Entretanto, nos tempos que correm, o grupo dos sete países mais poderosos do mundo e os órgãos financeiros de Washington controlam uma parte progressivamente menor das riquezas ou fluxos financeiros e comerciais do planeta e sua influência real sobre as transferências maciças de capital entre as economias chega a ser quase irrelevante. Os dirigentes do G-7, em cada encontro anual, estão mais preocupados com o estado calamitoso do desemprego e das finanças públicas em seus respectivos países (que influenciam os movimentos cambiais e a especulação contra suas moedas) do que com a suposta margem de liberdade deixada aos mercados e capitais privados. O G-7, aliás

---

O Brasil e o multilateralismo econômico   **135**

transformado em G-8 com a inclusão da Rússia apenas para acomodar as preocupações dos dirigentes ocidentais com as questões de segurança internacional, é tão-somente uma tentativa (largamente insatisfatória) de conciliar objetivos internos e interesses nacionais das economias autoproclamadas mais poderosas, e não um diretório internacional do sistema capitalista que, como Marx ensinou, é e permanece absolutamente anárquico em suas formas de organização e distribuição.

Os volumes de recursos financeiros manipulados atualmente pelas instituições de Bretton Woods são, hoje, ridiculamente pequenos comparados à enormidade dos fluxos transfronteiriços de capital, que se situam na faixa dos trilhões de dólares. O FMI, por exemplo, jamais teria conseguido organizar um pacote de ajuda ao México sem os "generosos" fundos aportados pelo governo dos Estados Unidos. Da mesma forma, a mobilização de recursos para enfrentar a crise asiática, que agravou-se a partir do outono de 1997, teve de fazer apelo a fundos emergenciais aprovados expressamente para tal fim. As disponibilidades financeiras efetivas do FMI para sustentação de programas de ajuste estrutural ou de desequilíbrios em balanças de pagamentos são, assim, notoriamente insuficientes.

O Banco Mundial, igualmente, apresenta uma carteira de empréstimos para projetos de desenvolvimento que pode ser inferior ao volume de recursos de muitos bancos nacionais de financiamento de infra-estrutura e fomento industrial, como, por exemplo, o BNDES no caso do Brasil. O BIRD, que no passado foi responsável, efetivamente, por uma parte substancial dos aportes externos de recursos para o financiamento de grandes projetos de desenvolvimento nos países menos avançados, não possui, atualmente, a mesma relevância econômica. Era evidente que o Brasil dos anos 50 e 60, por exemplo, não podia gerar o volume de recursos necessários às grandes obras de infra-estrutura (energia, comunicações, transportes) e de saneamento básico urbano que foram efetuadas naquelas décadas, nem podia o próprio país garantir fontes alternativas de financiamento em condições razoáveis de amortização.

No final dessa década, o Banco Mundial encetou uma mudança de orientação e começou a financiar maciçamente projetos no setores de educação e agricultura (inclusive para pequenos proprietários), numa espécie de reversão moral de prioridades, que tinha muito a ver com as opções pessoais de seu então Presidente, Robert MacNamara, que havia deixado o cargo de Secretário da Defesa dos Estados Unidos, desoladíssimo com a amarga experiência da guerra do Vietnã. Em relação ao Brasil, porém, a importância dos aportes financeiros do BIRD foram diminuindo relativamente à magnitude dos investimentos estatais em grandes projetos de desenvolvimento brasileiros. Basta dizer, por exemplo, que a construção da usina de Itaipu foi quase que inteiramente financiada com recursos captados no mercado de capitais privados, junto a bancos comerciais ou agências de financiamento de exportações.

O que o Banco Mundial trouxe de positivo na esfera do planejamento público brasileiro, mais do que o volume em si de financiamentos concedidos, foi uma certa *expertise* na elaboração de projetos, todos tecnicamente qualificados segundo os melhores modelos das análises custo-benefício. Hoje em dia, entidades governamentais como o BNDES e o IPEA possuem uma capacitação analítica similar ou superior à do BIRD em se tratando de projetos a serem desenvolvidos no Brasil. Mais recentemente, o Banco Mundial reorientou novamente suas prioridades em termos de projetos, dedicando uma certa atenção às questões do meio ambiente, da mulher e, inevitavelmente, à pobreza e à exclusão social. Mas, esta sempre foi sua vocação original, apenas parcialmente obscurecida numa fase em que a maior parte dos países em desenvolvimento buscava implementar grandes obras de infra-estrutura e avançar no caminho da industrialização.

O Brasil e o multilateralismo econômico

A estrutura de poder no Banco Mundial não difere muito daquela observada no Fundo Monetário, como se pode constatar no quadro abaixo:

Quadro 5.3

Capital e Poder de Voto no Banco Mundial (1997)

País	Ações	Voto %	País	Ações	Voto %
Estados Unidos	264.969	17,03	Espanha	23.686	1,54
Alemanha	72.399	4,67	Irã	23.686	1,54
Japão	93.770	6,04	Venezuela	20.361	1,32
Reino Unido	69.397	4,47	México	18.804	1,22
França	69.397	4,47	Argentina	17.911	1,17
China	44.799	2,89	Indonésia	14.981	0,98
Arábia Saudita	44.799	2,89	Suécia	14.974	0,98
Itália	44.795	2,89	África do Sul	13.462	0,88
Índia	44.795	2,89	Kuwait	13.280	0,87
Canadá	44.795	2,89	Nigéria	12.655	0,83
Rússia	44.795	2,89	Áustria	11.063	0,73
Países Baixos	35.503	2,30	Polônia	10.908	0,72
Bélgica	28.893	1,88	Ucrânia	10.908	0,72
Suíça	26.606	1,72	Dinamarca	10.251	0,67
Brasil *	24.946	1,62	outros países	(...)	(...)
Austrália	24.464	1,59			
			TOTAL	1.512.211	100

* Integram ainda o Grupo Brasil (que dispõe de 2,63% do poder de voto no total) a Colômbia (0,42), Trinidad e Tobago (0,19), Equador (0,19), República Dominicana (0,15), Panamá (0,04) e alguns países menores (Suriname, Guiana e Haiti).

De uma forma geral, em que pese a visão parcial de muitos críticos das instituições de Bretton Woods, que tendem a ver unicamente exigências de privatização e de liberalização quando na verdade essas medidas fazem parte de programas mais amplos de estabilização, os "conselhos" do FMI e do BIRD aos países tomadores de empréstimos para projetos de desenvolvimento ou para sanar desequilíbrios temporários de balança de pagamentos sempre enfatizaram a necessidade da modernização das estruturas produtivas, de reforma agrária, de distribuição da renda e dos investimentos sociais nos setores mais necessitados. Essas ênfases – algumas próximas de críticas veladas a governos oligárquicos do Terceiro Mundo – podem ter sido descuradas e mesmo desviadas por governos autoritários do passado, no

Brasil ou no resto da América Latina, mas elas não deixaram de existir.

É evidente, por outro lado, que o Banco Mundial ou o Fundo, como quaisquer outras organizações multilaterais, que são também, em última instância, intergovernamentais, não podem ditar unilateralmente políticas concretas de caráter macroeconômico ou social, que continuam sob a competência exclusiva dos governos nacionais. Esses aspectos sempre foram desprezados por um certo pensamento de esquerda, que tende a rejeitar qualquer análise proveniente das instituições de Bretton Woods não por seus méritos próprios, mas em função de sua origem. Não importa se o Banco Mundial ou o FMI defendiam, até por uma questão de lógica de mercado, a necessidade de uma repartição mais eqüitativa da renda: o fato dessas recomendações partirem de Washington já as condenava *ipso facto* ao purgatório do "receituário liberal", como uma espécie de pecado original irremediável.

Para não eludir alguns dos problemas reais colocados por esse tipo de crítica, caberiam algumas perguntas. Existem, efetivamente, regras uniformes ditadas por uma central de "projetos de reforma econômica" atualmente em aplicação nos mais diferentes quadrantes do planeta? Seria possível, às entidades supracitadas, abstrair individualmente a situação social de cada país para avançar exigências de *competitividade* e de *equilíbrio fiscal*, convertidos em novos dogmas da política econômica, contra os interesses dos países mais pobres? Haveria condições de aplicar uma política econômica "não ortodoxa" que se preocupasse essencialmente com a redução da pobreza, independentemente dos esforços de estabilização?

Apesar de que se acredite, ainda hoje em dia, que as "intervenções" de entidades como o FMI e o BIRD se destinem a corrigir falhas de governo, elas se dedicam muito mais a corrigir falhas e imperfeições dos mecanismos de mercado. Os mercados não corrigem por si

O Brasil e o multilateralismo econômico   **139**

mesmos desequilíbrios de balança de pagamentos e os movimentos bruscos de capital, que estão na origem da maior parte das atividades do FMI. Eles tampouco corrigem os problemas de má distribuição da riqueza ou a inadequada alocação de serviços básicos para a população mais pobre, como tem sido a constante preocupação do BIRD em seus projetos de desenvolvimento social. As instituições de Bretton Woods, cabe lembrar, foram criadas justamente para corrigir os tremendos erros que os mercados fizeram à economia mundial no entre-guerras, precipitando a crise terrível dos anos 30 que desembocaria na mais cruel das guerras modernas.

O Banco Mundial surgiu, ademais de seu mandato de "reconstrução", para tentar corrigir algumas das imperfeições dos mercados globais de capitais – que não distribuem uniformemente suas aplicações – e nos mercados domésticos dos países em desenvolvimento, que não dispunham de recursos suficientes para aplicação em grandes projetos de infra-estrutura, desenvolvimento agrícola ou obras sociais para grandes massas de pessoas. Antes da Segunda Guerra, apenas a confiabilidade eventual dos países determinava seu acesso aos mercados de capitais; em seu seguimento, as garantias dadas pelos Governos e pelo próprio Banco Mundial permitiu a mobilização de enormes quantidades de recursos que de outra forma nunca estariam disponíveis para os países mais pobres. Graças à sua própria imagem nos mercados de capitais, o BIRD toma empréstimos a uma taxa ligeiramente superior aos próprios juros pagos pelos governos dos países mais ricos: esse dinheiro é repassado aos países necessitados com um *spread* de 0,50 ou menos, pelo qual ele cobre seus gastos administrativos e gera um certo lucro.

Que o BIRD tenha de funcionar como banco e o FMI como zeloso guardião monetário, aplicando regras claras quanto ao retorno de seus respectivos investimentos e empréstimos, não deveria servir como um argumento condenatório, pois apenas assim eles poderão continuar gerando recursos para novos projetos ou para enfrentar situações de desequilíbrio em países verdadeiramente necessitados. Por outro lado, nenhum país cioso de sua soberania política ou econômica tem necessariamente de submeter-se às regras e condições das entidades de Bretton Woods. O Brasil, por exemplo, conseguiu conduzir os processos de renegociação de suas dívidas oficial e comercial, entre 1992 e 1994, sem manter qualquer programa de ajuste estrutural com o Fundo. Escapa aos objetivos deste trabalho introdutório à problemática da formação e desenvolvimento do multilateralismo econômico, vista de uma perspectiva brasileira, o tratamento das relações, nem sempre tranqüilas, entre o Brasil e o Fundo Monetário Internacional, cuja análise detalhada ultrapassaria os limites – já por si consideráveis, em termos de reconstituição histórica – desta discussão sistemática, embora geral, sobre as entidades mais representativas do multilateralismo contemporâneo.[76] O Quadro analítico apresentado a seguir resume, contudo, os elementos históricos e fatuais mais significativos desse relacionamento, que parece atualmente destinado a assumir um perfil mais sereno e amadurecido, despido da demonologia política de um passado ainda recente e doravante guiado mais por considerações pragmáticas do que por pruridos de "soberania" econômica.

---

[76] Ver, a esse respeito, Gesner Oliveira. *Brasil-FMI: frustrações e perspectivas.* São Paulo: Bienal, 1993; Renato Baumann, "O Brasil e o sistema monetário internacional", cap. 17 da Parte IV, sob sua responsabilidade, "O Sistema Monetário Internacional", *in* Reinaldo Gonçalves, Renato Baumann, Otaviano Canuto e Luiz Delorme Prado, *A Nova Economia Internacional: uma perspectiva brasileira*. Rio de Janeiro: Editora Campus, 1998, pp. 313-327. Para um testemunho privilegiado sobre trinta anos de relações entre o Brasil e o Fundo, ver o depoimento ao CPDOC do Diretor brasileiro no *board* do FMI entre 1966 e 1998: Alexandre Kafka, *Depoimento*. Brasília: Secretaria de Relações Institucionais do Banco Central do Brasil, 1998.

Quadro 5.4
Brasil: relacionamento e acordos com o FMI, 1944-1998

Data	Etapas históricas do relacionamento	Min. da Fazenda
1944	Convênio constitutivo do FMI, em Bretton Woods	A. da Souza Costa
1946	Entrada em vigor do FMI; Brasil ratifica com exceções (Art. 8)	P. Correia e Castro
1954	FMI concede aval para empréstimo do Eximbank dos EUA	Oswaldo Aranha
1955	Relatório do FMI recomenda reforma cambial	Eugênio Gudin
1957	Apoio do FMI à reforma tarifária brasileira	José Maria Alkmin
1959	J. Kubitschek rompe com o FMI por razões políticas	Lucas Lopes
1961	Renúncia de Jânio Quadros interrompe acordo	Clemente Mariani
1965-72	Sucessivos acordos stand-by; relacionamento não politizado	G. Bulhões/Delf. Netto
1967	Reuniões do FMI-BIRD no Rio de Janeiro; criação dos DES	Delfim Netto
1971	Fim do sistema de Bretton Woods; flutuação de moedas	Delfim Netto
1974-79	Crises do petróleo; vários empréstimos bancários comerciais	M. H. Simonsen
1982	Crise da dívida externa em toda a América Latina	Delfim Netto*
1984	Suspensão do acordo por não cumprimento de metas	Delfim Netto*
1987	Moratória dos pagamentos externos; suspensão de créditos	Dilson Funaro

Acordos formais estabelecidos entre o Brasil e o FMI, 1958-1992

Tipo de acordo	Data do acordo	Expiração Cancelam.	Quantia** (DES milhões)	Quantia sacada	Quantia não sacada	Ministro da Fazenda
Stand-by	03.06.58	02.06.59	37,50	37,50	–	Lucas Lopes
Stand-by	18.05.61	17.05.62	160,00	60,00	100,00	Clem. Mariani
Stand-by	13.01.65	12.01.66	125,00	75,00	50,00	Gouv. Bulhões
Stand-by	01.02.66	31.01.67	125,00	–	125,00	Gouv. Bulhões
Stand-by	13.02.67	12.02.68	30,00	–	30,00	Gouv. Bulhões
Stand-by	29.04.68	28.04.69	87,50	75,00	12,50	Delfim Netto
Stand-by	29.04.69	04.02.70	50,00	–	50,00	Delfim Netto
Stand-by	04.02.70	03.02.71	50,00	–	50,00	Delfim Netto
Stand-by	04.02.71	03.02.72	50,00	–	50,00	Delfim Netto
Stand-by	03.03.72	02.03.73	50,00	–	50,00	Delfim Netto
EFF	01.03.83	28.02.86	4.239,38	2.743,13	1.496,25	Delfim Netto*
Stand-by	23.08.88	28.02.90	1.096,00	365,30	730,70	Mails. Nóbrega
Stand-by	29.02.92	31.08.92	1.500,00	127,50	1.372,50	Marc. Moreira
Totais			7.600,38	3.483,43	4.116,95	

Desenvolvimentos no período recente

1992	Brasil logra acordo com Clube de Paris sem aval do FMI	M. M. Moreira
1994	Brasil faz acordo com credores privados sem aval do FMI	F. H. Cardoso
1998 (out)	Entendimentos com o FMI para um programa de ajuste fiscal	Pedro Malan
13.11.1998	Acordo preliminar com possível desembolso de até 41,5 bi***	Pedro Malan

* Ministro do Planejamento encarregado dos organismos internacionais;
** DES = US$ 1,36; para o período anterior à criação dos DES (1967-1970) trata-se do equivalente em dólares dos EUA.
*** Do total, 18 bi são provenientes do FMI, 4,5 cada do BIRD e do BID e 14,5 de vários países membros do BIS.

Fontes: Relatórios anuais do FMI; Gesner Oliveira, *Brasil-FMI*, passim; pesquisas do autor.

5.5. As crises financeiras e a posição do Brasil

Os últimos anos do século XX anteciparam as primeiras crises do século XXI: turbulências financeiras de enorme virulência abalaram vários países ou mesmo regiões inteiras, pondo à prova o receituário tradicional do FMI, em especial sua adequação intrínseca e proporcionalidade de meios às dimensões de um problema já identificado como mundial, qual seja, a extrema volatilidade de capitais de curto prazo e a desproporção entre sua magnitude e as reservas em moedas fortes dos bancos centrais nacionais. O primeiro teste ocorreu no caso da crise cambial do México, entre dezembro de 1994 e princípios de 1995, suscitando efeitos regionais de uma certa amplitude, em primeiro lugar na própria Argentina mas também no Brasil. Na ocasião, em face da incapacidade manifesta do FMI de mobilizar recursos apropriados, um grande programa de sustentação financeira, em base *ad hoc*, foi montado pelos Estados Unidos em favor do México, com a cooperação mais ou menos "voluntária" de outros países do G-7.

A crise asiática de 1997-1998, por sua vez, não apresentou as mesmas características da crise mexicana. Ela se deu no bojo de um processo de crescimento não especialmente inflacionário e de manutenção de políticas fiscais e macroeconômicas relativamente sólidas e responsáveis. Há hoje um quase consenso sobre as causas da crise asiática e sobre seus efeitos nas economias da região e em países emergentes fora da região. A crise teve origem numa rápida expansão dos créditos externos, em especial os de curto prazo, cuja utilização nem sempre foi a mais eficiente possível (sobreinvestimento imobiliário, por exemplo), considerando-se os débeis mecanismos regulatórios e de monitoramento bancário (*surveillance* e medidas prudenciais) existentes na região. Os países asiáticos mantinham políticas fiscais basicamente corretas, mas eles incidiram por outro lado em déficits de transações correntes e numa certa valorização cambial, o que reduziu um pouco sua competitividade global.

Alguns países enfrentavam, assim, eventuais *gaps* orçamentários ligados a problemas previdenciários ou a investimentos governamentais maciços em setores "estratégicos", mas, no geral, as políticas macroeconômicas dos países asiáticos não eram, por exemplo, mais inconsistentes do que as européias ou mais "irresponsáveis", por uma vez, do que as dos países latino-americanos nos anos 70 e 80. Considerou-se, por exemplo, que os problemas ali surgidos eram de natureza essencialmente sistêmica, estando vinculados a um funcionamento deficiente dos mercados financeiros, em especial do setor bancário (estatal e privado), derivando também de uma certa "promiscuidade" das instituições de intermediação financeira com os meios políticos governamentais e do forte poder de pressão de alguns conglomerados empresariais sobre os círculos do poder.

Já em 1998, a crise alcançou a Rússia, que vivia o agravamento de um processo de transição mal-sucedido do socialismo ao capitalismo e de um regime de partido único a uma "democracia de fachada", para empregar um conceito de Weber aplicado à breve experiência democrática do período imediatamente anterior ao bolchevismo. Essa segunda onda da crise teve repercussões imediatas em outras regiões, em especial no Brasil, que assistiu a saídas maciças de capitais de curto prazo. A moratória unilateral decretada pela Rússia em agosto de 1998, em plena crise de governabilidade política e de desvalorização incontrolável do rublo, levou ao retraimento repentino de todas as aplicações e linhas de crédito colocadas nos países emergentes, abrindo uma crise de confiança que ameaçou deslanchar uma crise sistêmica verdadeiramente mundial.

O pensamento de esquerda, obviamente, prefere ver as "raízes estruturais" dessas crises na volatilidade de capitais e na instabilidade dos mercados financeiros, numa era de globalização incontrolada e de capitalismo predatório, propondo em conseqüência o retorno aos controles de capital e a centralização cambial, com tendências explícitas ao protecionismo comercial. Os próprios responsáveis do G-7 reconhecem que se deve propor medidas concretas para diminuir os eventuais efeitos nefastos da globalização, que não é recusada, mas que tenderá doravante a ser promovida de maneira mais cautelosa, pelo menos na vertente financeira. Em seu seguimento rotineiro das economias dos países membros – exames sob a égide do Artigo IV –, o FMI sempre adverte para a inconsistência dos indicadores em determinadas áreas, mas a entidade não pode, por vontade própria, se substituir às autoridades nacionais na implementação das medidas requeridas.

Uma consulta aos trabalhos e declarações do G-7 e das instituições financeiras internacionais no período anterior à crise e no seu seguimento imediato revelaria, de fato, uma preocupação primacial com ameaças localizadas de desestabilização que possam representar riscos de crises sistêmicas. No período subsequente, foram acelerados os debates e tomadas providências práticas em diversas áreas: no próprio FMI, através de um sistema de disseminação de dados por meio da Internet (IDDS) e de fundos emergenciais; no BIS, pela revisão e reforço das medidas prudenciais relativas a créditos e empréstimos bancários. Ampliou-se também o sistema de consultas e de "prevenção" em várias esferas: no próprio G-7, no G-10, na OCDE e em encontros informais, como o esforço patrocinado pelos EUA no âmbito do G-22, congregando os países dos G-7 e de quinze outras economias emergentes (entre elas o Brasil) na definição de uma "nova arquitetura do sistema financeiro internacional".

Um aspecto eventualmente "positivo" dessas crises financeiras pode ser localizado, no plano institucional, no reforço das tendências à cooperação internacional em matéria regulatória – como revelado no programa de trabalho do G-22 – e, em termos práticos, numa nova legitimidade atribuída às medidas de intervenção nos mercados. Entretanto, nunca se viu com bons olhos o estímulo à criação de "fundos regionais", além do GAB-NAB e das modalidades clássicas de intervenção do FMI (agora reforçadas por um mecanismo emergencial), para sustentação de economias temporariamente em dificuldades. A eventual implementação de "fundos de contingência" de âmbito regional sempre foi recusada pelos países do G-7, uma vez que isso poderia aumentar o grau de "moral hazard" – ou de irresponsabilidade política – na condução das políticas macroeconômicas nacionais e das próprias estratégias de *lending* das instituições financeiras privadas. Essa hipótese, aventada pelo Japão na primeira fase da crise asiática e depois pelo Brasil no bojo da terceira fase dessa crise, depois da moratória russa, parece hoje afastada dos esquemas de sustentação financeira em elaboração – pela péssima reação despertada na Europa, nos EUA e no FMI –, muito embora os países asiáticos, membros ou não da ASEAN, tenham procurado se "oferecer", recíproca e generosamente, linhas de crédito emergenciais, em condições facilitadas, ou seja algo como um NAB informal e temporário.

De forma geral, portanto, os esquemas de cooperação impulsionados pelo FMI no terreno institucional e pelo BIS, nos campos prudencial e de prevenção e diminuição de desequilíbrios graves nos sistemas financeiros nacionais, visam a diminuir os riscos de crises sistêmicas, sem impedir os benefícios da globalização, da liberalização e da competição. A ideologia do chamado "consenso de Washington" continua a ser a da liberalização dos fluxos de capitais, mesmo se se reconhece, atualmente, a necessidade de "salvaguardas" adequadas a movimentos erráticos e desestabilizadores. Com efeito, em meio à crise asiática, autoridades do G-7, reunidas em Hong Kong em outubro de 1997, continuavam a proclamar o objetivo da liberalização dos movimentos de capitais, mediante processo de reforma do convênio constitutivo do FMI, que deveria culminar nas reuniões de 1998. O agravamento da crise naquela região, sua extensão preocupante à Rússia e seus efeitos nefastos na América Latina afastaram momentaneamente tal decisão, sem que diversos representantes das instituições de Bretton Woods deixassem de proclamar a intenção última de, a despeito das turbulências, impulsionar uma substancial abertura e liberalização dos mercados financeiros e de capitais.

Essa agenda "liberal" de globalização financeira combina-se com a crescente afirmação da necessidade de crescimento e desenvolvimento para todos as economias, em especial a dos países mais pobres. Aqui, se chegou a proclamar, desde a assembléia do FMI de Washington, em outubro de 1996, uma "parceria global" para o desenvolvimento, objetivo que deve ser entendido no contexto da *good governance*, dos direitos humanos e da luta sem tréguas contra a corrupção. O G-7 instruiu seus representantes na OCDE a finalizarem uma convenção sobre medidas penais aplicáveis em caso de corrupção da parte de funcionários governamentais, que foi efetivamente concluída em dezembro de 1997, inclusive com a assinatura do Brasil. Para os países mais pobres, as boas notícias, derivadas tanto do G-7 quanto das assembléias das instituições financeiras internacionais em Hong-Kong, são a implementação da *HIPC initiative* (programa da redução das obrigações de pagamento da maior parte da dívida externa oficial das economias mais pobres altamente endividadas), a continuidade do ESAF e um aumento e revisão das quotas sem afetar seus direitos nos *boards* dessas instituições. O Brasil teve modificado para baixo (mas muito pouco) seu poder de voto no FMI, em virtude de um aumento não exatamente equiproporcional das quotas, mas preservou sua representação. Pouco depois, ele lograva contudo um pequeno aumento (de 1,7 a 2,2% do capital total) em sua participação acionária no Banco Mundial,

O Brasil e o multilateralismo econômico

assegurando assim uma "cadeira cativa" no diretório dessa instituição.

De uma forma geral, as críticas formuladas contra o FMI refletem, paradoxalmente, um "consenso" entre a esquerda indignada e a direita isolacionista e "liberal" *à outrance*, ambas interessadas em solapar o "poder", a seus olhos irresponsável e usurpado, que deteriam as instituições financeiras internacionais em geral e o FMI em particular. Embora bem-vindas de um ponto de vista conceitual, pois que servindo a aperfeiçoar os parâmetros analíticos e prescritivos do receituário do FMI, essas críticas não apresentam muito valor operacional, uma vez que, não há, no momento atual, nenhuma alternativa mais adequada ao papel desempenhado pelo FMI em casos de desequilíbrio temporário de balança de pagamentos. Pode-se contudo pensar, no médio prazo, numa mudança substancial em sua forma de atuação, o que poderia ser facilitado pela introdução do euro – que "forçará" um debate sobre a composição dos SDR/DES e da própria representação dos países europeus membros da UEM – e pelo reforço internacional do Brasil e do Mercosul.

Em resumo, as questões pendentes da agenda financeira internacional são as da aprovação do princípio do monitoramento, pelo FMI, dos movimentos de capitais (o que não compreende, contudo, investimentos estrangeiros diretos) e da continuidade das políticas de aperfeiçoamento dos sistemas de vigilância e administração de crises localizadas nos mercados financeiros. A vitalidade e a pujança do próprio sistema financeiro "globalizado" foram testados e de certa maneira confirmados pelos movimentos recentes, que demonstraram uma vez mais aos países a necessidade de serem mantidas políticas sólidas na áreas fiscal, monetária e cambial como garantia da manutenção de um fluxo regular de capitais forâneos em suas economias.

No que se refere ao Brasil, a turbulência observada nos mercados financeiros em 1997 e 1998 representou um "excelente" teste, ainda que involuntário, da capacidade das autoridades econômicas de lidar com esses efeitos sistêmicos da volatilidade dos capitais, potencialmente suscetíveis de abalar os fundamentos da política monetária e principalmente as condições de equilíbrio de uma balança de pagamentos fragilizada pelos déficits crônicos das transações correntes. Pode-se dizer, sem sombra de dúvidas, que o Plano Real e a política de "sintonia fina" das autoridades financeiras passaram galhardamente nesse teste, ainda que não se possa desprezar os custos temporários e setoriais introduzidos pelos "pacotes fiscais" e pelo aumento brutal dos juros em matéria de redução das expectativas de crescimento e de diminuição das condições de investimentos e, portanto, de geração de empregos, para o conjunto da economia brasileira.

O Brasil terá de continuar administrando essa agenda interna de ajuste fiscal e de redução monitorada das taxas de juros, ao mesmo tempo em que lida com as novas demandas externas em matéria de coordenação das políticas econômicas no âmbito do Mercosul e de abertura continuada de seu sistema econômico, em especial no setor financeiro. Assim, o Brasil, apontado em certas ocasiões, como o *next one*, saiu-se muito bem no exercício de avaliação de políticas cambiais e de contenção de crises bancárias, sobretudo porque suas autoridades financeiras tiveram a coragem de, recusando o debate "ideológico", se colocar "contra a corrente" da aparentemente majoritária *mainstream economics* no que se refere à liberalização financeira e dos movimentos de capitais. Em todo caso, a fragilidade de seu déficit externo foi contrabalançada com a qualidade das entradas de capital de risco (para investimento direto) e o vigor continuado do processo de privatização.

A estabilidade da economia brasileira, a continuidade dos programas de privatização e de reforma do Estado, o crescente diálogo internacional, a nível presidencial e ministerial, e a participação crescente em foros

O Brasil e o multilateralismo econômico

e negociações econômicas relevantes têm confirmado o Brasil como um dos mercados emergentes mais atrativos para o investidor internacional. Por certo, o nível do déficit fiscal, a persistência do desequilíbrio comercial e o alto endividamento interno, mais do que uma suposta "defasagem cambial", podem representar ameaças nesse cenário realista da economia brasileira, mas o nível de reservas internacionais, o volume e a qualidade dos fluxos que contrabalançam o *gap* nas transações correntes, as oportunidades crescentes derivadas do processo de crescimento endógeno, da ampliação do mercado doméstico e do reforço da integração no Mercosul, bem como um entendimento correto e altivo com as instituições de Bretton Woods parecem descartar, se não os riscos concretos de novas turbulências financeiras ou cambiais, pelo menos os efeitos mais nefastos da volatilidade dos fluxos de capitais. O Brasil já declarou, por exemplo, que não abre mão do controle de capitais em situações emergenciais, como de resto suas autoridades financeiras continuam a manter instrumentos suficientes (depósitos compulsórios, por exemplo, ou aumento da taxação temporária via IOF) para contrabalançar movimentos bruscos na base monetária. De fato, o acordo preliminar definido com as autoridades do FMI, por ocasião das reuniões anuais de 1998, estabeleceu a plena continuidade do regime cambial em vigor no Brasil, mas a promessa de uma rápida implementação de um programa de ajuste fiscal inteiramente definido pelas autoridades brasileiras, como condição para a concessão de eventual ajuda financeira a ser estendida pelas instituições financeiras internacionais e por países do G-7.

Em resumo, como poderia o Brasil manter uma participação positiva nos debates em curso na agenda financeira internacional, em especial no que se refere à definição de uma "nova arquitetura do sistema financeiro internacional"? A resposta mais lógica parece ser a tradicional recomendação da *mainstream economics*: continuar fazendo seu "dever de casa" em matéria de ajuste fiscal, de melhoria dos *fundamentals* e capacitar-se, pelo seu próprio exemplo de continuidade da política de estabilização, a oferecer um "exemplo positivo" de monitoramento satisfatório da economia com continuidade do processo de crescimento. A capacidade do Brasil de influenciar a definição mesma dos novos mecanismos de estabilização da economia mundial e, sobretudo, de participar de sua implementação efetiva é manifestamente reduzida, mas a seriedade do empenho das autoridades econômicas e financeiras no controle das nossas próprias "turbulências" já representa, por si, uma contribuição significativa para a continuidade do processo de integração regional e do "bom comportamento" da economia mundial.

Capítulo 6

Os países em desenvolvimento na economia global

Ao término da Segunda Guerra Mundial, tanto as potências vencedoras quanto os países perdedores emergiam da mais dramática experiência de protecionismo comercial e de exacerbação de práticas bilateralistas conhecida na história econômica mundial desde a constituição da ordem liberal em meados do século XIX. A reconstrução da ordem econômica (e política) no pós-guerra teria de partir praticamente de zero e, no contexto da bipolaridade emergente, a própria agenda negociadora internacional, que adquire características novas, tinha de ser traçada em condições inéditas para os padrões conhecidos até então, de relativo equilíbrio entre as grandes potências.[77]

O sistema comercial e financeiro relativamente aberto conhecido durante o período da *Pax Britannica* há muito tinha sido esfacelado pelas destruições maciças da Primeira Guerra Mundial, pelas "loucuras econômicas" – no entendimento de Keynes[78] – da Paz de Versalhes, pela crise generalizada dos anos 30 e, sobretudo,

---

[77] Para todos esses desenvolvimentos, vide as obras já citadas de Van Der Wee, *Histoire Économique Mondiale*, e de Asselain, *Histoire Économique du XXe siècle* e o livro do Professor Rondo Cameron, *World Economic History*. Oxford: Oxford University Press, 1989, consultada em sua edição francesa: *Histoire économique du monde*. Paris: Larousse, 1991.

[78] O famoso "panfleto" de Keynes resultou da participação do então representante do Tesouro britânico e assistente do Ministro das Finanças (*Chancellor of the Exchequer*) na Conferência de Paz de 1919, cargos aos quais ele renunciou por discordar inteiramente dos dispositivos econômicos do tratado imposto à Alemanha; cf. John Maynard Keynes, *The Economic Consequences of the Peace*. Londres: MacMillan, 1919.

O Brasil e o multilateralismo econômico

pela imensa catástrofe material e humana que representou a Segunda Guerra. O predomínio econômico dos Estados Unidos já era visível desde o final da Primeira Guerra, mas a *Pax Americana* só se instalaria ao término da Segunda.

A reconstrução da ordem econômica internacional no pós-guerra, sob a impulsão decisiva dos Estados Unidos – que praticamente ditaram a agenda negociadora e estabeleceram seus princípios organizadores fundamentais –, se fez, assim, no sentido de restaurar os princípios do multilateralismo, da não-discriminação e da cooperação econômica internacional. Os Estados Unidos tinham emergido como a grande economia planetária e o país líder no comércio internacional, ao passo que a Europa ocidental, velha e tradicional potência colonizadora em quatro continentes, não conseguia sustentar seus próprios níveis de demanda interna. Nesse sentido, o Programa de Recuperação Econômica Européia foi uma brilhante demonstração de keynesianismo supranacional, ao sustentar um ritmo de crescimento econômico que, por outra forma, teria poucas chances de manter-se. A Europa ocidental ressurgia das cinzas com sua economia mais integrada regionalmente, mas também mais integrada à dos Estados Unidos, de onde passaram a vir capitais e *know-how* para seu reerguimento e nova inserção na economia internacional.

Essa reconstrução do sistema econômico mundial já faz parte dos manuais de história econômica e não cabe aqui retomar seu itinerário. Caberia indagar, contudo, como se situou, na prática, o problema da reconstrução da interdependência econômica do ponto de vista dos países em desenvolvimento, em especial na perspectiva da América Latina.[79]

[79] Uma visão global da participação dos países em desenvolvimento na economia mundial, durante a fase áurea dos debates sobre a "nova ordem econômica internacional", ainda que do ponto de vista marxista e "dependencista" é apresentada na obra de Ankie M. M. Hoogvelt, *The Third World in Global Development*. Londres: Macmillan, 1982. Um enfoque mais equilibrado pode ser consultado no livro de Tom Kemp, *Industrialization in*

6.1. Um Plano Marshall para a América Latina?

Desde o início do Plano Marshall, muitos países em desenvolvimento reclamaram em vão dos Estados Unidos a extensão de seus esquemas generosos de financiamento de equipamentos e de compra de bens a seus próprios territórios. Em pelo menos duas ocasiões, esses desejos foram vocalizados oficialmente pelos países da América Latina: durante a Conferência de Petrópolis de 1947, quando se negociou um dos primeiros esquemas típicos da guerra fria – o Tratado Interamericano de Assistência Recíproca –, e junto ao próprio Secretário de Estado George Marshall, durante a Conferência interamericana de Bogotá, em 1948, da qual resultaria a atual Organização dos Estados Americanos.[80]

Com efeito, como registrou o representante diplomático brasileiro a essa conferência, Embaixador João Neves da Fontoura, "a Delegação do Brasil insistiu por fazer constar, no texto, o compromisso de uma cooperação prática e efetiva nos planos de conjunto da América, similares ao Plano Marshall [mas] as nações latino-americanas viram essas esperanças frustradas. O desejado Plano Marshall para a América Latina, embora malogrado nas suas possibilidades pelas incisivas afirmações contidas no discurso do Secretário de Estado [Marshall], ficou de certa forma em aberto, porque na realidade os

---

the Non-Western World. Londres: Longman, 1983; cf. cap. sobre o Brasil, visto sob o ângulo da *"dependent industrialization"*, pp. 127-151. A visão conservadora se encontra em Peter T. Bauer, *Equality, the Third World and Economic Delusion.* Londres: Weidenfeld and Nicoloson, 1981. Um tratamento mais equlibrado pode ser consultado em Jacques Brasseul, *Les nouveaux pays industrialisés et l'industrialisation du tiers monde.* Paris: Armand Colin, 1993. O Professor Paul Bairoch oferece uma perspectiva desmitificadora em seu livro: *Economics and World History: myths and paradoxes.* Harvester Wheatsheaf, 1993, consultado em sua versão francesa: *Mythes et Paradoxes de l'Histoire Économique.* Paris: La Découverte, 1994; ver especialmente Partes 2: "Les grands mythes sur le rôle du Tiers Monde dans le développement occidental" e 3: "Les grands mythes concernant le Tiers Monde", pp. 87-137 e 143-182.
[80] Tratei dessa questão em trabalho de pesquisa histórica sobre a diplomacia econômica na era Dutra; ver Paulo Roberto de Almeida, "Os limites do alinhamento: liberalismo econômico e interesse nacional, 1944-1951", *Estudos Ibero-Americanos*, Porto Alegre: PUC/RS, vol. XIX, n° 1, julho 1993, pp. 13-39.

O Brasil e o multilateralismo econômico

latino-americanos dele não desistiram, alimentando a esperança de se poder transformar [a conferência econômica convocada para] Buenos Aires num símile da reunião das 16 potências européias, que preparou as bases do Plano Marshall para a Europa."[81]

Os países latino-americanos continuaram efetivamente a insistir, inutilmente, com os Estados Unidos pelo estabelecimento de um plano "similar" de ajuda financeira ao desenvolvimento econômico da região, obtendo, se tanto, uns magros créditos comerciais do Eximbank. Eles não percebiam então o caráter fundamentalmente distinto entre uma "simples" empreitada de *reconstrução* – por certo considerada pelos Estados Unidos como uma questão estratégica – e um processo de *desenvolvimento* e pareciam ignorar que a natureza do problema latino-americano não era propriamente a falta *conjuntural* de recursos econômicos para o reequipamento industrial e a recomposição da infra-estrutura social, como na Europa, mas sim a falta *estrutural* de capital humano, de estruturas sociais adaptadas ao esforço de acumulação e de disseminação do progresso técnico, enfim, de políticas macroeconômicas coerentes com um projeto integrado de desenvolvimento econômico e social em toda a região.[82]

Independentemente, contudo, da justeza das demandas latino-americanas, as diretrizes diplomáticas e

---

[81] Cf. João Neves da Fontoura, *Relatório do Chefe da Delegação do Brasil à IX Conferência Internacional Americana* . [Rio de Janeiro,] MRE, Serviço de Publicações, 1948, pp. 52-54. Essa prometida conferência econômica a ser realizada em Buenos Aires foi por diversas vezes postergada, por manobras dos Estados Unidos, vindo a ocorrer apenas em agosto de 1957; ver a propósito a nota de Hermes Lima, "Conferência Econômica Interamericana", *Revista Brasileira de Política Internacional*, Rio de Janeiro, vol. 1, nº 1, março 1958; seção de documentos para os textos das resoluções aprovadas.

[82] Como colocou Aron, a propósito das diferenças entre o Plano Marshall e o que queriam os países latinos-americanos: "Não há medida comum entre o *ressurgimento de economias desenvolvidas*, debilitadas ocasionalmente pela guerra mas ricas em todos os recursos humanos e sociais indispensáveis para o crescimento, e a *modernização de economias subdesenvolvidas*, desprovidas de quadros técnicos e cristalizadas em formas tradicionais."; cf. Raymond Aron, *République Impériale: les États-Unis dans le monde, 1945-1972*. Paris: Calmann-Lèvy, 1973, pp. 261-262.

estratégicas dos Estados Unidos já estavam traçadas, com prioridade para a reconstrução européia e a instalação de esquemas de aliança militar nas várias zonas quentes do enfrentamento bipolar: Europa, Oriente Próximo e Ásia, fundamentalmente.[83] À América Latina caberia esperar, pacientemente, que capitais privados, devidamente estimulados por "políticas apropriadas", decidissem participar de seus projetos nacionais de desenvolvimento – tal era o sentido da atuação inicial do Banco Mundial, então fortemente monitorado pelos EUA –, enquanto a região era gentilmente convidada, ela própria, a dar sua parte de contribuição para os esforços de contenção do inimigo ideológico (o que se manifestou, por exemplo, no pedido de tropas para a guerra do Coréia).

A América Latina não desenvolveu, por outro lado, nenhum esquema próprio de cooperação interestatal que pudesse orientar e subsidiar esforços em prol da complementaridade econômica recíproca na região. A CEPAL, a Comissão Econômica das Nações Unidas para a América Latina, constituída em janeiro de 1948 nos moldes de sua similar européia, não poderia, evidentemente, nos estritos limites de um órgão técnico (com sede em Santiago do Chile), fomentar o desenvolvimento econômico da região, mas tão simplesmente apresentar-se como realizadora de atividades de assessoramento, de pesquisa e de capacitação técnica. Ainda assim, ela elaborará anualmente estudos sobre as tendências de crescimento na região, com forte ênfase na necessidade absoluta de industrialização, contribuindo decisivamente para o debate conceitual em torno dos chamados "planos de desenvolvimento". Daí a atribuição, em

---

[83] Um documento secreto da Junta de Comando do Estado Maior dos Estados Unidos indicava, nessa época, a lista das prioridades para a ajuda norte-americana: na ordem de importância, entre 18 países, em primeiro lugar vinha a Grécia, seguida da Turquia e da Itália; mesmo o pequeno Portugal vinha antes de *todas* as repúblicas latino-americanas, situadas conjuntamente num 17º lugar, antes só do Canada, último dessa lista; cf. Etzold e Gaddis (eds): *Containment*:, op. cit., documento 25: "United States Assistance to other Countries from the Standpoint of National Security", Joint Chiefs of Staff 1769/1, April 29, 1947, p. 82.

O Brasil e o multilateralismo econômico

grande parte equivocada, de uma certa responsabilidade intelectual pela modelização formal de uma política econômica dita "dirigista" e "intervencionista" – o chamado pensamento cepaliano – e pela determinação de um padrão de desenvolvimento industrial fortemente introvertido substitutivo.[84]

A CEPAL – sobretudo pela voz de um de seus principais responsáveis e primeiro promotor de projetos integracionistas na região, Raúl Prebisch – insistia no estímulo à coordenação de políticas econômicas entre os países e na cooperação multilateral, como formas de inserir soberanamente a América Latina na economia mundial. Prebisch postulava uma transformação integral, não parcial, que trouxesse equilíbrio entre as regiões, entre a agricultura e a indústria e entre as zonas centrais e as periféricas. Contrariamente, ao que se afirmou depois, ele propunha, na verdade, o incremento do investimento estrangeiro, ante a constatação de que seria impossível fomentar o desenvolvimento apenas com a poupança interna.[85]

---

[84] Para uma revisão do "legado cepaliano" no processo de industrialização substitutiva na América Latina, ver o interessante artigo de Gabriel Porcile, "Integração econômica da América Latina: notas sobre o legado teórico da CEPAL", *Revista Brasileira de Política Internacional*, Brasília, ano 36, n° 1, 1993, pp. 134-142.

[85] Essas idéias foram refletidas muito cedo no Brasil, sobretudo por intermédio do Instituto de Economia da Fundação Getúlio Vargas; ver Raúl Prebisch, "O desenvolvimento econômico da América Latina e seus principais problemas", *Revista Brasileira de Economia*, ano 3, n° 3, setembro de 1949, pp. 47-111. Prebisch era então Diretor de Pesquisas da CEPAL e tomava como ponto de partida nesse seu artigo sobre a deterioração dos termos de intercâmbio estudo preparado pelo Secretariado Econômico das Nações Unidas intitulado "Relações de troca post-guerra entre os países subdesenvolvidos e os países industrializados" (que tinha sido anteriormente publicado na mesma RBE). Em trabalho apresentado em conferência da CEPAL, realizada em Montevidéu em maio de 1950, Prebisch confirmava sua visão segundo a qual o "problema econômico fundamental da América Latina consiste em aumentar a renda real *per capita*, por meio de um incremento da produtividade, uma vez que a elevação do nível de vida das massas mediante uma redistribuição de rendas tem alcance muito limitado". (...) Ele acreditava que essa expansão da renda total se daria com desequilíbrio da balança de pagamentos, uma vez que as importações tenderiam a crescer mais rápido do que as exportações; cf. o trabalho "Interpretação do Processo de Desenvolvimento Econômico", *Revista Brasileira de Economia*, ano 5, n° 1, março de 1951, pp. 7-135, pp. 16-17.

O economista argentino não acreditava, evidentemente, que a mera reprodução de arranjos temporários de sustentação financeira, ao estilo do Plano Marshall, pudesse representar o início de um ciclo de crescimento sustentado na região. A experiência da reconstrução européia não era esquecida por Prebisch, que parece ter calcado muitas de suas propostas diretamente dos esquemas "minilateralistas" de cooperação em vigor no velho continente a partir da constituição da OECE. Mas Prebisch tinha plena consciência das possibilidades e limites que um sistema restritivo de pagamentos e de comércio apresentava para as possibilidades de aumento do intercâmbio e de desenvolvimento econômico na região. Tratando, por exemplo, do problema da escassez de dólares e suas repercussões na América Latina, ele afirmava que "já existe uma experiência suficiente para persuadir-nos de que o comércio multilateral é o que mais convém ao desenvolvimento econômico da América Latina. Poder vender e comprar nos melhores mercados, ainda que diferentes, sem dividir o intercâmbio em departamentos estanques, constitui, sem dúvida, a fórmula ideal. Ter que compensar as vendas à Europa mediante compras estritamente à Europa e, mais ainda, a cada um dos países europeus, sem poder empregar os saldos para comprar nos Estados Unidos o que mais satisfizesse às necessidades de nosso desenvolvimento econômico, não é a solução que tenha as inegáveis vantagens do multilateralismo".[86]

Entretanto, o setor externo não deixava de impor condições para a elevação da produtividade no continente, estabelecendo seus próprios limites ao processo de industrialização. Ele diz, assim, numa análise que pode ser aproximada das políticas efetivamente seguidas na Europa ocidental no pós-guerra: "Há, pois, que admitir a possibilidade de que tenha de reduzir-se o coeficiente de importações, seja em conjunto ou em

---

[86] Cf. Prebisch, "O desenvolvimento econômico da América Latina e seus principais problemas", op. cit., p. 69.

O Brasil e o multilateralismo econômico   **159**

dólares, reduzindo ou suprimindo artigos não essenciais, para possibilitar mais amplas importações de bens de capital. Em todo caso, a necessidade de mudar a composição das importações pareceria indispensável para prosseguir com a industrialização". Prebisch sublinha que não se trata de protecionismo: "Trata-se de uma mera adaptação das importações à capacidade de pagamento resultante das exportações. Se estas crescessem, suficientemente, não seria necessário pensar em restrições, salvo que, mediante essas restrições, se quisesse intensificar o processo industrializador. Mas, as exportações da América Latina dependem de variações da renda nacional dos Estados Unidos e dos países da Europa, principalmente, e de seus respectivos coeficientes de importação de produtos latino-americanos. Por conseguinte, escapam à determinação direta da América Latina: trata-se de condição de fato, que só poderia modificar-se por decisão da outra parte".[87]

Não surpreende assim o fato de que o economista argentino tenha estado na origem de iniciativas de cooperação econômica na região, chegando mesmo a propor esquemas integracionistas como o de um "Mercado Comum Americano". Mas, durante algum tempo ainda, a região permaneceria dividida e periférica em relação às correntes mais dinâmicas do comércio mundial, continuando suas exportações a depender de algumas poucas matérias-primas escassamente valorizadas (à exceção do petróleo) nos mercados internacionais.

A Europa viria, mais uma vez, tirá-la de seu torpor: o choque psicológico provocado pelo Tratado de Roma (1957) levaria a América Latina a buscar superar seu atraso pela via integracionista, formulando então um primeiro projeto de liberalização comercial. O Tratado de Montevidéu-1960 – que constituiu a ALALC, Associação Latino-Americana de Livre Comércio – serviu para impulsionar durante algum tempo os fluxos do intercâmbio intra-regional, mas é evidente que ele não

---

[87] Idem, pp. 80-81.

poderia, por si só, realizar a promessa de desenvolvimento antevista por seus *founding fathers*.

6.2. Comércio e pagamentos: a OECE e a América Latina

No processo de constituição da ALALC, é sabido que os países do Cone Sul (Argentina, Brasil, Chile e Uruguai) pretendiam formar uma zona de livre comércio restrita, se possível uma simples zona de preferências tarifárias, mas que era então obstaculizada pelas regras do GATT. Esses países, mais a Bolívia, Paraguai e o Peru (com México e Venezuela em caráter de observadores) elaboraram, durante uma reunião em Montevidéu (de 16 a 30 de setembro de 1959), um projeto de Tratado de Zona de Livre Comércio, formulando na mesma ocasião uma solicitação à CEPAL e ao FMI para que estudassem as possíveis formas de pagamento e de crédito dentro da Zona.[88]

Estes estudos foram apresentados na primeira reunião intergovernamental de bancos centrais, realizada em Montevidéu de 11 a 23 de fevereiro de 1960. O Peru, então fortemente eivado de liberalismo econômico, opunha-se fundamentalmente ao princípio da reciprocidade, interpretado como a obrigação de que se obtenham equivalências das correntes de comércio promovidas por concessões mútuas outorgadas dentro da zona. Para esse país, que defendia o princípio da livre conversibilidade das moedas, os países deveriam ficar livres para orientar seu comércio e pagamentos da maneira mais racional possível, dispondo livremente de qualquer superávit que obtivessem no comércio intrazonal. Argentina e Brasil defendiam uma posição de maior equilíbrio no intercâmbio, o Brasil em particular, que preconizava

---

[88] Ver, para um testemunho contemporâneo, Octaviano Campos Salas, "La Zona de Libre Comercio de América Latina", *Investigación Económica*, México: vol. XX, n° 79, 3° trimestre 1960, pp. 523-543.

O Brasil e o multilateralismo econômico

uma equivalência das correntes de comércio interzonal com respeito aos produtos incorporados no programa de liberalização.[89]

O debate que então se travou em torno dos problemas da livre conversibilidade (multilateralização) dos pagamentos e das compensações comerciais na América Latina, envolvendo a Secretaria Executiva da CEPAL, dirigida nessa época por Raúl Prebisch, e funcionários do Fundo Monetário Internacional, tem muito a ver com as questões já analisadas anteriormente no que se refere às condições de estabelecimento da OECE, aos mecanismos de restrições quantitativas de mercadorias e de liberalização de pagamentos criados no âmbito da União Européia de Pagamentos e, mais adiante, ao próprio surgimento da OCDE enquanto organização essencialmente multilateralista, mas respeitadora das particularidades nacionais de seus países membros. Ele vai aqui refletido a título de ensinamento histórico sobre as vias originais do desenvolvimento latino-americano e seus problemas mais importantes, em perspectiva comparada à experiência européia.[90]

Era sabido, então como agora, que o processo de integração na América Latina só poderia avançar se se resolvessem os problemas relacionados com a falta de um mecanismo de pagamentos multilaterais e com um regime de facilidades creditícias adequado. Os governos dos países envolvidos possuíam uma exata compreen-

---

[89] Salas, idem, pp. 530-531. O estudo desta questão, assim como de vários outros aspectos do processo de integração latino-americana, com inúmeros depoimentos dos próprios protagonistas dos eventos descritos, pode ser facilitado por uma consulta aos primeiros números da publicação pioneira de relações internacionais no Brasil, a *Revista Brasileira de Política Internacional*; ver em especial José Garrido Torres, "Por que um mercado regional latino-americano?", Rio de Janeiro: ano 1, n° 2, 1958.

[90] Todo esse debate está compilado na seção especial "O problema dos Pagamentos na Associação Latino-Americana de Livre Comércio" da *Revista de Ciências Econômicas*, São Paulo: n° 2, junho de 1960, então editada pela Ordem dos Economistas de São Paulo; ela consta de dois documentos da Secretaria Executiva da CEPAL, um *Memorandum* do Fundo Monetário Internacional e, em especial, de um vibrante apelo de Raúl Prebisch em favor do princípio de reciprocidade no comércio latino-americano.

são do problema, pois que esse tinha sido o caminho seguido na Europa do pós-guerra, quando se trabalhou simultaneamente na liberação do comércio e na solução dos problemas de pagamentos e dos créditos. O comércio na Europa ocidental se desenvolveu a partir de acordos bilaterais, operações de troca direta e regulamentações quantitativas. A partir de 1948 entraram em vigor os acordos de compensações multilaterais que precederam a União Européia de Pagamentos, combinando a multilateralização dos pagamentos com a ajuda financeira do Plano Marshall. Paralelamente, os países da OECE assumiram o compromisso de eliminar as restrições quantitativas aplicadas a, pelo menos, 50% de suas importações recíprocas, antes de 15 de dezembro de 1949. O estabelecimento da União Européia de Pagamentos, nessa ocasião, foi também acompanhado de um programa de eliminação de restrições quantitativas: o Código de Liberalização da OECE, base ulterior dos códigos de liberalização da OECE/OCDE.

Para os problemas de pagamentos na América Latina, o relatório da CEPAL propunha dois tipos de solução: o primeiro baseado num regime de contas, e o segundo na utilização de divisas de livre conversibilidade, em ambos os casos mediante um sistema multilateral de créditos estreitamente vinculado ao regime de pagamentos. O FMI, por sua vez, apresentou documento no qual se recomendava que a zona de livre comércio projetada na região prescindisse de qualquer sistema multilateral de pagamentos baseado em compensações, limitando-se a efetuá-los por meio de moedas de livre conversibilidade, ao mesmo tempo que considerava desnecessário o estabelecimento de um mecanismo especial de créditos.

No documento do FMI parte-se da afirmação de que é importante que a forma de financiamento do sistema regional de comércio *does not disturb the free play of market forces*.[91] O memorando, depois de criticar a

---

[91] Vide *Memorandum* do FMI, *in op. cit.* supra, p. 65.

O Brasil e o multilateralismo econômico   **163**

proposta de alguns países no sentido de estabelecer uma agência de *clearing*, pois que vários países da região já tinham aderido ao princípio da livre conversibilidade, aponta as diferenças em relação ao anterior esquema da União Européia de Pagamentos: "À época do estabelecimento da União Européia de Pagamentos, todos os países europeus tinham moedas inconversíveis. Qualquer passo para fora da já existente inconversibilidade era, portanto, um passo na direção certa. Certamente a situação dos sete países latino-americanos é bastante diferente". O documento do FMI argüia também contra o esquema proposto pelo documento da CEPAL, sob o argumento de que ele desviaria comércio e provocaria problemas de pagamentos com os países de fora da zona de livre comércio, reforçando seus aspectos bilateralistas, em contradição com a orientação multilateralista do Tratado de Montevidéu.

Nessa reunião, o Diretor da CEPAL, Prebisch, não esconde o fato de que, entre o documento da CEPAL e o do FMI, há uma "diferença fundamental".[92] Ele não deixa de lembrar, em primeiro lugar, que o FMI também era contra a criação da União Européia de Pagamentos no final dos anos 40, para elevar-se depois contra o argumento de que a situação da América Latina seria diferente daquela da Europa do pós-guerra: "... no nos hacemos ilusiones en suponer que estamos en una situación mejor que la que tenia Europa en esas circunstancias. Tanto Europa, entonces, como la América Latina hoy están frente al mismo fenómeno de desequilibrio estructural de sus balances de pagos. (...) ¿Como corrigió Europa ese desequilibrio estructural? Por dos órdenes de medidas: la expansión de la exportación y por la desviación de las importaciones que antes se hacían de la zona del dólar a la propia economía europea. Fue un proceso de cambio estructural que ha permitido a Europa llegar a una convertibilidad real y que le ha permitido estar ahora en condiciones de terminar – y ojalá lo

[92] Idem, p. 76.

haga cuanto antes – sus discriminaciones con respecto al dólar. (...) El problema fundamental [de América Latina] es el mismo que ha tenido Europa".[93] A reunião de bancos centrais não tomou qualquer decisão concreta, deixando o problema para o Comitê Permanente da ALALC, mas adotou conclusões apontando para o objetivo último de se alcançar a livre conversibilidade, considerando entretanto que o objetivo da zona de livre comércio não era incompatível com a coexistência de diferentes sistemas de pagamentos e que se devia evitar discriminações. A história, como é sabido, registrou o triunfo das posições de Prebisch, contra as posições contrárias do FMI, uma vez que a América Latina introduziu um esquema multilateral de compensações financeiras – consubstanciado no Acordo de Créditos e Pagamentos Recíprocos, de 1965 – que, ao reduzir as necessidades de liquidação do intercâmbio em divisas, facilitou e em muito incrementou o comércio intra-regional.

6.3. O comércio internacional e o problema do desenvolvimento

Nessa conjuntura, graças entre outros fatores ao trabalho desenvolvido pela OECE, o problema da reconstrução econômica européia tinha sido basicamente resolvido e os próprios países europeus foram chamados pelos Estados Unidos a se mobilizar em favor do desenvolvimento dos países mais pobres. Esse esforço era concebido em termos de esquemas concessionais, muitas vezes unilaterais, de "assistência técnica ao desenvolvimento" e de cooperação com projetos de infra-estrutura. Nessa primeira fase, o comércio passava ao largo das preocupações geopolíticas dos países desenvolvidos, muito embora os Estados Unidos e alguns outros países tenham impulsionado, desde essa época,

---

[93] Ibidem, pp. 80-81.

O Brasil e o multilateralismo econômico

os primeiros acordos de produtos de base – como o Acordo do Café de 1958, por exemplo – como forma de promover o equilíbrio da balança de pagamentos e o crescimento econômico nos países pobres.

Na verdade, os dois problemas, ajuda e comércio, não se encontravam totalmente separados em alguns dos esquemas então pensados para enfrentar o problema do desenvolvimento, ou melhor, do crescimento dos países menos desenvolvidos dentro do contexto da economia de mercado. Era reconhecido que as insuficiências do sistema internacional de crédito tinham de ser equacionadas, ocorrendo apenas divergências quanto aos meios e volumes requeridos, pois havia igualmente, então como agora, uma forte preocupação com a inflação. Foram apresentados dois projetos, um inglês e um norte-americano, de financiamento e de estabilização dos mercados de produtos primários. Um dos argumentos era o de que "os produtores de matérias-primas devem ser libertos da necessidade de oferecerem seus produtos aos países comunistas. Por certo o governo inglês não recomenda o bloqueio econômico nem reforço dos embargos para a exportação aos países do bloco oriental. (...) Mas o comércio com o Leste deve limitar-se a transações puramente comerciais e não combinar com créditos, investimentos, assistência técnica ou outras relações que, mais cedo ou mais tarde, poderiam conduzir a uma infiltração comunista. (...) A fim de imunizar os países produtores de matérias-primas contra tal perigo, os países consumidores do mundo ocidental devem oferecer-lhes garantias suficientes para a venda de seus produtos a preços remuneradores e estáveis. Esta tarefa caberia, naturalmente, em primeiro lugar, ao grandes países industriais. Eles deverão assumir, de maneira justa e eqüitativa, a responsabilidade pela utilização dos estoques e evitar, assim, as oscilações desmedidas de preços". Quanto ao plano americano, inspirava-se também na idéia de que os países industriais deveriam ocupar-se mais com os países menos desenvolvidos e em particular com os produtores de matérias-primas, sendo prevista a criação de um novo instituto de crédito que poderia estar ligado ao Banco Mundial, mas dispondo de recursos próprios. Foi a origem da Associação Internacional de Desenvolvimento.[94]

O fato é que, nessa época, a agenda econômica internacional deixa de ser exclusivamente multilateral e passa a assumir contornos regionalistas cada vez mais fortes, em especial na Europa e na América Latina. Mas, se na Europa o processo integracionista obedecia a uma *rationale* mais política do que econômica, e talvez mais especificamente geopolítica em vista dos problemas remanescentes de segurança militar e de necessidade de equilibrar o peso das duas superpotências, na América Latina a integração era concebida como uma alavanca do processo de desenvolvimento que, nessa conjuntura, era o equivalente de industrialização.

O Governo brasileiro havia tentado, pouco tempo antes, propor uma agenda positiva, de caráter multilateral, para apoiar o processo de desenvolvimento na região, por meio de um programa hemisférico de cooperação econômica, a chamada "Operação Pan-Americana" (1958), para a qual se esperava contar com a participação protagônica (e principalmente com os capitais) dos Estados Unidos, mas também com recursos mobilizáveis nas instituições multilaterais de financiamento. Essa iniciativa diplomática de larga envergadura, que buscava sobretudo modificar a natureza do diálogo (e portanto a agenda negociadora bilateral) entre o *Big Brother* do Norte e seus parceiros do Sul, recebeu contudo escasso apoio, senão a discreta oposição, daquele que seria seu principal financiador e avalista. As condições não estavam ainda reunidas para uma mudança fundamental na agenda negociadora econômica internacional, mas a Revolução Cubana e a "ameaça

---

[94] Vide o artigo "Novas idéias de defesa para as matérias-primas", na seção "A Conjuntura no Estrangeiro", *Conjuntura Econômica*, ano XII, n° 9, setembro de 1958, pp. 75-79.

O Brasil e o multilateralismo econômico

socialista" iriam em breve encarregar-se de modificar os dados do diálogo nos foros econômicos mundiais.

É bem verdade que as instituições de Bretton Woods – o Banco Mundial sobretudo, já que era essa sua função precípua – pouco tinham feito, até então, em termos de financiamento efetivo do desenvolvimento econômico, com exceção de alguns raros empréstimos em condições limitadas. Nos anos 50, o essencial do financiamento público aos países da periferia assumia a forma de créditos à importação concedidos pelas agências nacionais dos países desenvolvidos e de créditos vinculados, geralmente amarrados à exportação de determinados bens vendidos pelos próprios credores.[95]

Essas instituições seriam chamadas, conjuntamente com a Associação Internacional de Desenvolvimento do Banco Mundial e o Comitê de Ajuda ao Desenvolvimento da OCDE, criados nessa ocasião, a virada dos anos 60, a colaborar ativamente com a nova política de promoção do crescimento econômico nos "países subdesenvolvidos", como eles eram então designados. O desenvolvimento deveria ser a conseqüência inevitável e o resultado final da generosa ajuda que os países ricos estavam dispostos a conceder, numa relação praticamente unilateral e sem qualquer espécie de negociação.[96]

Não era essa exatamente a agenda negociadora internacional que esperavam os países em desenvolvimento, em especial os da América Latina, que desde meados dos anos 50 lutavam pela introdução de regras especiais no sistema multilateral de comércio, regras

---

[95] Foi em grande medida em função dessas limitações práticas e políticas que os países latino-americanos, em especial o Brasil, propugnam a criação de uma instituição de financiamento própria da região, esforço que iria resultar, nesse mesma época, no estabelecimento do Banco Interamericano de Desenvolvimento, no qual a proporção entre capital e processo decisório estava muito mais próxima da magnitude efetiva do produto dos países-membros do que, por exemplo, nas instituições de Bretton Woods.

[96] Sobre os diferentes aspectos do desenvolvimento econômico no pós-guerra, ver Lahsen Abdelmalki e Patrick Mundler, *Économie du Développement: les théories, les expériences, les perspectives*. Paris: Hachette, 1995.

que contemplassem a situação de desigualdade estrutural em que eles se encontravam vis-à-vis os países exportadores de manufaturas e detentores de capital e tecnologia. O argumento principal era o de que as regras e princípios consagrados no Acordo Geral de 1947 não podiam aplicar-se de maneira igual a parceiros desiguais: seria preciso encontrar uma forma de "discriminar" positivamente, como então se começava a falar a propósito dos direitos civis e humanos de minorias discriminadas, como era, por exemplo, o caso dos negros nos Estados Unidos.[97]

6.4. Intercâmbio desigual e busca da não-reciprocidade

Foi em grande medida graças aos esforços de entidades como a CEPAL, sempre sob a liderança de Raúl Prebisch, que o problema crucial do desenvolvimento logrou entrar na agenda econômica internacional. Não se tratava apenas de "ajuda" do Norte aos países do Sul, mas uma questão dotada de fortes contornos comerciais de natureza multilateral. A interpretação básica sobre as relações econômicas entre os dois grupos de países era a de que o comércio internacional se fazia em termos desfavoráveis para os países em desenvolvimento – intercâmbio desigual – e que, em conseqüência, se deveria buscar a não-reciprocidade nas relações com os países desenvolvidos. Essa conceitualização rompia com os padrões normalmente aceitos nas relações econômicas internacionais.

---

[97] Esse tinha sido o tema de um dos livros de um dos mais famosos, prolíficos – e precoces – representantes daquilo que então se começava a designar por economia do desenvolvimento, o sueco Gunnar Myrdal, autor de *An American Dilemma*. Suas primeiras obras amplamente divulgadas sobre esse novo ramo da economia foram *An International Economy: problems and prospects*. New York: Harper and Brothers, 1956 (cf. cap. XIII: "Commercial Policy of the Underdeveloped Countries", pp. 222-298) e *Economic Theory and Underdeveloped Regions*. Londres: Gerald Duckworth, 1957.

O Brasil e o multilateralismo econômico

Com efeito, durante todo o pós-guerra, a estabilidade das relações econômico-comerciais nos países capitalistas foi assegurada pela adesão a uma série de princípios gerais cujos pilares são a cláusula da nação-mais-favorecida, a não-discriminação e a reciprocidade. Os países em desenvolvimento, sem rejeitar formalmente a cláusula da nação-mais-favorecida, consideravam com razão que suas relações com os países desenvolvidos não poderiam, em vista da necessidade de industrialização, aceitar em toda sua plenitude o funcionamento dessa regra, na medida em que o equilíbrio das concessões e benefícios raramente se faz a seu favor, em virtude precisamente da natureza das trocas (manufaturados vs. primários) entre os dois grupos de países. A maior parte das rodadas de negociação comercial conduzidas no imediato pós-guerra visava contudo a atender sobretudo os interesses dos países desenvolvidos, consistindo numa redução linear dos níveis (geralmente altos) de tarifas aplicadas ao comércio de manufaturas. Grande parte desse comércio se fazia entre os próprios países desenvolvidos, já que para os países em desenvolvimento persistia o padrão habitual de exportação de primários e importação de manufaturados.

O extraordinário dinamismo das exportações mundiais no pós-guerra não se distribuiu de maneira uniforme entre os diferentes grupos de países, o que pode ser explicado pela própria composição do comércio internacional, que passa rapidamente da predominância dos produtos de base, típica do século XIX e das primeiras décadas deste, à dos produtos manufaturados. Entre 1945 e 1955, a participação dos países em desenvolvimento no comércio internacional representava ainda uma parte significativa das trocas mundiais: em 1950, por exemplo, o Terceiro Mundo, realizava cerca de 30% das exportações mundiais e mais de 27% das importações.

Excluindo, contudo, o período relativo à guerra da Coréia – quando a procura e os valores dos produtos primários aumentam significativamente –, as taxas de crescimento médio das exportações e importações provenientes e destinadas aos países do Terceiro Mundo são persistentemente menores que aquelas observadas nos fluxos originários dos países industrializados, o que não deixa de ser uma conseqüência lógica da composição desfavorável das pautas dos primeiros. Assistiu-se, em seguida, sobretudo a partir de finais dos anos 50, a uma regressão relativa dos países em desenvolvimento no conjunto das trocas mundiais, tanto mais importante que a elasticidade-preço das matérias-primas é, reconhecidamente, duas vezes mais baixa, em média, à dos produtos manufaturados. No final dos anos 60, a participação do conjunto de países em desenvolvimento no comércio mundial já tinha baixado a menos de 20%.

Essa tendência declinante da participação dos países em desenvolvimento nos fluxos do intercâmbio global persistiria inapelavelmente nos anos seguintes, contra-restada apenas parcialmente pelo fenômeno da formação de cartéis de produtores primários nos anos 60 e seu desenvolvimento na década seguinte. Assim, uma reversão da baixa tendencial ocorreu nos anos 70, em virtude quase que exclusivamente dos aumentos extraordinários nos preços do petróleo, o que eleva a participação dos países em desenvolvimento a pouco mais de 25% do comércio mundial em princípios dos anos 80. Este terá sido, contudo, um movimento excepcional e sem consistência, pois que, já em princípios dos anos 90, essa participação volta a situar-se abaixo dos 20%.

Para compensar esse desequilíbrio estrutural, desde muito cedo – e particularmente a partir dos primeiros trabalhos de Raúl Prebisch sobre o intercâmbio desigual, no final dos anos 40 – se pensou em introduzir o princípio da não-reciprocidade no GATT, o que não foi contudo muito fácil. Foi preciso aguardar a realização, em 1964, da primeira conferência das Nações Unidas sobre Comércio e Desenvolvimento (UNCTAD), na qual se distinguiria uma vez mais Prebisch, para que a prática de um tratamento discriminatório, a favor dos

O Brasil e o multilateralismo econômico

países em desenvolvimento, fosse estabelecido como regra válida do comércio internacional e, como tal, fosse ratificado em seguida, embora não como princípio de base, pelo GATT. A agenda negociadora econômica internacional aproximava-se, pela primeira vez, dos interesses dos países em desenvolvimento, introduzindo de maneira embrionária os conceitos de tratamento especial e mais favorável que iriam frutificar alguns anos depois. A diplomacia econômica brasileira assumiu um papel relevante em todo esse processo.

O texto inserido na Parte IV do GATT em 1964, sob pressão da UNCTAD, afirma o seguinte: "As partes contratantes desenvolvidas não esperam reciprocidade pelos compromissos tomados por elas nas negociações comerciais destinadas a reduzir ou eliminar os direitos tarifários e outros obstáculos ao comércio das partes contratantes menos desenvolvidas" (Artigo 36, § 8º). Uma nota reforça o sentido da não-reciprocidade, ao precisar que os países desenvolvidos não esperam concessões que sejam incompatíveis com as necessidades de desenvolvimento dos países em desenvolvimento.

Cabe ressaltar que a diplomacia econômica brasileira foi especialmente ativa durante toda a fase preparatória e constitutiva da UNCTAD, colaborando decisivamente para o nascimento daquela que seria a primeira organização genuinamente dedicada ao problema do desenvolvimento na história econômica mundial. A ascensão política da UNCTAD, no decorrer dos anos 70, coincidiria com a introdução de uma outra agenda negociadora econômica internacional, a da Nova Ordem Econômica Internacional (NOEI), menos bem-sucedida, entretanto, em termos de resultados efetivos.[98]

---

[98] Para um panorama global da diplomacia econômica brasileira no pós-guerra, vide Luiz Paulo Lindenberg Sette, "A diplomacia econômica brasileira no pós-guerra (1945-1964)" e Luiz Augusto Souto Maior, "A diplomacia econômica brasileira no pós-guerra (1964-1990)" ambos *in* José Augusto Guilhon de Albuquerque (org.), *Sessenta Anos de Política Externa Brasileira (1930-1990)*, Vol. II: *Diplomacia para o Desenvolvimento*. São Paulo: Cultura editores associados, 1996, respectivamente pp. 239-266 e pp. 267-296.

Capítulo 7

O sistema multilateral de comércio do pós-guerra

O Acordo Geral sobre Tarifas e Comércio, negociado e assinado em Genebra em 30 de outubro de 1947, entrou provisoriamente em vigor em 1º de janeiro de 1948, esperando-se que ele fosse incorporado à Carta da OIC tão logo esta fosse ratificada por um número suficiente de países e entrasse em funcionamento. Apesar dos problemas derivados de seu caráter "incompleto", o GATT contribuiu bastante para uma intensificação progressiva do comércio internacional, ao operar, desde a primeira rodada de negociações, uma redução concertada das tarifas aplicadas aos bens comercializados: de 40%, em média, para os produtos manufaturados, os níveis tarifários caem para cerca de 25% já em 1950.

7.1. Os ciclos de negociações comerciais multilaterais

Antes da Rodada Uruguai, que deveria ser, em princípio, a última com esse formato, sete ciclos de negociação foram conduzidos sob a égide do GATT: Genebra (1947-48), Annecy (1949), Torquay (1950-51), Genebra (1956), Dillon (1960-62), Kennedy (1964-67) e Tóquio (1973-79). Durante a primeira etapa, de caráter essencialmente bilateral, foram realizadas cerca de 123 negociações, reduzindo-se as tarifas alfandegárias de metade do volume do comércio mundial.

O Brasil e o multilateralismo econômico

Na "Rodada Genebra", realizada entre outubro de 1947 e junho de 1948 entre os 23 países fundadores, são intercambiadas 45 mil concessões tarifárias, sobre um valor total de comércio de US$ 10 bilhões. A segunda Rodada, dita de "Annecy", ocorreu logo em seguida, entre abril e agosto de 1949, tendo envolvido apenas 13 países e incidido sobre 5 mil concessões tarifárias. A "Rodada Torquay", entre setembro de 1950 e abril de 1951, envolveu 38 países, com 8.700 concessões tarifárias intercambiadas; os direitos alfandegários foram reduzidos, em média, em 25% de seu nível nominal de 1948.

A partir de um modesto volume no imediato pósguerra, o comércio internacional cresceu com a reconstrução européia, atingindo, durante a Guerra da Coréia, níveis significativos para alguns produtos considerados estratégicos. Uma quarta rodada de negociações comerciais, incidindo sempre sobre produtos industrializados, é conduzida em Genebra, de janeiro a maio de 1956, envolvendo dessa vez apenas 26 países, que intercambiam preferências tarifárias sobre um comércio de US$ 2,5 bilhões. Na segunda metade dos anos 50, o Brasil, tendo procedido a uma ampla reforma tarifária, teve de revisar as condições de seu acesso – na verdade uma nova adesão – ao GATT, mediante uma longa e difícil renegociação das concessões tarifárias com todas as demais partes contratantes. Na ocasião, sendo o Brasil um dos poucos países em desenvolvimento aderentes ao GATT e se ressentindo dos duros efeitos de um contrato entre "iguais" para parceiros desiguais, setores econômicos internos chegaram inclusive a questionar a utilidade, em termos práticos de comércio exterior, de uma adesão estrita do País aos princípios do GATT. Essa contestação implicaria, entretanto, para o Brasil, uma denúncia formal do Acordo e uma saída do sistema de concessões recíprocas do GATT, o que foi julgado excessivo na época.

As rodadas seguintes de negociações no GATT continuam a aprofundar as concessões tarifárias sobre produtos industrializados, com participação sempre crescente de países. Entre setembro de 1960 e julho de 1962 realizou-se a "Rodada Dillon" (do nome do Secretário do Comércio dos EUA), com 26 partes contratantes envolvidas em 4.400 concessões tarifárias, por um montante de US$ 4,9 bilhões (notadamente no comércio de têxteis e algodão).

A rodada seguinte de negociações, que leva o nome de "Kennedy" em homenagem ao presidente assassinado, desenvolveu-se entre maio de 1964 e junho de 1967 com 62 países participantes; ademais da negociação de uma redução de até 50% (35% efetivados) nos direitos alfandegários aplicados a produtos industrializados (em um volume global de comércio de US$ 40 bilhões), foram concluídos acordos sobre cereais e produtos químicos e sobre um primeiro código antidumping. Os países em desenvolvimento, já atuando no quadro da conferência das Nações Unidas sobre comércio e desenvolvimento – UNCTAD – obtêm a inclusão de uma Parte IV (Comércio e Desenvolvimento) no texto do Acordo Geral.[99]

A rodada seguinte, uma das mais complexas, é chamada de "Tóquio", tendo ocorrido entre setembro de 1973 e novembro de 1979, com a presença recorde de 102 países, muitos deles em desenvolvimento e alguns socialistas. Os direitos aduaneiros foram reduzidos a um nível médio de 4,7% para os manufaturados, para um comércio global de US$ 300 bilhões. O elemento mais importante nessa Rodada foi a introdução de um regime preferencial – concessões sem reciprocidade – em favor das partes contratantes menos desenvolvidas, o que, na terminologia do GATT e da UNCTAD, se convencionou chamar de tratamento diferencial e mais favorável para países em desenvolvimento.

---

[99] Durante a Rodada Kennedy, as discussões abordaram sobretudo reduções tarifárias e questões não-tarifárias, cujo resultado mais significativo foi a adoção de um código antidumping uniforme. Muito embora tenha sido nessa rodada que se conseguiu a inclusão da Parte IV no texto do Acordo Geral ("Comércio e Desenvolvimento"), dela participaram não mais do que 54 países, ou seja, ainda um número mínimo de países em desenvolvimento.

O Brasil e o multilateralismo econômico

7.2. O desenvolvimento entra na agenda do comércio mundial

A perda de participação relativa – em alguns casos absoluta – dos países em desenvolvimento no comércio internacional não passou despercebida nos foros econômicos mundiais. Com efeito, o Relatório do GATT de 1954 evidenciou que o comércio entre países desenvolvidos e em desenvolvimento estava crescendo menos rapidamente que o comércio entre os primeiros, o que era atribuído à baixa elasticidade-preço e renda dos produtos exportados por eles. O comércio exterior brasileiro, durante esse período, acompanhou naturalmente essa tendência baixista da participação do Terceiro Mundo nas trocas internacionais: a partir do pós-guerra, e à exceção dos anos correspondentes à Guerra da Coréia, a posição relativa do Brasil experimenta um declínio progressivo, porém constante. Em 1946, as exportações brasileiras detinham quase 3% dos mercados mundiais (2,9%, mais exatamente), para cair a 1,6% dez anos depois e a menos de 1% (0,94%) em meados dos anos 60, quando então elas se estabilizam nesse patamar no decurso das seguintes. A despeito do crescimento exponencial das exportações brasileiras a partir do final dos anos 60, a participação do Brasil no comércio mundial continuou a situar-se na mesma faixa de 1% do total, em virtude do crescimento ainda maior das exportações globais.

Como resultado das pressões dos países em desenvolvimento, o sistema multilateral de comércio começa a ser pouco a pouco aperfeiçoado. A primeira conferência da UNCTAD tinha recomendado, como vimos, a adoção de medidas especiais em favor desses países. Durante sua segunda conferência, em 1968, em Nova Delhi, é criado o Sistema Generalizado de Preferências (SGP), que, sob a forma de reduções tarifárias unilaterais e não lineares entre as partes contratantes, traduzia na prática essa derrogação do princípio da reciprocidade ao consolidar a introdução do princípio do tratamento diferencial e mais favorável para os países em desenvolvimento. O SGP foi autorizado pelo GATT em 1971, e os países em desenvolvimento esforçam-se para institucionalizá-lo formalmente, o que é buscado durante a Rodada Tóquio de negociações comerciais. As negociações da Rodada Tóquio foram inauguradas em 1973 por uma Declaração eminentemente favorável aos países em desenvolvimento: ela difere substancialmente dos textos anteriores do GATT, no sentido em que sua parte mais importante é dedicada ao reforço da posição negociadora desses países. Um dos principais objetivos da rodada seria o de garantir benefícios comerciais adicionais para as Partes Contratantes menos desenvolvidas, sobretudo pela melhoria das condições de acesso para seus produtos nos mercados desenvolvidos e pela garantia de preços estáveis e remunerativos para os produtos primários, em especial os tropicais. O princípio da não-reciprocidade nas negociações é reafirmado, assim como a intenção de se aperfeiçoar o SGP, tornando-o menos unilateral em sua aplicação e menos suscetível de discriminações exercidas pelos países outorgantes entre os países em desenvolvimento.[100]

Durante a Rodada Tóquio – que, entre outros resultados, derrogou mais uma vez ao princípio da cláusula da nação-mais-favorecida no Código sobre Subsídios e Medidas Compensatórias (de adesão e aplicação parciais) – os países em desenvolvimento tentaram instituir em base permanente o estabelecimento do SGP, tanto do ponto vista tarifário como no que concerne às barreiras não-tarifárias, tarefa no entanto dificultada pela natureza jurídica do contrato formal que é o GATT. Na prática se aceitou uma série de derrogações ao princípio da

---

[100] Para os vários aspectos do desenvolvimento do comércio internacional no pós-guerra e os problemas do GATT, ver Jean-Louis Mucchielli, *Relations Économiques Internationales*. Paris: Hachette, 1994; Michel Rainelli, *Le commerce International*. 4a. ed., Paris: La Découverte, 1994, e *Le GATT*. Paris: La Découverte, 1994.

O Brasil e o multilateralismo econômico

NMF, sem que isso se traduzisse nas "tábuas da lei", esperando os países desenvolvidos um retorno progressivo (isto é, a "graduação") das partes menos desenvolvidas ao sistema jurídico consolidado do GATT, isto é, a aplicação da regra da igualdade de direitos e obrigações, que está na base do Acordo Geral de 1947.

Em um texto conhecido como "Cláusula de Habilitação", adotado ao final da Rodada Tóquio (1979), o princípio da não-reciprocidade adquire um sentido mais explícito: "Os países desenvolvidos não esperam que os países em desenvolvimento aportem, no curso das negociações comerciais, contribuições incompatíveis com as necessidades de desenvolvimento, das finanças ou do comércio de cada um dos países. As partes contratantes desenvolvidas não procurarão alcançar, e as partes contratantes menos desenvolvidas não serão obrigadas a acordar, concessões incompatíveis com as necessidades de desenvolvimento, de finanças e de comércio destas últimas".[101]

7.3. Do GATT à OMC: a Rodada Uruguai

Desde o final da Rodada Tóquio e, sobretudo, a partir da administração Reagan, de orientação pretendidamente liberal no comércio internacional, os Estados Unidos começam a manifestar sua insatisfação com o funcionamento do sistema multilateral de comércio. Ele teria sido fragilizado, segundo essa visão, por um "excesso de concessões" aos países em desenvolvimento e por lacunas que deixavam fora de seu alcance os setores mais dinâmicos das trocas internacionais: serviços, propriedade intelectual e investimentos. O setor agrícola, com exceção de um certo número de *commodities*, também permanecia largamente ausente da disciplina multilateral do GATT.

[101] Cláusula de Habilitação, § 5º.

A verdade é que um número ainda maior de barreiras não-tarifárias passou a ser erigido em substituição às reduções tarifárias negociadas nas diversas rodadas comerciais do GATT. Uma série de outros mecanismos especiais, que derrogam as cláusulas multilaterais do Acordo Geral, também foi sendo implantada progressivamente, no setor siderúrgico ou na indústria têxtil, como o Acordo Multifibras (MFA), de 1974, baseado no conceito de quotas e divisão de mercados. A aplicação de medidas de salvaguarda ou o uso indiscriminado de políticas "antidumping" e de mecanismos compensatórios tornaram-se mais e mais freqüentes à medida que os países desenvolvidos foram perdendo competitividade nos setores intensivos de mão-de-obra. Começam a ser negociados, à margem do GATT, "acordos voluntários" de redução das exportações, geralmente incidindo sobre produtos de maior valor agregado e responsáveis por um volume significativo do comércio global: manufaturados duráveis, como automóveis ou eletrodomésticos, mas também as novas *commodities* de era eletrônica: os circuitos integrados.

Na conferência ministerial de 1982, os EUA tentam, mas ainda não conseguem, introduzir os chamados "novos temas" na agenda multilateral do GATT, o que só vem a ocorrer quatro anos depois, em 20 de setembro de 1986, em Punta del Este, no lançamento da Rodada Uruguai. A aceitação da inclusão dos serviços constituiu um dos pontos de maior fricção para o lançamento do novo ciclo de negociações, uma vez que países como o Brasil e a Índia temiam um certo desequilíbrio das vantagens e concessões em favor dos países desenvolvidos, já dominantes em setores como telecomunicações, seguros, serviços bancários e financeiros ou transportes.

O comércio mundial alcançava, em 1990, cerca de US$ 4,3 bilhões, sendo 81% constituído de mercadorias, terreno tradicional do GATT, e 19% de serviços, objeto de um projetado Acordo Geral sobre Serviços (GATS). Apesar de os produtos agrícolas representarem naquele ano tão-somente 10% do comércio mundial, foi nessa área que a liberalização dos mercados se revelou mais difícil, dada a proliferação de subsídios à produção e à exportação, sobretudo na Comunidade Européia e nos EUA, mas também no Canadá, no Japão e nos países nórdicos. Nos demais setores da Rodada Uruguai, a barganha foi igualmente intensa entre os representantes das duas maiores economias do planeta que, juntamente com o Japão e o Canadá, procuraram equacionar suas diferenças internas sem levar em consideração os interesses dos demais participantes, em especial os países em desenvolvimento, confrontados, no mais das vezes, com a proliferação de barreiras não-tarifárias.

Tratou-se, sem dúvida alguma, da mais ambiciosa das rodadas de negociações, ao congregar todos os capítulos tradicionais do GATT, inclusive questões de acesso a mercados e de política comercial em um sentido amplo. Estavam também em discussão os difíceis setores da agricultura e dos têxteis (onde se buscava a supressão do Acordo Multifibras), além dos novos temas da propriedade intelectual, dos investimentos e dos serviços, este, em uma segunda instância negociadora formalmente independente do GATT, que deveria desembocar em um "GATS".

Do ponto de vista dos procedimentos, foi constituído um Comitê de Negociações Comerciais e diversos foros apropriados para o tratamento das questões vinculadas ao acesso a mercados para mercadorias (inclusive agrícolas), para serviços, propriedade intelectual e investimentos, bem como sobre temas institucionais, em um total de 14 grupos negociadores. Na primeira reunião ministerial de revisão dos trabalhos, realizada em Montreal, em dezembro de 1988, constatou-se, ao lado de entendimentos em relação à solução de controvérsias e sobre o funcionamento do sistema GATT, a persistência de sérias divergências em setores como agricultura, têxteis, salvaguardas e propriedade intelectual. As linhas de fricção não passavam todas pela tradicional clivagem Norte-Sul, mas envolviam os próprios parceiros desenvolvidos.

Na área de agricultura, por exemplo, atuaram basicamente os grandes países exportadores: os Estados Unidos, a Comunidade Européia e o Grupo de Cairns, conjunto de países exportadores competitivos entre os quais se situavam o Brasil, o Canadá, a Austrália e a Argentina. Os EUA tinham começado com posições maximalistas, exigindo a eliminação total, em um prazo de dez anos, de todos os subsídios à produção e à exportação, enquanto a Comunidade Européia, principal responsável pelo impasse no setor, tentava defender os fundamentos de sua política protecionista e de concorrência desleal nos mercados mundiais. A ausência de um terreno comum de entendimento nessa área foi responsável, em grande medida, pelo insucesso da reunião ministerial de Bruxelas em dezembro de 1990 (que deveria encerrar a Rodada) e pelo prosseguimento das negociações sobre acesso a mercados durante cerca de três anos mais. Nas áreas de propriedade intelectual e de têxteis, a diferença de posições opunha, sobretudo, os países em desenvolvimento aos desenvolvidos, mas os primeiros, com grande realismo e em atenção ao princípio da globalidade de resultados, ficaram de modo geral de acordo com o projeto de Ata Final elaborado pouco depois pelo diretor-geral do GATT.

Este projeto, seguido de entendimentos mantidos no decorrer de 1993 entre os participantes mais ativos, passou a ser examinado no âmbito de um novo esquema negociador, sob a forma de três grupos multilaterais, ocupando-se do acesso a mercados, dos serviços e dos temas institucionais (inclusive solução de controvérsias). Nesse período final, a idéia de uma "organização multilateral de comércio", de início rejeitada por muitos participantes (entre eles o Brasil), começou a ser articulada de maneira mais consensual, conseguindo firmar-se gradualmente como princípio essencial do novo sistema de comércio internacional. Depois de um último esforço, em vista de desacordos persistentes sobre a agricultura e o setor de audiovisual – temas em relação aos quais a França, apoiada por alguns outros países, assumiu posições claramente protecionistas –, o projeto de Ata Final foi aprovado por consenso em 15 de dezembro de 1993. Estava aberto o caminho para a reunião ministerial de Marraqueche, onde foram assinados os diversos blocos de acordos preparados ao longo de sete anos e meio de negociações, perfazendo, com seus anexos de abertura de mercados, cerca de 20 mil páginas de texto.

7.4. Fluxos de comércio e investimento: as vantagens comparativas

O comércio foi o principal motor do crescimento econômico, durante as três décadas de expansão que marcaram a história das economias capitalistas no pósguerra: suas taxas anuais de crescimento superaram, até uma fase ainda bem recente e de maneira persistente, as taxas de crescimento do próprio produto mundial. Grande parte desse comércio vem sendo efetuado entre as próprias economias capitalistas desenvolvidas e segue um padrão conhecido: comércio intra-setorial e mesmo intrafirmas, segundo as regras de alocação ótima de recursos e de divisão de mercados que efetuam as grandes empresas industriais.

Os investimentos diretos, por sua vez, seguem igualmente os fluxos das principais correntes de comércio, conduzindo, portanto a uma marginalização crescente das economias menos desenvolvidas, tanto mais importante que a substituição de materiais e a especialização produtiva nos setores de maior valor agregado (necessariamente poupadores de mão-de-obra) levam a uma diminuição da importância relativa das economias primárias. A chamada "revolução da informação" dos anos 90 tende a aprofundar cada vez mais os padrões de especialização inter-setorial entre as economias desenvolvidas, orientando fluxos crescentes de investimento e comércio de tecnologia. De fato, a UE, os Estados Unidos e o Japão dominam a maior parte dos fluxos de comércio e investimentos em escala mundial, tendência apenas contrabalançada pela crescente importância das dinâmicas economias asiáticas no grande intercâmbio global.

O papel da tecnologia e da evolução das vantagens comparativas no comércio internacional não é mais segredo para ninguém. Com efeito, as mudanças observadas na estrutura da competitividade internacional de setores industriais e de países refletem modificações fundamentais nas vantagens comparativas, estas derivando diretamente da rápida evolução tecnológica. As novas correntes de pensamento econômico demostram que o principal motor do comércio internacional não é a superioridade ou inferioridade absoluta, mas a superioridade ou inferioridade relativa (comparada) entre as economias. Em nossos dias, os fatores ligados à tecnologia explicam a origem das vantagens comparativas de uma maneira muito mais ampla que na época em que foi elaborada a teoria da dotação em fatores de Heckscher-Ohlin. Se a teoria da dotação em fatores convém perfeitamente para explicar o intercâmbio entre países em desenvolvimento e países industriais (isto é, o intercâmbio interindustrial), ela não pode explicar as trocas de produtos bastante similares (intercâmbio intraindustrial), o que é geralmente o caso das trocas entre países industriais. As novas teorias do comércio consideram as diferenças de desenvolvimento tecnológico e de capacidade de inovação de um país para o outro e de uma empresa para outra como o fator essencial da vantagem comparativa entre os países industriais.

O Brasil e o multilateralismo econômico

7.5. Estratégias de comércio exterior e seus fatores condicionantes

Os principais determinantes de uma estratégia específica de comércio exterior são, evidentemente, a manutenção de uma taxa adequada de crescimento econômico, como condição de melhoria nos padrões de vida da população, e a elevação do *status* do país no cenário internacional. Mas, como já evidenciado por um eminente economista, Charles Kindleberger, uma dedicação maior ou menor ao comércio exterior não representa uma condição necessária ou suficiente para o crescimento ou o não-crescimento de um determinado país.

Com efeito, não há uma correlação estrita entre o grau de desenvolvimento econômico e a importância do comércio exterior para uma formação econômica particular. Os países seguem políticas marcadas antes pela história e o formato específico de sua inserção internacional do que estratégias definidas de comércio exterior para fins de maximização de seus ganhos externos. Em outros termos, coexistem países ricos com baixos coeficientes de comércio exterior (Estados Unidos, por exemplo) e outros com coeficientes elevados (Bélgica e Países Baixos), assim como no caso de países de menor desenvolvimento relativo (Índia, num caso; Coveite, no outro). As diferenças se manifestam em termos absolutos – percentual do comércio internacional, por exemplo – e em termos relativos – índice de exportações *per capita*: num caso, Estados Unidos, Japão e Alemanha aparecem como preeminentes no comércio global, com valores brutos de comércio exterior impressionantes; em outro, Cingapura, Bélgica, Países Baixos e Suíça se destacam de maneira notável, com uma participação relevante do intercâmbio na formação do PIB.

O fato é que, apesar de os economistas clássicos haverem previsto uma diminuição relativa do intercâmbio entre os países à medida do avanço no grau de desenvolvimento econômico dos países, a internacionalização crescente dos circuitos produtivos tende a elevar o coeficiente de abertura externa e o grau de interdependência entre as economias nacionais. Werner Sombart, por exemplo, afirmava em 1912 que, depois de uma expansão inicial, a relação (*ratio*) entre as exportações e a produção nacional deveria caminhar para um declínio – ou pelo menos para uma elevação progressivamente menor –, como resultado da substituição dos produtos intensivos em mão-de-obra por outros intensivos em capital e tecnologia. Muito embora outros economistas fizessem diagnósticos contrários a essa visão pessimista do comércio exterior, avaliações ponderadas subseqüentes foram influenciadas pelas crises do entre-guerras e pela grande depressão dos anos 30, com suas tendências protecionistas e substitutivas.

Deve-se levar também em consideração o fato de, à medida do desenvolvimento econômico, diminuir relativamente a proporção dos bens primários e mesmo secundários na oferta agregada, aumentando, embora progressivamente, a demanda por serviços. O nacionalismo econômico pode, por outro lado, recomendar uma menor dependência de produtos importados, se o país em questão não possuir bens exportáveis em quantidades ou valores suficientes de maneira a cobrir os custos das importações. Do ponto de vista político, muitos economistas e políticos sustentam, no seguimento de uma interpretação por vezes especiosa das teorias protecionistas do economista alemão Friedrich List sobre a "indústria-infante", a prática deliberada do protecionismo alfandegário e a implementação consciente de uma política de substituição de importações.

A importância do comércio exterior pode aumentar ou diminuir em função de fatores objetivos, como a diminuição do custo dos transportes e comunicações, por exemplo, ou o apelo consumista em favor de produtos estrangeiros mais sofisticados, ou ainda do processo de inovação tecnológica que varia evidentemente de

O Brasil e o multilateralismo econômico

país a país. De maneira geral, os economistas tendem a considerar a substituição de importações – geralmente vista nos países menos desenvolvidos como uma estratégia adequada para elevar o nível de desenvolvimento econômico – como uma modalidade não racional, ou pelo menos inadequada, para a aceleração do crescimento econômico.

7.6. A substituição de importações: estratégia ou fatalidade?

A política de substituição de importações, *stricto sensu*, não é tanto uma estratégia de comércio exterior quanto uma estratégia de desenvolvimento, no seu sentido lato, isto é, ela visa à capacitação nacional de um determinado país, mais do que à reorganização de suas relações externas e de sua inserção econômica internacional.

No decurso de seu processo de industrialização, muitos países em desenvolvimento se viram confrontados à necessidade de escolher entre a criação de indústrias para a produção de bens que eles antes importavam ou o estabelecimento de unidades produtoras, em larga escala, de bens para exportação. No caso da substituição de importações, a estratégia usual é a concentração inicial nos bens cujo processo produtivo é relativamente simples, cuja oferta interna tende rapidamente a superar os importados. O processo é de certa forma natural no curso do desenvolvimento econômico, ou tende a se impor necessariamente nos casos de crise na oferta externa – como ocorreu na América Latina durante os anos 30 e nos períodos de guerras européias e mundiais –, mas podem-se conceber igualmente estratégias conscientes de substituição de importações.

A sociedade necessita, neste caso, estar disposta a sustentar o custo adicional da produção interna, que tende a superar amplamenté os valores normalmente exibidos pela concorrência externa. Deve-se também levar em consideração, neste caso, a disponibilidade de divisas para cobrir as importações, geralmente escassas nos países em desenvolvimento. Com efeito, o estabelecimento de indústrias substitutivas pode ser relativamente simples, mas a tarefa de torná-las competitivas em escala internacional é algo bem mais complicado, uma vez que tal progresso depende, ademais da importação adicional de insumos estrangeiros, do desenvolvimento de uma indústria de capitais e da capacidade de inovação técnica nativa, que por sua vez implica um sistema educacional e científico preparados para a tarefa da disseminação do saber especializado em camadas mais amplas da população.

Esses fatores – não se sabe bem se eles devem ser considerados como originais ou derivados – associados a uma estratégia bem-sucedida de substituição de importações explica talvez porque a maior parte dos países em desenvolvimento não logrou estabelecer um processo autônomo de crescimento econômico, gerado endogenamente ou sustentável no longo prazo, assim como porque poucos, de fato, conseguiram romper as amarras do subdesenvolvimento para reposicionar-se no sistema internacional como fornecedores de tecnologia ou exportadores de capitais. Poucos conseguiram, de forma similar, reduzir as restrições de meios de pagamento através da substituição de importações, o que talvez diminua o impacto do argumento da indústria-infante.

O Brasil, por exemplo, em termos de produto interno bruto, foi um dos países que mais cresceram neste século, situando-se, contudo, atrás de alguns países asiáticos no que se refere ao rendimento *per capita* apenas devido à pujança de seu igualmente extraordinário incremento demográfico. Quanto desse crescimento econômico foi devido a condições e fatores favoráveis propiciados pelo meio ambiente internacional ou em que medida ele se realizou a despeito ou independentemente dele ainda é matéria sujeita a debate entre os historiadores e econo-

O Brasil e o multilateralismo econômico

mistas especializados. É sabido, por exemplo, que uma escola, vinculada às teorias keynesianas de crescimento, proclama um maior impulso do desenvolvimento apenas nas fases de contração e crise do sistema econômico internacional, enquanto outra, mais ligada à teoria clássica, afirma justamente o contrário, a de um maior progresso material nos momentos em que o Brasil se inseria plenamente na economia mundial. É sabido, por outro lado, que muito do crescimento das economias dinâmicas da Ásia é devido à plena inserção delas nos fluxos globais de intercâmbio.

No caso do Brasil, as interpretações geralmente aceitas de seu processo de desenvolvimento, quase todas baseadas no modelo substitutivo proposto por Celso Furtado, tendem a ver na política de defesa do café, consistentemente seguida pelos diversos governos republicanos antes e depois da crise de 1929 e da revolução de 1930, uma das razões de seu crescimento econômico, via manutenção da demanda agregada. Mas, pode-se dizer, também, que essa defesa concentrou artificialmente a renda no setor cafeeiro em detrimento dos outros ramos da atividade econômica, constituindo-se num fenômeno prejudicial ao desenvolvimento da sociedade como um todo. O fenômeno da industrialização substitutiva pode, assim, ser visto como uma espécie de "acidente histórico", na medida em que o estímulo dado às indústrias já instaladas decorreu da contração da oferta de divisas e dos controles cambiais que dificultaram as importações.

Economistas que sustentam uma visão não-substitutiva da industrialização brasileira acreditam que os períodos "extrovertidos", isto é, de abertura para o exterior, foram mais favoráveis à industrialização do que os "introvertidos", estes fortemente marcados pela redução nos níveis de intercâmbio e da importação de tecnologia e *know-how*. Teriam sido os períodos adversos de choques externos que, ao diminuir as oportunidades de intercâmbio com países mais avançados, atuaram como fator de atraso no Brasil; inversamente, na ausência das guerras e das crises dos anos 30, o Brasil talvez tivesse progredido mais rapidamente. A despeito disso, o fato é que, no período posterior à Segunda Guerra, o Brasil segue, com algumas exceções em anos isolados (como no início do Governo Dutra), políticas típicas de desenvolvimento introvertido: a substituição de importações foi premiada, e as exportações foram penalizadas. Tudo isso tem um custo, e o Brasil preservou os mesmos coeficiente de abertura externa que durante os períodos de crise, o que significa que, isolado das correntes de expansão do comércio internacional no pós-guerra, o Brasil manteve níveis baixíssimos de participação nos fluxos globais de exportação no mundo.

No período militar, as políticas substitutivas são levadas a seus limites lógicos, com a busca consciente de graus setoriais de nacionalização dos processos produtivos internos raramente vistos em economias capitalistas. Apenas as crises sucessivas do setor externo – primeiro os dois choques do petróleo, depois a prolongada crise da dívida externa – obrigaram, via acirramento do processo inflacionário, a uma reconsideração do modelo substitutivo e, de fato, uma opção, nunca explicitada claramente, por um modelo de crescimento relativamente aberto ao exterior.

7.7. Efeitos do comércio exterior no desenvolvimento

Muitos economistas, entre eles Hans Singer e Gunnar Myrdall, baseados na experiência adversa do período de entre-guerras e no desempenho relativamente medíocre de países em desenvolvimento dependentes de alguns poucos produtos primários de exportação, tendem a atribuir um papel menor, quando não negativo, ao comércio exterior como fonte de crescimento econômico: economias de enclave, baixos coeficientes de

O Brasil e o multilateralismo econômico   **189**

dispersão (*spill-over* ou *spread effects*) dos eventuais efeitos benéficos do comércio exterior para o resto da economia, criação de sociedades duais, quando não efeitos destrutivos sobre setores tradicionais ou atividades nacionais similares (*backwash effects*).

Os clássicos, entretanto, assim como diversos economistas contemporâneos (como Mill, Marshall, Viner, Haberler), não deixaram de sublinhar os efeitos positivos do comércio exterior para fins de crescimento econômico: ampliação dos mercados, melhoria dos processos produtivos – via economias de escala e disseminação de novas tecnologias – e redução dos monopólios domésticos. Não se pode esquecer, por exemplo, que o precoce crescimento de algumas economias relativamente "periféricas" de finais do século XIX e princípios deste – Estados Unidos, Canadá, Argentina e Austrália, por exemplo – pode ser atribuído à demanda européia por matérias-primas e bens alimentares, muito embora a elasticidade-renda desses produtos tenda a decrescer com o tempo.

As exportações podem efetivamente estimular o crescimento econômico, como o demonstraram os exemplos da Inglaterra durante o período clássico da Revolução industrial e de sua ascensão imperial, assim como do Japão no processo de recuperação do pós-guerra. Os trabalhos do GATT, desde os anos 50 pelo menos, reconhecem que o crescimento do comércio internacional tende a ser sistematicamente superior ao próprio crescimento do produto bruto mundial. No Brasil, contudo, observou-se, durante os "anos dourados" da industrialização, uma preeminência da expansão no produto interno sobre o crescimento das exportações, muito embora o período do "milagre econômico" sob o regime militar tenha conhecido notável expansão exportadora combinada a altas taxas de crescimento do produto global.

Mas, na medida em que, claramente, a demanda por exportações faz parte da demanda agregada total de um país, a despeito do que possa ter sido afirmado no passado, mesmo os modelos supostamente nacionalistas ou substitutivos que teriam sido defendidos por entidades técnicas como a CEPAL e o Secretariado da UNCTAD jamais descartaram o papel positivo do comércio exterior na indução de níveis mais elevados de crescimento econômico: o processo de industrialização não deve ser necessariamente excludente de uma política comercial tendente a inserir o país nas correntes mais dinâmicas de comércio internacional.

Antes mesmo que a experiência dos chamados "tigres asiáticos" passasse a servir de paradigma de "crescimento orientado para fora", os países da região conheceram taxas de crescimento das exportações sistematicamente maiores que as do produto bruto total. Com efeito, nos anos 60, quando os modelos de desenvolvimento econômico ainda se apresentavam sob uma roupagem tipicamente "cepaliana" e substitutiva – vale dizer, latino-americanista –, os países da Ásia oriental que depois viriam a se destacar como exemplos virtuosos de desenvolvimento econômico com alto grau de eqüidade, registraram desempenhos bastante satisfatórios em termos de PIB e de exportações: Hong-Kong, por exemplo, apresentou uma taxa média anual de 10,2% de crescimento do PIB entre 1960 e 1969, mas sua taxa de crescimento das exportações foi de 13,8%; Taiwan crescia 9,9% anualmente, exportando 24,2% mais a cada ano; a Coréia do Sul, com 9,2% de crescimento anual no período 1960-69, aumentou suas exportações em 38,1% a cada ano; curiosamente, Cingapura, que se tornaria independente apenas em 1965, teve uma taxa de crescimento de suas exportações inferior (3,2%) à do produto bruto total (6,9% ao ano); o Brasil, situado na faixa de crescimento médio, viu seu PIB crescer, nos anos 60, a uma taxa de 5,5%, ao passo que as exportações mostraram expansão de 8% ao ano. De forma geral, os países situados na faixa de alto desempenho em matéria de

O Brasil e o multilateralismo econômico   **191**

crescimento global tendem a apresentar taxas sistematicamente de expansão das exportações.

Não se deve daí concluir, mecanicamente, que a simples "propensão a exportar" induz a uma maior taxa de crescimento econômico e, em conseqüência, a níveis mais altos de desenvolvimento social. Por um lado, porque um modelo supostamente "dependente" das exportações coloca suas taxas de crescimento numa relação direta entre tal expansão da oferta exportável e uma demanda crescente por parte das economias desenvolvidas de mercado, quando não de uma relação positiva em termos de elasticidade-renda dos produtos ofertados (o que raramente é o caso das matérias-primas em geral). É certo que a economia mundial conheceu um período notável de expansão constante da demanda e do produto global no pós-guerra – os "trinta anos gloriosos" –, mas os choques do petróleo, o fenômeno da estagflação nos anos 70 e o baixo crescimento dos anos 80 reduziram um pouco do ímpeto inicial. Por outro lado, porque o fato de uma economia ser mais propensa do que outras a beneficiar-se dos estímulos do comércio exterior significa que ela já alcançou um patamar de transformação estrutural que torna o "crescimento para fora" mais dependente, de fato, do sucesso das políticas domésticas do que, simplesmente, de uma demanda externa aleatória.

O comércio internacional pode ser benéfico – como ele o é, de fato, na maior parte dos casos –, mas também pode implicar preservação de estruturas defasadas de produção e circulação de mercadorias (economias "rentistas", por exemplo, altamente dependentes de um único produto de exportação, como o petróleo). Os efeitos positivos do comércio exterior dependem, assim, de uma multiplicidade de fatores objetivos, que incluem a dotação natural de recursos, o tipo de estrutura dominante no setor externo da economia – mais ou menos monopolizada por determinados setores de interesse, por exemplo –, bem como a qualidade geral das políticas macroeconômicas e setoriais.

Parece de toda forma amplamente reconhecido, nos dias que correm, que uma maior inserção econômica internacional representa um fator amplamente favorável na capacitação econômica nacional e na própria construção da chamada "independência nacional". Os ex-países socialistas, conhecidos por sua proverbial tendência à autonomia produtiva e notória baixa participação no comércio internacional, acumularam, ao longo de décadas de crescimento autárquico ou de "especializações produtivas" politicamente motivadas – no contexto, por exemplo, do antigo "mercado comum socialista", o Comecon – um notável atraso tecnológico em relação às economias capitalistas ocidentais, mesmo as dos menos desenvolvidos.

7.8. Política industrial e comercial: o argumento da indústria-infante

A conexão entre políticas industriais e comerciais se dá em várias frentes, muitas das quais efetivamente vinculadas a tentativas de corrigir "imperfeições" de mercado ou os aspectos eventualmente distorcivos das relações econômicas internacionais. Do ponto de vista prático, contudo, nem sempre é possível, ou fácil, isolar os elementos objetivos dessas imperfeições ou diferenças nas condições de concorrência, que justificariam a adoção de determinadas políticas supostamente benéficas ao desenvolvimento de um setor ou do conjunto da economia, daqueles elementos ideológicos – ou teóricos, digamos assim – que militam pela aceitação indiscutida de uma série de princípios-guia que todo país deveria acatar na regulação de suas relações com a comunidade internacional.

Um exemplo claro desse dilema é revelado pelo problema do livre comércio: aparentemente, todo eco-

O Brasil e o multilateralismo econômico **193**

nomista são de espírito e razoavelmente bem informado aceita que as situações de liberalização irrestrita do comércio exterior tendem a produzir uma melhor situação de bem-estar do que seria o caso com a imposição de tarifas elevadas ou de restrições de qualquer tipo ao intercâmbio externo. As condições favoráveis ao livre comércio, entretanto, nem sempre estão reunidas, o que justificaria, pragmaticamente, alguns desvios em relação à teoria. Levando-se em conta, precisamente, diferenças nas condições de concorrência, provocadas por medidas governamentais ou por quaisquer outros fatores identificáveis (inclusive uma dotação mais favorável de recursos) em outros países, responsáveis políticos ou tecnocratas governamentais podem vir a apoiar medidas de proteção a determinada indústria, justificando-as com base naquelas imperfeições detectadas nas relações econômicas internacionais.

Economistas do século XVIII, como Adam Smith e outros adeptos franceses do *laissez-faire, laissez-passer*, proclamaram, muito em reação às "paixões" e excessos da doutrina mercantilista nos dois séculos precedentes, as excelências do liberalismo comercial irrestrito, baseado nos "interesses" bem estabelecidos de cada agente individual. Mas, desde princípios do século XIX, pelo menos, alguns reagiram contrariamente às suas alegadas virtudes, como o economista do crescimento populacional, Thomas Malthus, que nunca deixou de alertar contra os perigos do livre comércio pleno.

Vários dos argumentos em favor de uma proteção à indústria doméstica tendem a basear na necessidade de se assegurar o pleno emprego dos fatores produtivos nacionais, o que pode ser alcançado via taxação da concorrência estrangeira ou através de subsídios à indústria nacional. Esse é o caso de uma indústria em seus estágios iniciais, que enfrenta, por uma série de motivos, custos fixos invariavelmente superiores aos de seus concorrentes estrangeiros: esses custos adicionais derivam da necessidade de se desenvolver novos processos, de se treinar o pessoal empregado, de efetuar pesquisa de mercado, ou de um aprovisionamento inadequado em insumos. Depois que os desafios iniciais tenham sido vencidos pelos produtores nacionais, a proteção à indústria-infante tenderia normalmente a ser descontinuada pelo governo. É o que propuseram, em textos que ficaram célebres, o federalista americano Alexander Hamilton – cujo *Report on manufactures*, de 1791, é repetidamente citado pelo nacionalista brasileiro Barbosa Lima Sobrinho – e o economista alemão Friedrich List – que publicou o seu *Das nationale System der politischen Ökonomie* em 1841, depois de viver um certo tempo nos Estados Unidos. Ambos estavam engajados na defesa respectiva das jovens indústrias dos Estados Unidos e da Alemanha contra a concorrência representada pelos produtos britânicos. Segundo o economista liberal inglês Mill essa proteção deveria ser exercida durante um período variável entre dez e vinte anos, mas não mais do que isso; outros sugeriam vinte a trinta anos, senão mais.

Não é fácil, contudo, determinar, a extensão exata da proteção, o ponto em que ela deve ser diminuída ou cessada ou, mais importante, que indústrias devem merecer proteção contra a concorrência externa e quais as que devem ser expostas às condições de mercado. Tarifas "provisórias" costumam assumir caráter permanente, a ponto de um dos mais famosos "protecionistas" deste século, o economista romeno Manoïlesco, ter afirmado ironicamente: "Les industries sont comme les femmes: elles veulent être toujours jeunes!".[102] Manoïlesco, que foi muito lido pelas lideranças industriais paulistas nos anos 30, inclusive por esse expoente da industrialização que foi Roberto Simonsen, argumentava que nos países que recém se iniciavam na industrialização se deveria pagar salários relativamente altos na

---

[102] "As indústrias são como as mulheres: elas sempre querem ser jovens"; cf. Mihail Manoïlesco, *Théorie du protectionnisme et de l'échange international*. Paris: Librairies Techniques M. Giard, 1929, p. 19.

O Brasil e o multilateralismo econômico

indústria manufatureira como forma de se atrair mão-de-obra da agricultura. Foi o que parece ter feito, instintivamente, Getúlio Vargas, ao criar uma precoce rede de mecanismos sociais de proteção ao trabalhador e ao instituir o salário mínimo sobre a base de uma cesta básica capaz de satisfazer as necessidades do trabalhador e de sua família.

7.9. A nova teoria do comércio internacional

A teoria da indústria-infante, ainda muito utilizada por países em desenvolvimento com o Brasil em época tão recente como os anos 80 – a proteção invocada no GATT a propósito da indústria informática, por exemplo – pode também ser invocada em outro contexto por setores de economias desenvolvidas, sob o argumento da "indústria estratégica", como seria o caso da aeronáutica civil na Europa ou nos próprios Estados Unidos. O economista "revisionista" Paul Krugman, por exemplo, que é um dos modernos expoentes da "política comercial estratégica", vem propondo desde alguns anos uma "*new trade theory*" que, segundo ele, representaria um "desafio fundamental" à velha teoria pura do comércio internacional. Essa nova teoria do comércio é uma abordagem do comércio internacional que enfatiza precisamente as características da economia internacional que a teoria tradicional do comércio internacional deixa de fora: economias de escala e competição imperfeita.[103]

Krugman certamente adota uma abordagem revisionista sobre as pretensas virtudes de uma política liberal de comércio, mas ele está longe de sugerir a adoção irrestrita do comércio administrado ou do protecionismo retaliatório. O que ele faz é demonstrar que o comércio muitas vezes deriva mais das oportunidades

---

[103] Entre muitas outras obras de Paul R. Krugman, ver, por exemplo, *Rethinking International Trade*. Cambridge, Mass.: The MIT Press, 1990.

abertas pelo aproveitamento das economias de escala por meio de exportações do que de supostas vantagens comparativas. Os padrões de especialização comercial não são necessariamente derivados das vantagens comparativas naturais (ou pelo menos da "dotação global de recursos" de um determinado país), mas de fatores arbitrários, tais como: eventos históricos, efeito eventual de processos cumulativos, mudanças tecnológicas e, porque não?, choques econômicos temporários.

Da mesma forma, Krugman contesta uma visão puramente "ideológica" sobre o protecionismo, mostrando que, sob certas condições, ele pode ser um remédio "razoável" para determinada indústria. O que não quer dizer que todos os países devem, ao mesmo tempo, proteger um determinado ramo industrial considerado, por uma ou outra razão, "estratégico". Krugman demonstra, no entanto, que, se um determinado país decide proteger uma determinada indústria – a aeronáutica civil, digamos – ele pode conseguir economias de escala suficientes para criar um ganho líquido, ou até mesmo preços menores para os consumidores nacionais.

Por outro lado, a "nova teoria do comércio" não é exatamente um substitutivo à tradicional defesa do livre comércio no campo da política comercial, mas ela pode, sim representar uma espécie de *second-best case*, no qual, pela utilização de certos mecanismos – subsídios à exportação, tarifas temporárias e outros –, um país pode alterar a especialização internacional em seu favor. A longa dominação de Ricardo – representado pela teoria das vantagens comparativas – sobre Adam Smith – que defendia sobretudo as economias de escala – encontra, assim, em Krugman, um limite teórico.

Mais, interessante ainda é constatar que, na obra de Krugman, um papel importante é atribuído à História: ele leva em consideração fatores contingentes nos processos cumulativos que conduzem à especialização ulterior. Sobre a doutrina do desenvolvimento desigual e a perene questão da divisão entre países ricos e pobres, Krugman demonstra – sempre matematicamente – que a história pesa: uma pequena disparidade inicial na industrialização pode levar a uma crescente desigualdade no decorrer do tempo. Ele chega mesmo a reconhecer méritos nas teorias de Lênin e de Hobson sobre o imperialismo.

As observações mais relevantes da nova "teoria do comércio internacional" dizem respeito ao papel da mudança tecnológica como o fator chave a guiar a especialização internacional. Krugman desenvolve um modelo sensivelmente diferente dos modelos convencionais ricardianos ou de Heckscher-Ohlin, no qual o padrão de comércio é determinado por um processo contínuo de inovação e de transferência de tecnologia. As lições são, neste caso, tão triviais quanto decisivas: o processo de inovação é importante não necessariamente para fazer um país avançar, mas tão simplesmente para mantê-lo no mesmo lugar. Em outros termos, num mundo dinâmico, o país que não inovar pode estar seguro de regredir, tanto absoluta quanto relativamente. Para os países em desenvolvimento, ademais do efeito indireto da transferência de tecnologia, o modelo também acrescenta o benefício indireto da melhoria nos termos do intercâmbio. Mas, como tudo tem a sua contrapartida, essa situação, ao prejudicar os trabalhadores dos países desenvolvidos, traria o recrudescimento do protecionismo.

Finalmente, no que diz respeito à utilidade prática da "nova teoria" para as políticas públicas, muitos protecionistas enrustidos ou declarados gostariam, é claro, de encontrar nela argumentos contra o livre comércio, ou, pelo menos, uma *rationale* acadêmica para a aplicação de sanções comerciais contra países que preconizam políticas ativas nos setores industrial e comercial. Nada disso, segundo Krugman: ainda que um certo grau de proteção doméstica possa representar um excelente mecanismo de promoção de exportações e de transferência de renda, a estratégia não pode pretender um funcionamento adequado se generalizada para o conjunto da indústria.

A teoria de Krugman é, sem dúvida alguma, importante para acadêmicos e planejadores governamentais, mas não se pode esperar retirar dele argumentos edificantes ou justificativas matemáticas para cometer pecados veniais no campo da política comercial. Ele fornece, isso sim, uma *rationale* elegante para a prática de políticas ativas nos terrenos industrial e de pesquisa e desenvolvimento, mesmo se isto não significa, em absoluto, congelar mercados para tentar salvar alguns dinossauros improdutivos. Por outro lado, a discussão sobre o papel das novas tecnologias – que implica uma política de sustentação de suas chances no mercado – é suficientemente clara para merecer uma leitura atenta por parte dos "neoliberais" da abertura comercial unilateral.

Mas, sem o argumento da modelização matemática, essa justificativa já vinha sendo praticada empiricamente pelas lideranças brasileiras há muito tempo, desde os anos 30 provavelmente, ainda que de forma inconsciente. Para tanto, muito contribuiu a obra do referido economista romeno, muito lido, desde essa época, pelas elites industriais paulistas, com destaque especial para o economista-historiador Roberto Simonsen. Mihail Manoïlescu, em seu livro *Théorie du protectionnisme et de l'échange international*, não advogava simplesmente um protecionismo defensivo ou retaliatório, nem pretendia fechar a economia às vantagens do comércio internacional: ele pretendia, mais bem, demonstrar que valia a pena praticar um pouco de protecionismo sempre e quando o país se capacitava para mudar sua pauta de exportação para produtos de maior valor agregado, isto é, necessariamente industriais.[104]

---

[104] Para uma análise histórica rigorosa sobre a influência do pensamento de Manoïlesco nos industrialistas brasileiros, assim como para uma perspectiva comparada com o desenvolvimento da Romênia, ver o denso estudo de Joseph Love, *A Construção do Terceiro Mundo: teorias do subdesenvolvimento na Romênia e no Brasil*. São Paulo: Paz e Terra, 1998.

Em resumo, esse Krugman *avant la lettre* que foi Manoïlescu apresentava, em outra linguagem que não a de equações matemáticas bem calibradas, uma *rationale* intelectual para a prática de uma ativa política industrial e comercial em benefício do desenvolvimento nacional, o que, em última instância, foi o que sempre praticaram, de forma empírica, as lideranças brasileiras mais conscientes. E é o que, de forma teórica, defende agora Krugman, implicitamente, para seu próprio país. Mais uma vez, a teoria do comércio internacional é mobilizada para consolidar uma política historicamente definida de aumento do poder nacional.

7.10. Política comercial: câmbio, tarifas, barreiras não-tarifárias

De todos os instrumentos de política comercial à disposição dos governos nacionais, a taxa de câmbio aparece de imediato como a mais visível dentre todas. Mas, o câmbio, deve-se lembrar, não é uma simples medida das relações comerciais internacionais de um país: ele é, antes de mais nada e sobretudo, uma importante variável de política econômica *tout court*, influenciando diretamente a política monetária e o conjunto dos pagamentos externos. Em seu sentido restrito, ou mais corriqueiro, a taxa de câmbio é, tão simplesmente, o preço da moeda estrangeira ou, em outros termos, a relação que indica quantas unidades de moeda nacional são necessárias para adquirir uma unidade de qualquer moeda estrangeira que possa ser convertida em moeda nacional.

Seja essa relação fixada por via administrativa pela autoridade monetária central de um país, seja ela corrigida diariamente – às vezes mais de uma vez ao dia – pelos fluxos incontrolados de volumes de moeda estrangeira que circulam livremente pela economia, o nível dessa taxa de câmbio assume uma grande importância econômica, na medida em que ele determina os preços internos relativamente aos preços externos, o que por sua vez influencia o nível da produção doméstica relativamente às importações. Uma moeda que possa ser livremente conversível em outras moedas é usualmente chamada de "divisa forte", o que raramente foi o caso na história econômica brasileira (pelo menos desde a República velha).

A conversibilidade apresenta importância limitada numa situação de comércio controlado ou administrado: mas, ela adquire cada vez maior impacto na economia à medida em que mais e mais transferências monetárias – transações correntes, inclusive de invisíveis, movimentos de capital, de curto e longo prazo – são liberalizadas, seja para os não-residentes unicamente, seja também para os nacionais (uso de cartão de crédito internacional, por exemplo). Contrariamente ao que se crê habitualmente, o mundo era bem mais liberal no século XIX e princípios do século XX, quando predominava o chamado "padrão ouro", isto é, a fixação dos valores das moedas nacionais segundo uma determinada quantidade – geralmente fixa – de ouro: as transferências eram operadas livremente entre os países, e os capitais dispunham de mobilidade quase absoluta.

A primeira guerra mundial, seguida pela crise de 1929 e pela depressão dos anos 30, motivou reações protecionistas em quase todos os países, com a elevação indiscriminada de tarifas aduaneiras e a prática de desvalorizações selvagens das moedas nacionais – a começar pela sua própria desvinculação do ouro – como forma de se assegurar a competitividade dos produtos das indústrias nacionais respectivas. A suspensão generalizada das conversibilidades a partir de 1932 provocou uma severa crise de pagamentos que, mais do que a própria crise bancária de 1929-1931, precipitou o mais formidável declínio nos fluxos de intercâmbio comercial já conhecido na história do capitalismo. Como forma de se evitar novas depreciações selvagens no pós-guerra,

O Brasil e o multilateralismo econômico **201**

como aquelas conhecidas em princípios da década de 30, os arquitetos do FMI conceberam, em Bretton Woods, um sistema baseado na estabilidade das paridades cambiais e num mecanismo suscetível de enfrentar e paliar os desequilíbrios temporários de balanças de pagamentos.

Os recursos financeiros para tal finalidade seriam fornecidos por quotas disponibilizadas pelos países membros do FMI – que se converteram, assim, em seus "proprietários" de fato –, das quais um quarto (ou 10% das reservas oficiais) teriam de ser integralizadas em ouro ou em dólar, o restante em moeda nacional, conforme uma paridade declarada. Os membros do FMI se comprometiam a não desvalorizar (ou apreciar) suas respectivas moedas em mais de 1% de seu valor oficial, valor aumentado para 2,25% em dezembro de 1971 e depois liberalizado amplamente em meados da década, num regime de livre fixação das paridades, que passaram a flutuar oficialmente. O Brasil declarou a paridade do cruzeiro no momento da ratificação do convênio constitutivo do FMI (1946), como sendo de Cr$ 18,46 por dólar, já em vigor desde 1939, taxa mantida oficialmente até a reforma Aranha de 1953 (mas corrigida por diversas modalidades de ágio cambial desde 1947), que introduziu um sistema de taxas múltiplas de câmbio.

Desde os anos 70, o sistema monetário internacional tem vivido numa situação de taxas de câmbio flexíveis e ajustáveis, prática na verdade inaugurada pelo Brasil desde meados da década anterior, com o mecanismo das minidesvalorizações, o que certamente evita a necessidade de ajustes constantes na balança de pagamentos ou a introdução de restrições comerciais. Os países que se utilizam desse recurso tendem a se recuperar mais rapidamente de uma depressão econômica, mas também podem, como foi o caso no Brasil, produzir poderosos indutores de inflação. O sistema foi abandonado quando da introdução do Plano Real de estabilização econômica em favor de uma estabilização da paridade cambial – de fato uma certa apreciação cambial –, o que atuou poderosamente na contenção do ímpeto inflacionário anterior, mesmo se ao risco de uma defasagem na balança comercial. A subvalorização cambial, por outro lado, ao encarecer o conjunto das importações, pode ser legitimamente considerada como uma proteção disfarçada aos produtores nacionais, sem a necessidade de elevar de maneira aberta os direitos alfandegários. Os países que estão contudo ligados entre si por acordos de estabilização das paridades cambiais – caso do Sistema Monetário Europeu durante os anos 80, por exemplo – ficam em princípio proibidos de utilizar esse recurso fácil à imposição de barreiras adicionais contra a importação de produtos estrangeiros e à sustentação simultânea de suas próprias exportações.

As tarifas aduaneiras estão entre as mais conhecidas e empregadas distorções comerciais à disposição das autoridades governamentais, podendo ser argumentado em sua defesa o caráter transparente de tais medidas. Elas atuam contra os interesses dos consumidores – na medida em que desvia uma parte substancial de sua renda, que poderia ser usada alternativamente em outros produtos ou serviços –, mas são extremamente bemvindas aos olhos dos produtores domésticos, que passam a competir por recursos com os produtores de bens exportáveis. As tarifas exerceram na história recente do Brasil um papel eminentemente protecionista, mas durante o Império e parte da República velha elas apresentaram finalidades basicamente fiscais. Durante os períodos de crise nos pagamentos externos – petróleo, dívida externa – elas foram complementadas por restrições quantitativas e uma série de barreiras não-tarifárias aplicadas até uma fase recente. As tarifas nominalmente altas praticadas em certos países podem revelar-se em alguns casos bem menos protecionistas que o esperado, em virtude de abatimentos habituais concedidos a certas categorias de importações, mas, por outro lado, a taxa de proteção tarifária efetiva também

O Brasil e o multilateralismo econômico

pode apresentar-se como bem mais elevada do que os níveis aparentes, por motivo de medidas adicionais de proteção ou de discriminação contra a produção concorrente estrangeira.

Sob o Plano Real, a estrutura da proteção tarifária foi utilizada também, ou especialmente, para fins de estabilização de preços, mais do que como mecanismo de regulação comercial ou instrumento de uma política industrial. Mesmo antes do plano de estabilização macroeconômica, porém, as tarifas vinham sendo paulatinamente reduzidas segundo um programa calendarizado (fevereiro de 1991-julho de 1993) que obedecia a um processo propriamente brasileiro de abertura comercial, mas também à conformação da Tarifa Externa Comum do Mercosul. Esse processo foi mesmo acelerado em princípios do Plano Real: muitos insumos e bens de consumo com grande peso no custo de vida tiveram suas tarifas nominais rebaixadas para 0 ou 2%, algo inédito na recente história econômica brasileira. A rápida reversão dos excedentes comerciais – explicada também pela valorização do real frente ao dólar – levou à elevação ulterior das tarifas de produtos que apresentaram maior presença nas listas de importados: automóveis, motocicletas, eletrônicos de consumo, tecidos, tênis, etc. A entrada em vigor da TEC, em 1º de janeiro de 1995, com a conseqüente perda de "soberania tarifária", obrigou contudo o Governo a colocar diversos outros produtos na lista de exceções do Brasil no Mercosul. Ainda assim, observou-se um recrudescimento tarifário no decorrer de 1995, com fortes aumentos para automóveis – atingidos inclusive por um regime de quotas, depois abandonada em virtude de contradizer normas da OMC –, produtos químicos, equipamentos eletrônicos, processo novamente retomado em 1996, com aumentos para brinquedos e salvaguardas para têxteis. A plena vigência da TEC do Mercosul está fixada para 2006, com níveis tarifários que variarão de 0 a 20%, com uma alíquota média de 12%.

Na medida em que sucessivas rodadas de negociações tarifárias foram reduzindo os níveis de proteção aduaneira nominal, outras distorções comerciais foram sendo introduzidas no sistema de comércio multilateral, sob a forma de barreiras não-tarifárias: uma estimação quantificada precisa é extremamente difícil, daí seu aspecto pouco transparente e, portanto, pouco suscetível de ser objeto de negociações tendentes à sua eliminação completa. Essas BNTs podem apresentar de diferentes maneiras, sendo as restrições quantitativas, as compras governamentais e incentivos à produção interna, as disparidades de regras administrativas e os subsídios às exportações as mais conhecidas dentre elas. Elas entram naquela categoria de medidas que o jargão gattiano consagrou como pertencendo às *grey areas*. Medidas retaliatórias ou de "equalização de preços" – como os subsídios ditos "compensatórios" – podem complicar ainda mais a plena identificação das medidas de proteção e sua correção oportuna.

O Governo brasileiro, na seqüência dos grandes déficits comerciais produzidos no bojo do Plano Real, também começou a introduzir, algo subrepticiamente, algumas BNTs: retardamentos na emissão de guias de importação de alguns produtos, certificados de qualidade para brinquedos, exigências de pagamentos à vista ou diminuição dos prazos de facilidades creditícias para liquidação dos contratos de venda, controle mais estrito de normas técnicas etc. Alguns ensaios de direitos antidumping e de direitos compensatórios também foram feitos em 1996, sem contudo configurar um claro abuso desse tipo de recurso, como conhecido nas práticas disseminadas de protecionismo alfandegário nos Estados Unidos ou na União Européia. A proteção efetiva – isto é, a combinação da aplicação de tarifas alfandegárias com o recurso a BNTs – aumentou bastante para alguns produtos: foi o caso dos automóveis, cuja tarifa efetiva, depois de cair sensivelmente no decorrer de 1994, voltou a subir em 1995.

O Brasil e o multilateralismo econômico

7.11. Do protecionismo industrial à guerra comercial: os subsídios

Do ponto de vista dos mecanismos de promoção comercial ou de defesa dos interesses industriais de um país, os subsídios à produção ou à exportação constituem um dos fenômenos mais recorrentes das políticas governamentais. Contrariamente às tarifas alfandegárias e à maior parte das medidas protecionistas de cunho comercial – que transferem renda de um setor a outro –, as subvenções agem diretamente sobre os custos de produção das firmas domésticas e podem, portanto, modificar os preços relativos dos produtos e, em conseqüência, os fluxos de comércio.

Essas medidas são normalmente adotadas seja para proteger um determinada indústria nacional – nesse caso considerada "infante" ou "estratégica" –, seja para sustentar um setor específico tido como sensível ou de importância social relevante: é o caso, por exemplo, da agricultura em muitos países, particularmente na União Européia, onde os níveis absurdamente altos de proteção ao setor agrícola (e de sustentação das vendas externas de seus produtos) levaram alguns – o semanário *The Economist*, entre outros – a classificar a Política Agrícola Comum como uma verdadeira "loucura agrícola comum".

O efeito procurado dos subsídios à produção é o de assegurar aos produtores nacionais uma melhor competitividade contra a oferta estrangeira, e sua determinação é por vezes difícil, para fins de aplicação de direitos compensatórios. Os Estados Unidos, por exemplo, liberais nesse terreno, sempre consideraram que a produção de empresas estatais é, por definição, subsidiada, mesmo se indiretamente. As regras do GATT, até a Rodada Tóquio, eram relativamente lenientes a esse respeito: as Partes Contratantes eram chamadas a observar que os subsídios diretos aos produtores domésticos não afetassem os interesses comerciais das outras partes e que eventuais direitos compensatórios não prejudicassem substancialmente o comércio internacional; essas sobretaxas apenas poderiam ser aplicadas se se provasse que as importações de produtos subsidiados estavam de fato prejudicando a indústria doméstica. Em 1979, um Código foi adotado nessa área, subscrito pelo Brasil: ele passou a ser invocado pelos Estados Unidos para condenar, por exemplo, a indústria aeronáutica européia, acusada de subvenções indevidas aos aviões Airbus (conflito alimentado pela principal potência aeronáutica do planeta – detentora aliás de subsídios militares diretos e indiretos – a despeito mesmo da existência de um acordo plurilateral negociado durante a Rodada Tóquio que prometia a liberalização completa do comércio de aeronaves e peças entre os signatários em base NMF).

Já as subvenções às exportações, atuando no sentido inverso aos subsídios oferecidos aos produtos vendidos no mercado doméstico, eram expressamente proibidas pelo Artigo XVI e disposições suplementares do GATT-1947, o que não impediu o desenvolvimento extraordinário da vertente externa da "loucura agrícola comum" e seus efeitos nefastos sobre diversos mercados de exportação que estariam normalmente ao alcance dos produtores primários brasileiros e outros países exportadores agrícolas não subvencionistas (Grupo de Cairns). Os resultados da Rodada Uruguai foram bem mais explícitos nessa área. O Acordo sobre Agricultura, por exemplo, proíbe totalmente os subsídios à exportação (Artigo 8º), mas o Artigo 9º, resultado de laborioso entendimento entre os Estados Unidos e a então Comunidade Européia, estabelece uma série de condições especiais para os compromissos de eliminação progressiva (a partir dos altos patamares de finais dos anos 80), inclusive no que se refere a sua redução gradual e possibilidade de redistribuição dos subsídios entre grupos de produtos.

O Acordo sobre Subsídios e Medidas Compensatórias, por sua vez, distingue três categorias nessa área: ele proíbe totalmente as subvenções vinculadas ao desempenho exportador e ao uso preferencial de produtos nacionais em detrimento de produtos estrangeiros (subsídios proibidos); coloca sob exame todo apoio à indústria doméstica que possa causar dano à indústria nacional de outro país-membro ou que possa resultar em prejuízo ou anulação de vantagens decorrentes de concessões consolidadas sob o GATT-94, sendo que um dano grave é suposto ocorrer quando o subsídio total, calculado *ad valorem*, ultrapassar 5% (subsídios recorríveis); permite, finalmente, a assistência para fins de pesquisa e desenvolvimento (R&D), as transferências para regiões economicamente desfavorecidas e no quadro do desenvolvimento regional e os subsídios para reconversão motivada por exigências ambientalistas (subsídios irrecorríveis). Os procedimentos para aplicação de medidas compensatórias e determinação do dano (Artigo VI do GATT) são também mais estritos no novo regime, objeto de um comitê dedicado especificamente ao acompanhamento de medidas que as Partes – menos os países de menor desenvolvimento relativo – possam tomar nesse âmbito.

7.12. Medidas de defesa comercial: salvaguardas e anti-dumping

As medidas mais freqüentes de defesa comercial são constituídas pelas salvaguardas e pelos procedimentos anti-dumping. Ambas as medidas podem ser adotadas em função de condições especiais, respondendo a situações emergenciais ou em caso de dano constatado à produção nacional. A despeito do fato de que tais instrumentos restritivos da liberdade de comércio apenas possam ser adotados segundo procedimentos específicos, regulados estritamente pelo GATT/OMC, num passado ainda recente – para não dizer de forma continuada – parceiros mais poderosos apresentam uma curiosa tendência a invocá-los em caráter relativamente freqüente e, de fato, a fazer um certo uso abusivo dessas medidas, que muitas vezes apresentam motivações claramente protecionistas a pretexto de suposto prejuízo aos produtores nacionais. O dano "efetivo" pode em alguns casos ser habilmente construído, a partir da presunção de subsídios "indevidos" ou de preço "anormalmente" baixo.

Assim, o simples anúncio de um exame relativo a *dumping* pode motivar a implementação de limitações "voluntárias" à exportação, acordos de "organização de mercados", restrições discriminatórias às importações e outras medidas de política comercial claramente incompatíveis com as obrigações que o Acordo Geral impõe às partes contratantes. Da mesma forma, as salvaguardas, no "antigo regime" do GATT-1947 apresentavam forte conteúdo de unilateralidade e um certo caráter discricionário no direcionamento das medidas limitativas.

A situação, a partir da Rodada Uruguai, certamente evoluiu para melhor, o que não exclui a possibilidade de nova fase de erosão na aplicação das regras multilaterais se fricções adicionais começarem a se desenvolver nos fluxos efetivos de intercâmbio comercial. Com efeito, não se deve esquecer que o "antigo regime", que excluía involuntariamente vários países socialistas dos circuitos "gattianos" de comércio multilateral, regulava, se tanto, cerca de 4/5 das trocas comerciais. Hoje em dia, praticamente 9/10 do comércio internacional se processa ao abrigo das normas do GATT/OMC, restando ainda por integrar plenamente à "divisão internacional do trabalho" esses dois gigantes que são a China e a Rússia.

O recurso a salvaguardas é utilizado, ao abrigo do Artigo XIX do GATT, para compensar um surto de importações que está causando ou ameaça provocar dano aos produtores nacionais: elas podem se materializar, em caráter excepcional e temporário, sob a forma de restrições quantitativas ("voluntárias" ou não) ou em aumento de direitos aos produtos importados. Outros

O Brasil e o multilateralismo econômico   **209**

artigos do GATT também contêm dispositivos de salvaguarda, como o Artigo XII (balanço de pagamentos) ou o Artigo XVIII (problemas dos países em desenvolvimento no processo de crescimento), mas trata-se, nesses casos de *scape clauses*, de medidas gerais visando a proteger a economia como um todo, e não apenas um setor supostamente ameaçado.

As salvaguardas *stricto sensu*, colocadas no âmbito do Artigo XIX, têm um condicionamento mais restrito, mesmo se no "antigo regime" sua utilização era bastante "flexível", para dizer o mínimo, e os países prejudicados não raro deixavam de receber compensações adequadas. A bem da verdade, muitas das medidas de salvaguarda e seu "remédio corretivo" eram tomados à margem das regras e obrigações do Acordo Geral, consistindo de "limitações voluntárias de exportações" (VERs, em sua sigla em inglês) ou de, título ainda mais eufemístico, "arranjos de organização concertada de mercados" (OMAs). A própria designação geral das medidas adotadas fora do âmbito do dispositivo pertinente do Acordo Geral era indicativo de seu caráter elusivo: *grey area measures*, não apenas porque elas permaneciam numa espécie de "limbo" regulatório, mas porque uma aplicação estrita de salvaguardas no âmbito do Artigo XIX exigiria um estreito monitoramento multilateral.

Às vésperas do início da Rodada Uruguai, subsistiam nada menos do que 127 acordos de restrições voluntárias de exportações, poucos deles notificados ao Secretariado do GATT. O Acordo sobre Salvaguardas emanado da Rodada Uruguai esclarece e reforça as disciplinas gattianas contempladas no Artigo XIX, em especial no que se refere à investigação de dano, determinação de prejuízo, a própria aplicação das medidas de salvaguarda (inclusive em caráter provisório), a duração das medidas (prazo máximo de 4 anos e, via de regra, aplicação limitada ao período do prejuízo), o desmantelamento (em 5 ou 8 anos) das medidas existentes de salvaguardas e, também a proibição da adoção de certas medidas (a exceção sendo o acordo de limitação de exportação de automóveis japoneses à Comunidade Européia, que não deveria ultrapassar 1999). Num certo sentido, passou-se da aplicação generalizada e abusiva das medidas de salvaguarda à implementação de um regime mais controlado de introdução de salvaguardas específicas e bem identificadas; em outros termos, os procedimentos e o próprio instituto se tornaram relativamente eficientes, dotados de maior transparência processual e, portanto, legitimados intrinsecamente aos olhos de todos os parceiros envolvidos, de um ou outro lado, nesse tipo de medida de defesa comercial.

Os condicionantes da aplicação de salvaguardas – sempre seletivas, e não gerais, como no caso dos demais artigos de "escape" – são basicamente dois: a) o aumento repentino, inusitado e relativamente substancial das importações de um determinado produto; b) a constatação – nexo de causalidade – da existência (ou mesmo a ameaça de ocorrência) de um dano verificável à indústria doméstica. As medidas de salvaguarda, por sua vez, devem ser temporárias, ter alcance limitado ao setor envolvido e não representar qualquer tipo de discriminação entre parceiros comerciais. Os procedimentos, finalmente, seguem o ritual sucessivo da notificação e das consultas entre as partes, seguidas de eventual compensação pelas limitações impostas.

No caso dos procedimentos anti-dumping, a grande inovação conceitual da Rodada Uruguai foi, de certa forma, a inversão do ônus da prova. Segundo o Artigo VI do GATT, as Partes Contratantes se comprometem a não vender um bem exportado por um preço inferior ao praticado no mercado doméstico, mais exatamente abaixo de seu custo. Durante a Rodada Tóquio, os países participantes decidiram rever um antigo "Código" Anti-Dumping – na verdade um "entendimento", no sentido gattiano tradicional – negociado pela primeira vez entre partes contratantes desenvolvidas durante a Rodada Kennedy (1964-1967) e que tinha entrado em vigor em 1968. O

Acordo de 1979, ao qual aderiu o Brasil, interpretou novamente os dispositivos do Artigo VI, colocando-o em compasso com os entendimentos correspondentes adotados para tratar de Subsídios e Medidas Compensatórias (Acordo sobre interpretação e aplicação dos Artigos VI, XVI e XXIII do GATT).

Uma parte contratante que se sinta lesada por alegado *dumping* estava autorizada a tomar medidas compensatórias, na forma de uma "taxa anti-dumping", de maneira a trazer o preço do produto importado ao nível do que seria seu preço "normal". Por fatores econômicos diversos, está claro que muitos países em desenvolvimento produzem bens cujo preço "normal" é inferior ao de mercadorias semelhantes produzidas nos países desenvolvidos: nesse caso, a imposição de quaisquer tributos compensatórios violaria os princípios de comércio eqüitativo. Com efeito, a experiência histórica indica que as empresas domésticas têm o péssimo costume de gritar *dumping* cada vez que o mercado é "invadido" por mercadorias a preços inferiores aos seus: o preço interno é utilizado para a comparação, não o preço internacional. A pressão corporativa – geralmente ameaça de desemprego – incita os governos a adotar medidas protecionistas: os Estados Unidos e a União Européia sempre foram campeões nesse tipo de reação ao "comércio desleal" de parceiros agressivamente mais competitivos.

O Acordo sobre a implementação do Artigo VI emanado da Rodada Uruguai tenta limitar o grau de arbítrio deixado à parte supostamente lesada por vendas a preços de *dumping*, mas ele também reforça o arsenal de medidas à disposição do "prejudicado" (inclusive pela aplicação de medidas provisórias, pela utilização da "melhor informação disponível" ou no sentido de induzir a um acordo sobre preços, supostamente mais "justos"). Os artigos bastante extensos e os anexos detalhados desse acordo buscam efetuar uma determinação precisa do *dumping*, um exame objetivo do dano causado, uma descrição acurada dos procedimentos a serem seguidos nas investigações, com a obrigação, para todas as partes contratantes envolvidas, de se empenharem no fornecimento de provas consistentes com suas alegações (de acusação e de defesa). O processo de abertura comercial motivou o Brasil a adotar leis e medidas administrativas que pudessem proteger suas indústrias de práticas consideradas como desleais do ponto de vista do comércio internacional, mas uma primeira legislação a esse respeito já se encontrava disponível desde 1987. Até essa data, o Brasil já tinha sido acionado dezenas de vezes por norte-americanos e europeus, sem que dispusesse de legislação apropriada nesse terreno. Curiosamente, a demanda pelo conjunto de práticas e medidas relativas a *dumping* tornou-se, como seria de se esperar, mais vocal à medida em que a liberalização comercial expôs a situação pouco concorrencial de muitas empresas brasileiras.

Capítulo 8

A nova agenda do comércio multilateral

No dia 15 de abril de 1994, 117 representantes de países, dentre os 125 participantes na última fase do oitavo ciclo de negociações comerciais multilaterais, assinavam em Marraqueche a Ata Final da Rodada Uruguai, documento de mais de 450 páginas compreendendo, entre outros atos diplomáticos e decisões ministeriais, um histórico acordo criando a Organização Mundial do Comércio (OMC). A emergência de uma nova instituição multilateral para a regulamentação do comércio internacional constituiu o encerramento do processo iniciado meio século antes, em Bretton Woods. Terminou, assim, em 1994, o mais longo – sete anos e meio – e o mais ambicioso ciclo de negociações comerciais do Acordo Geral sobre Tarifas Aduaneiras e Comércio (GATT), inaugurado em Punta del Este, em 1986, com previsão para durar quatro anos apenas. O Brasil teve uma ativa participação em todas as etapas e eventos negociadores dessa complexa Rodada, extremamente densa e inovadora em sua cobertura temática, uma vez que abrangia não apenas comércio de mercadorias, mas também serviços, investimentos e propriedade intelectual, além do próprio funcionamento do sistema multilateral de comércio, segundo um enfoque global e inter-relacionado (vide quadro sobre a Rodada Uruguai).

O acordo constitutivo da atual OMC incorpora, em mais de duas dezenas de anexos institucionais ou comerciais, vários outros acordos multilaterais ou plurilaterais de acesso a mercados (contemplando, por exemplo,

O Brasil e o multilateralismo econômico   **215**

Quadro 8.1
Estrutura e História da Rodada Uruguai, 1986-1994

Em setembro de 1986, na cidade balneária de Punta del Este, era lançada, em conferência ministerial, a oitava rodada de negociações comerciais multilaterais, que passou a ser conhecida como "Rodada Uruguai".

A "Declaração ministerial de Punta del Este", cuja primeira parte cobria mercadorias e temas tradicionais do GATT, constituiu a base das negociações, previstas para durar quatro anos. Uma segunda parte da Declaração, formalmente independente do GATT, deveria servir de quadro negociador para um eventual acordo sobre serviços. Essas negociações, com exceção de reuniões ministeriais de revisão (em Montreal, em dezembro de 1988) e de "conclusão" (em Bruxelas, em dezembro de 1990), foram conduzidas na sede do GATT, em Genebra.

Ao ser lançada a Rodada, ela contava com 105 países participantes, dos quais 96 eram partes contratantes do Acordo Geral sobre Tarifas e Comércio. Nos sete anos e meio que ela efetivamente durou, diversos outros países negociaram sua adesão ao Acordo Geral, estabelecido originalmente em 1947 e "aperfeiçoado" diversas vezes desde então, sobretudo para incorporar questões do interesse dos países em desenvolvimento (não-reciprocidade).

Os principais órgãos negociadores eram, na cúpula, o Comitê de Negociações Comerciais (TNC, na sigla inglesa), de nível ministerial, geralmente presidido pelo ministro das Relações Exteriores ou da Economia do Uruguai; as matérias substantivas eram cobertas por um Grupo Negociador para Mercadorias (GNG) e um segundo voltado para Serviços (GNS). O GNG, por sua vez, era composto de 14 grupos cobrindo as negociações sobre bens (tarifas, entre outros) e os mecanismos institucionais do GATT. Para controlar os compromissos de standstill and rollback da Rodada Uruguai foi criado um "órgão de vigilância".

O diretor geral do GATT durante a maior parte da rodada Uruguai, o suíço Arthur Dunkel, também presidia o GNG e conduziu a maior parte das conversações e negociações informais que marcaram sua movimentada história. No período derradeiro da Rodada, depois de ter apresentado um projeto de Acordo Final, Dunkel foi sucedido no cargo pelo irlandês Peter Sutherland. Este declarou, na fase final da Rodada, que não pretendia permanecer na coordenação da OMC, o novo organismo criado.

Em meados de 1994, quatro personalidades tinham sido apresentadas pelos seus respectivos países como candidatos a presidir a nova organização: o ex-ministro do Comércio Exterior da Itália Renato Ruggiero; o então ministro da Fazenda do Brasil Rubens Ricupero (cuja candidatura foi retirada em 22/09); o Presidente do México Carlos Salinas de Gortari; e o ministro do Comércio Exterior da Coréia do Sul, Kim Chul-Su. Este último, depois de um processo de escolha bastante difícil e demorado, tornou-se Diretor-Geral Adjunto, numa composição política que conduziu o candidato italiano Ruggiero à liderança da OMC, formalmente inaugurada em 1° de janeiro de 1995.

uma redução de 40% nas tarifas alfandegárias), cobrindo setores tão diversos como agricultura, têxteis, subsídios, medidas anti-dumping, salvaguardas comerciais e o reforço dos mecanismos de solução de controvérsias. Ele incorpora igualmente uma primeira regulamentação para o comércio de serviços, para investimentos diretos ligados ao comércio e para a defesa dos direitos de propriedade intelectual.

Uma série de perguntas, de caráter histórico ou funcional, podem ser formuladas em relação ao novo sistema multilateral de comércio internacional: quais as novas características da atual macroestrutura jurídico-política do comércio internacional, comparativamente àquela que tinha sido concebida no imediato pós-segunda guerra? Em que medida o novo sistema herda práticas, fundamentos e princípios estabelecidos há cerca de 50 anos, em Bretton Woods e na Conferência de Havana sobre Comércio e Emprego? Em que medida a Rodada Uruguai inovou em relação às precedentes, sobretudo no que diz respeito aos chamados "novos temas" (serviços, investimentos e propriedade intelectual) e à agricultura? Como situar o papel político e institucional da nova Organização Mundial do Comércio no confronto com aquele atribuído há meio século às suas "irmãs" mais velhas de Bretton Woods? Em que medida, finalmente, seu estabelecimento representa realmente o acabamento da estrutura organizacional concebida naquela oportunidade, sobretudo em termos de uma mudança no processo decisório e nos mecanismos de funcionamento das relações econômicas internacionais?

Essas perguntas compõem uma verdadeira agenda de problemas substantivos que se situam no centro do atual processo de reorganização da estrutura econômica mundial, cujas principais características são dadas pelos fenômenos aparentemente contraditórios – mas, de fato, largamente complementares – da globalização e da regionalização. A lenta emergência do atual sistema multilateral de comércio apresenta grande impacto político e econômico sobre os países em desenvolvimento (inclusive para aqueles que, como o Brasil e a Índia, desempenharam importante papel negociador ao longo de toda a Rodada Uruguai), na medida em que a nova Organização Mundial do Comércio inovou substancialmente em relação à natimorta Organização Internacional do Co-

O Brasil e o multilateralismo econômico

mércio (OIC) de 1948, no que se refere, por exemplo, às estruturas de decisão política.

De certa forma, assistiu-se em Marraqueche ao "fim" de Bretton Woods, expressão que deve ser entendida, obviamente, não no sentido da conclusão do "mundo" de Bretton Woods, mas no de um acabamento prático do tripé organizacional concebido no curso da Segunda Guerra para regular as relações econômicas multilaterais, já que foi, finalmente, acrescentada uma vertente comercial aos capítulos financeiro e monetário já existentes. Do ponto de vista de sua filosofia original, os compromissos assumidos em 1944 em Bretton Woods já tinham sido seriamente abalados em 1971, quando os Estados Unidos decidiram suspender, unilateralmente, o padrão de câmbio fixo e a garantia estatutária de conversibilidade do dólar em ouro, encerrando irremediavelmente, e de maneira brutal, uma etapa histórica do sistema financeiro e monetário internacional. Para todos os efeitos práticos e conceituais, o contrato realizado em Bretton Woods tinha acabado ali: o que assistimos agora é, tão simplesmente, o término, no sentido hegeliano de "superação", de seu quadro institucional formal, em uma era de declínio imperial e de esfacelamento da antiga bipolaridade política e de emergência de uma multipolaridade econômica ainda não totalmente conformada.

8.1. Resultados e promessas do novo sistema comercial

A Rodada Uruguai, ao criar um novo sistema internacional de comércio – ou, pelo menos, substancialmente diferente do existente até aqui –, marca o encerramento de uma etapa histórica (e o início de outra) nas relações econômicas e políticas internacionais e entre países ricos e em desenvolvimento. Ela finaliza, assim, um edifício cujas fundações tinham sido lançadas há mais de 50 anos, em Bretton Woods.

Com efeito, a Organização Mundial do Comércio, que constitui a principal realização dessa Rodada, completa, ao lado das instituições já existentes voltadas para a moeda e as finanças – FMI e Banco Mundial –, o tripé organizacional concebido pelas lideranças aliadas em pleno conflito mundial para administrar a ordem econômica internacional do pós-guerra. A declaração ministerial que encerra a Rodada Uruguai confirma, aliás, a disposição dos países participantes em assegurar uma maior coerência entre as políticas conduzidas nos terrenos comercial, monetário e financeiro, inclusive pela cooperação entre a OMC, o FMI e o Banco Mundial.

Alguns observadores não deixaram de sublinhar que, mesmo tendo obtido-se, em 1994, a ratificação formal do acordo da OMC pela maior parte dos participantes da Rodada, a experiência frustrada de 1948 pode repetir-se novamente na presente fase, com o prosseguimento do unilateralismo norte-americano, sob escusa, por exemplo, da ausência de um mandato claro da nova Organização para tratar de questões trabalhistas – normas laborais, compreendidas sob o conceito de "cláusula social" – ou de uma perda de soberania econômica e comercial, como parece pretender, com a proverbial suficiência de sempre, o Congresso dos Estados Unidos.

O conjunto de acordos firmado em 1994, apesar de apresentar uma maior amplitude temática em relação à Carta de Havana, possui o mesmo caráter de obra inacabada ou, provavelmente, de *work in progress*, pois que listas adicionais de bens, de atividades na área de serviços – serviços financeiros, por exemplo, assim como transportes marítimos e o importante setor das telecomunicações – e no terreno politicamente sensível das compras governamentais continuarão a ser negociadas durante anos a fio entre os países participantes. O texto da OMC de 1994 está, talvez, tão recheado de ambigüidades jurídicas e políticas como aquele da OIC

O Brasil e o multilateralismo econômico   **219**

de 1948, mas, num e noutro caso, trata-se efetivamente de um quadro institucional único para o encaminhamento de problemas do comércio internacional, sem a necessidade, em princípio, de recorrer a medidas unilaterais de retorsão comercial baseadas no direito interno de algum parceiro mais prepotente.

O caráter historicamente novo do sistema internacional de comércio pode ser confirmado também pelo fato de que as negociações comerciais entre os países não precisarão mais adotar o mecanismo de rodadas bilaterais (como foi o caso no início do GATT) ou multilaterais (a partir da Rodada Dillon), mas passam a dispor, na OMC, de um quadro jurídico uniforme, mesmo que incompleto, e de um foro permanente de propostas, discussões e aprovação de medidas vinculadas não só ao comércio de bens (inclusive têxteis e produtos agrícolas, antes excluídos da disciplina multilateral), mas também, de forma inédita, ao de serviços, aos movimentos de capitais para fins produtivos e à proteção da tecnologia proprietária. A despeito desse caráter inédito do atual sistema multilateral de comércio internacional e de um funcionamento que dispensaria, em princípio, novas rodadas de negociações, muitos países consideram que seria útil reprogramar, ainda que com novas características, o mesmo tipo de "surtos negociadores" que caracterizaram seu desenvolvimento ao longo do último meio século. Começa-se, assim, a falar desde já de uma "Rodada do Milênio", com vistas a completar o trabalho inconcluso na Rodada Uruguai e aprofundar as discussões em torno de novos temas.

Antes, contudo, de considerar tal projeção futurista, caberia examinar os resultados efetivos da Rodada Uruguai e seu caráter distinto em relação aos processos anteriores de negociação (vide quadro listando os acordos abertos à assinatura na reunião ministerial de Marraqueche).

Quadro 8.2
Acordos da Rodada Uruguai (15.04.94)

1. Ata Final, incorporando os resultados da Rodada Uruguai de Negociações Comerciais Multilaterais, tendo como parte integral os seguintes atos diplomáticos:
2. Acordo de Estabelecimento da Organização Mundial do Comércio;
3. Declarações e Decisões Ministeriais (mais de uma dúzia, cobrindo temas diversos, como o estabelecimento de um comitê preparatório para a OMC, comércio e meio ambiente, relacionamento entre a OMC e o FMI, solução de controvérsias, compras governamentais etc.);
4. Entendimento sobre Compromissos em Serviços Financeiros.

O Acordo Constitutivo da Organização Mundial do Comércio, aberto às Partes Contratantes do GATT-1947 e à União Européia (considerados membros originais da OMC), compreende, por sua vez, os seguintes anexos:

ANEXO 1A: Acordos Multilaterais de Comércio de Bens (de aceitação universal):
1. Acordo Geral sobre Tarifas e Comércio de 1994 (GATT-1994)
2. Acordo sobre Agricultura
3. Acordo sobre Aplicação de Medidas Sanitárias e Fitossanitárias
4. Acordo sobre Têxteis e Vestuário
5. Acordo sobre Barreiras Técnicas ao Comércio
6. Acordo sobre Medidas de Investimento Relativas ao Comércio
7. Acordo sobre a Implementação do Artigo VI (Antidumping)
8. Acordo sobre Artigo VII (Valoração Aduaneira
9. Acordo sobre Inspeção Pré-Embarque
10. Acordo sobre Regras de Origem
11. Acordo sobre Licenciamento de Importações
12. Acordo sobre Subsídios e Medidas Compensatórias
13. Acordo sobre Salvaguardas

ANEXO 1B: Acordo Geral sobre Comércio de Serviços (GATS)

ANEXO 1C: Acordo sobre Aspectos Comerciais dos Direitos de Propriedade Intelectual (TRIPs)

ANEXO 2: Entendimento Relativo às Normas e Procedimentos sobre Soluções de Controvérsias (criando um Órgão de Solução de Controvérsias)

ANEXO 3: Mecanismo de Exame de Políticas Comerciais (TPRM)

ANEXO 4: Acordos de Comércio Plurilaterais (aceitação e reservas governadas por disposições de cada um dos Acordos; de adesão voluntária):
1. Acordo sobre Comércio de Aeronaves Civis
2. Acordo sobre Compras Governamentais
3. Acordo Internacional sobre Produtos Lácteos
4. Acordo Internacional sobre Carne Bovina.

O entendimento final da Rodada Uruguai pode ser descrito como compondo-se de dois blocos de textos: um primeiro bloco tratando de matérias substantivas e institucionais, ao qual aderem necessariamente os paí-

O Brasil e o multilateralismo econômico **221**

ses que estiveram envolvidos nas negociações da Rodada; e um segundo, de acordos plurilaterais opcionais, ou seja, que se aplicam apenas às partes contratantes, cobrindo questões setoriais: acordos sobre compras governamentais, aeronaves civis, produtos lácteos e carnes bovinas, estes três últimos reconduzidos da Rodada Tóquio. Um dos resultados mais importantes da Rodada foi, além da reforma do próprio Acordo Geral – que passou a ser designado como GATT-1994 –, a constituição da Organização Mundial do Comércio que, como novo quadro regulador do comércio internacional, deve, em princípio, conduzir ao aperfeiçoamento dos mecanismos multilaterais do GATT e de seus acordos setoriais, notadamente mediante o reforço do sistema de solução de controvérsias, em oposição às medidas unilaterais de pressão ou de retaliação comercial adotadas regularmente pelos Estados Unidos.

No primeiro bloco de acordos, além da vertente institucional e do sistema de solução de controvérsias, figuram milhares de páginas de anexos aos acordos, regulando bens e serviços, segundo esquemas de concessões tarifárias e de aberturas de mercados feitos reciprocamente por todos os países participantes. No conjunto dos acordos sobre bens, o mais importante, sem dúvida, é o que trata da extensão das regras multilaterais de comércio à agricultura, mas deve-se ressaltar, igualmente, o desmantelamento do Acordo Multifibras, em ambos os casos a um ritmo excessivamente lento na opinião de alguns observadores. Figuram ainda nesse conjunto acordos sobre barreiras técnicas, medidas sanitárias, regras de origem e vários outros que serão referidos brevemente.

No caso do acordo sobre serviços, trata-se de trabalho inacabado, uma vez que setores inteiros (transportes aéreos e marítimos, serviços financeiros, telecomunicações) permanecem ainda por um período não definido à margem da abertura de mercados. Mas, ele comporta, ainda assim, os três princípios básicos da filosofia gattiana (nação-mais-favorecida, não-discriminação, tratamento nacional, este condicionado à reciprocidade em algumas áreas), que devem passar a ser aplicados de forma cada vez mais ampla, como resultado da incorporação progressiva, pelos países participantes, de novos setores de atividades ao acordo-quadro. Nesse bloco indivisível, figura também o acordo sobre propriedade intelectual, que remete às principais convenções administradas pela Organização Mundial da Propriedade Intelectual nessa matéria (essencialmente as convenções de Paris, sobre propriedade industrial, e de Berna, sobre direito autoral), mas introduzindo o caráter legal de um contrato submetido aos procedimentos coercitivos do GATT.

Um novo Código de Subsídios repertoria, segundo a filosofia do Tratado de Roma, três tipos de subsídios públicos, segundo o seu grau de adequação aos princípios do comércio multilateral. Em uma primeira categoria figuram os subsídios ilícitos, como aquelas ajudas diretas destinadas a conquistar mercados e a aumentar as exportações: eles são proibidos totalmente – salvo tratamento específico aplicado aos países em desenvolvimento e àqueles países em transição para a economia de mercado (ex-socialistas) – e podem levar a medidas de retorsão ou de compensação. Em um segundo grupo estão os subsídios apenas tolerados, que se destinam não a aumentar as exportações, mas a sustentar a produção interna: eles podem ser objeto de investigação e, caso resultem em dano a outras partes contratantes, resultar em compensações diretas ou indiretas. Uma terceira categoria compreende os subsídios autorizados, geralmente identificados com atividades de pesquisa e desenvolvimento (R&D) ou destinados ao desenvolvimento regional e à preservação do meio ambiente: eles são lícitos e não podem ser objeto de litígio.

Um novo acordo de salvaguardas reforça o Artigo XIX do GATT-1947 e institui uma escala intermediária entre a não-discriminação típica da filosofia gattiana e a seletividade manifesta em diversos acordos de autolimitação que se tinham desenvolvido enormemente no período recente. Ele permitirá, assim, um certo direcionamento nas medidas introduzidas em caso de perturbação de mercados, sem possuir o caráter abertamente discriminatório dos acordos bilaterais de limitação de exportações, os quais devem ser suprimidos – este não é o caso ainda do acordo automobilístico entre a Comunidade (agora União) Européia e o Japão, estendido até o final da década.

8.2. A Carta de Havana e a nova OMC

O resultado politicamente mais relevante da Rodada Uruguai foi, sem dúvida alguma, o estabelecimento da Organização Mundial do Comércio, que começou administrando, provisoriamente, o "velho" GATT de 1947, reformado pela Rodada Uruguai, oportunamente substituído pelo "novo" GATT-94 (em dezembro de 1995); a OMC também passou a supervisionar os diversos acordos multilaterais e plurilaterais, de implementar as reformas institucionais aprovados nesse último ciclo de negociações e de monitorar o cumprimento das listas de acesso a mercados resultantes das negociações comerciais. A OMC ficou igualmente encarregada de controlar a aplicação do Acordo Geral sobre Serviços (GATS), do Acordo sobre Propriedade Intelectual (TRIPS) e dos acordos setoriais negociados sob a égide do GATT. Em um certo sentido, trata-se, verdadeiramente, da "terceira" organização de Bretton Woods, sem conter, entretanto, alguns dos aspectos manifestamente "intervencionistas" da Carta de Havana.

Com efeito, como situar a atual OMC em relação aos objetivos da antiga OIC? Seria preciso, em primeiro lugar, recolocar no contexto histórico o quadro negociador de 1947. Como indicou Celso Lafer, de uma forma geral, "durante as negociações para a concretização da

[OIC], os Estados Unidos, apoiados pelo Canadá, Grã-Bretanha e outros países industrializados, advogaram, com algumas exceções setoriais, por exemplo agricultura, uma política de livre comércio internacional. Os países subdesenvolvidos, por outro lado, desejavam normas especiais que lhes assegurassem novas possibilidades de promover o desenvolvimento econômico e a industrialização. O compromisso foi obtido na Carta de Havana, onde se conciliou o livre comércio com estas normas, entre as quais se incluíam [...] medidas para concessão de fundos e outras facilidades para o desenvolvimento econômico, provisões sobre investimentos internacionais e acordos de preferências entre países subdesenvolvidos".[105]

Ainda durante as negociações da Carta de Havana, "o Brasil e a Índia pleitearam que restrições quantitativas deveriam ser admitidas não apenas em situações de dificuldades de balanço de pagamentos, mas também deveria existir o direito, na regulamentação das restrições quantitativas, de discriminar produtos quanto à sua essencialidade para o desenvolvimento" [idem]. Conseqüentemente, ao lutar pela adoção de um conjunto de regras multilaterais para a regulação do comércio internacional, a delegação brasileira visava, retomando os próprios termos do Artigo 1º da Carta de Havana, a introduzir dispositivos suficientemente flexíveis para "fomentar e auxiliar o desenvolvimento industrial, assim como o desenvolvimento econômico geral, em particular no que concerne aos países cujo desenvolvimento industrial ainda é incipiente".

Esses objetivos ficaram relativamente ausentes, durante um certo tempo, da prática do GATT, na medida em que a Carta de Havana não pôde entrar em vigor e que o chamado "Acordo Geral", regulando tão-somente a política comercial das partes contratantes e baseado na

---

[105] Celso Lafer, "O GATT, a Cláusula de Nação Mais Favorecida e a América Latina", *Revista de Direito Mercantil*, São Paulo, vol. X, nº 3, 1971, pp. 41-56, p. 44.

O Brasil e o multilateralismo econômico   **225**

reciprocidade estrita de direitos e obrigações, deveria constituir apenas um dos capítulos dessa Carta. Ela continha ainda, por exemplo, um capítulo inteiro sobre práticas comerciais restritivas, das quais os Estados-membros deveriam se eximir, ademais do já referido capítulo dedicado a acordos intergovernamentais sobre produtos de base.

O quadro negociador da Rodada Uruguai foi, evidentemente, bem diverso, já que o princípio relativo ao tratamento preferencial e mais favorável aos países em desenvolvimento estava praticamente cristalizado, se não na letra da lei, pelo menos na prática do GATT. Todavia, o desenvolvimento e a conclusão da Rodada Uruguai coincidiram, igualmente, com uma das mais radicais transformações políticas e econômicas por que passou o cenário mundial desde a conclusão da Segunda Guerra Mundial, a saber, o término do confronto político-ideológico entre as democracias ocidentais e os regimes socialistas e a eliminação do "novo" modelo de economia centralmente planificada como alternativa ao "velho" capitalismo.

Todos aqueles países que haviam, voluntariamente ou não, se afastado das instituições "capitalistas" de Bretton Woods e do próprio GATT, voltam ao sistema de mercado, cujos princípios passam também a ser aceitos pela maior parte dos países em desenvolvimento que aspiraram, durante certo tempo, a uma "nova ordem econômica internacional". A nova ordem passa efetivamente a existir, mas ela não é exatamente nova, sequer é uma ordem: trata-se, melhor dizendo, do velho sistema de desigualdades estruturais e de oportunidades diferenciadas de mercado que caracteriza o mercantilismo ocidental há alguns séculos.

Os documentos da Rodada Uruguai são, assim, bem mais "liberais" em sua formulação, objetivos e conteúdo, ainda que reconhecendo plenamente a realidade do desenvolvimento desigual. As regras de política comercial e os princípios e mecanismos de regulação dos mercados existentes nos textos não violam basicamente a chamada "racionalidade" econômica, mas procuram atender minimamente as necessidades das partes contratantes menos desenvolvidas.

O tratamento diferencial preconizado concretiza-se mediante o alongamento dos prazos concedidos aos países em desenvolvimento e àqueles em transição para a economia de mercado para sua incorporação ao regime geral. De certa forma, constituiu-se uma tripla categoria de países: o grupo tradicional dos países em desenvolvimento, entre os quais se inclui o Brasil, um outro, transitório, formado pelos ex-socialistas, e os países menos avançados, isto é, aqueles que dispõem, pelas regras da ONU, de uma renda *per capita* inferior a US$ 1000. Os dois primeiros grupos de países são obviamente submetidos a uma "graduação" mais rápida em direção às regras e obrigações do GATT "normal", enquanto as partes contratantes menos avançadas dispõem de menos obrigações e contam com maior número de exceções às regras gerais.

Do ponto de vista institucional, as semelhanças impõem-se sobre as diferenças entre o texto negociado em Havana e o que emerge da Rodada Uruguai. O Capítulo VII da Carta de Havana era inteiramente dedicado à Organização Internacional do Comércio, cujo órgão máximo era constituído de uma conferência de todos os países-membros, e as decisões, tomadas por maioria simples pelos membros presentes e votantes. Deveria ser instalado, de forma mais "oligárquica" que o atual sistema, um Conselho Executivo de 18 membros, representativo das grandes regiões geográficas: previa-se, é claro, uma participação mais expressiva dos países de maior importância econômica no comércio internacional e também a representação apropriada dos diferentes tipos de economia ou diferentes graus de desenvolvimento econômico existentes entre os membros da organização, o que na época serviria para acomodar os poucos países socialistas e em desenvolvi-

O Brasil e o multilateralismo econômico   **227**

mento participantes da Conferência de Havana. O Capítulo VIII da Carta era, por sua vez, dedicado ao mecanismo de solução de controvérsias, mas não se previa nenhum sistema muito elaborado ou constrangedor para as partes envolvidas em litígios.

8.3. Estrutura institucional da OMC

A Carta da atual OMC prevê uma estrutura institucional dominada por uma conferência ministerial, habilitada a "tomar decisões sobre todas as questões relativas a qualquer acordo comercial multilateral", que deve se reunir a cada dois anos, pelo menos. A primeira conferência ministerial reuniu-se efetivamente em dezembro de 1996, em Cingapura, tendo alcançado um importante, ainda que inédito em termos de formato negociador, acordo sobre tecnologia da informação, cujo objetivo é o de liberalizar os mercados de produtos de alta tecnologia até o ano 2.000.

A OMC dispõe, como órgão executivo, de um Conselho Geral, composto por representantes de todos os países-membros, com mandato para exercer funções decisórias da Organização no intervalo das reuniões ministeriais, servindo também, com estrutura e estatuto próprios, de órgão de solução de controvérsias e de exame das políticas comerciais dos Estados-membros. A adesão à OMC, em sua fase constitutiva, implicava necessariamente, para o país ou território aduaneiro candidato, o estatuto de parte contratante do GATT-1947; da mesma forma, o GATT-94 continua a ser o ponto de passagem obrigatório para o exercício de direitos e obrigações ao abrigo do novo sistema multilateral de comércio. Atualmente, como aliás no regime anterior, os candidatos eventuais submetem-se ao escrutínio das Partes Contratantes ao GATT-94 para avaliação da compatibilidade do regime de comércio exterior aos princípios gattianos tradicionais, combinado a um exame cerrado da disponibilidade em oferecer condições razoáveis de acesso ao mercado interno. A China e a Rússia, entre muitos outros candidatos, têm de demonstrar sua plena aderência aos princípios do sistema liberal de comércio para receberem o ingresso de entrada nesse já não tão seleto clube de países interdependentes. Foram estabelecidos Conselhos nas três áreas de atuação da OMC (mercadorias, serviços e propriedade intelectual), atuando cada um sob a direção do Conselho Geral. A conferência ministerial pode criar outros órgãos especializados – geralmente comitês –, a exemplo dos já existentes para comércio e desenvolvimento, sobre restrições por motivo de balanço de pagamentos e para questões financeiras, orçamentárias e administrativas. Outros órgãos previstos nos acordos plurilaterais setoriais podem exercer suas respectivas competências de forma independente, mas o fazem no quadro institucional da OMC, informando o Conselho sobre suas atividades (vide quadro).

Quadro 8.3
Estrutura da Organização Mundial do Comércio

A OMC, por meio de seu Secretariado, anota os compromissos das partes contratantes dos diversos acordos regidos por ela, administra a implementação das decisões adotadas pelos países-membros e convoca os grupos especiais de solução de controvérsias (*panels*). Ela dispõe ainda de autoridade para aplicar todas as decisões, notadamente aquelas relativas a restrições temporárias vinculadas a desequilíbrios no balanço de pagamentos, obstáculos técnicos ao comércio (normas e regulamentos técnicos e sanitários), medidas relativas a investimentos ligados ao comércio, medidas anti-dumping, subsídios e medidas compensatórias e salvaguardas (Artigo XIX). Ela também administra os acordos setoriais já indicados: aeronaves civis, compras governamentais, carne bovina e produtos lácteos.

O processo decisório, como em qualquer organização internacional, é a questão política central, da qual depende sua eficácia prática e legitimidade institucional. A esse título, o primeiro parágrafo do Artigo IX da OMC é taxativo: "A OMC deverá continuar a prática da tomada de decisão por consenso seguida pelo GATT-1947". Ou seja, as decisões, como no modelo da OIC de 1948, devem ser tomadas por consenso ou pelo voto dos países-membros, em igualdade de condições, à diferença, portanto, das suas irmãs originais de Bretton Woods, cujo processo decisório permanece baseado na representação proporcional ao capital constituído (o que dá aos "sócios" mais importantes o caráter de "diretório").

Esse sistema, de inspiração tipicamente "onusiana", poderia aparentemente resultar em maiorias que seriam automaticamente favoráveis aos países em desenvolvimento, resultando nos impasses conhecidos em outros órgãos da ONU. Na prática, entretanto, torna-se difícil mudar a "jurisprudência" consensual de um sistema que já deu provas de relativa eficácia administrativa, ou mesmo operar a politização de um foro de caráter contratualista que, salvo assistência técnica e formação de recursos humanos em cooperação com outros órgãos da ONU, não opera transferência de recursos para fins de desenvolvimento econômico.

A conferência ministerial pode autorizar, por maioria de três quartos e em caráter excepcional, a suspensão (*waiver*) das obrigações contraídas por um membro aderente a qualquer acordo administrado pela OMC, em princípio por um período de apenas um ano, sujeito à revisão pela própria conferência. As modificações ou emendas aos acordos multi ou plurilaterais, como ao próprio acordo constitutivo da OMC, só podem ser realizadas por consenso, mediante procedimentos formais na conferência ministerial, e a sua entrada em vigor depende da aceitação unânime por todos os membros, no caso de diversos dispositivos julgados estratégicos (como, por exemplo, o próprio Artigo IX da OMC relativo ao processo decisório).

A função mais importante da OMC é, provavelmente, seu poder de arbitragem nos conflitos comerciais entre os países-membros, imprimindo uma eficácia ao sistema do GATT que ele jamais possuiu em toda a sua história. Em princípio, o novo sistema jurídico do comércio internacional é bem mais integrado do que o conjunto de práticas e interpretações difusas prevalecentes sob o regime do GATT-47 (em que pese a razoável jurisprudência acumulada) e tem uma estrutura mais sólida do que a anterior, excluindo teoricamente o recurso a ações unilaterais, pelo menos naquelas áreas cobertas explicitamente por acordos entre partes contratantes.

O sistema de solução de controvérsias é também único para todo o conjunto de acordos (anteriormente, o Artigo XXIII, sobre proteção de concessões e vantagens, e os códigos setoriais possuíam seus próprios mecanismos parciais de encaminhamento de litígios). Em relação ao sistema anterior, vários progressos podem ser notados: o procedimento é automático, com prazos rígidos, e não mais pode ser bloqueado pela parte acusada; as recomendações dos *panels* são também adotadas auto-

O Brasil e o multilateralismo econômico

maticamente, salvo consenso negativo, da mesma forma que a implementação de medidas apropriadas (de retorsão ou de compensação), inclusive de caráter "cruzado" (isto é, passando de bens a serviços).

Mais importante, o sistema deve, em princípio, ser exclusivo, ou seja, não admitir ações unilaterais dos Estados-membros. Assim, as sanções previstas na famosa Seção 301 da Lei de Comércio dos Estados Unidos só poderiam ser aplicadas depois de implementadas todas as etapas e procedimentos previstos no sistema da OMC. Permanecem, é verdade, algumas ambigüidades, sobretudo em relação àqueles setores que estão teoricamente cobertos por algum acordo-quadro existente, mas que não foram até agora objeto de uma regulamentação explícita, como é o caso, por exemplo, de audiovisual e de serviços culturais.

8.4. O sistema multilateral de comércio ainda em construção

A Rodada Uruguai, apesar de sua extensa agenda de trabalho e em que pese resultados ambíguos em alguns setores, deixou um imenso saldo de sucessos e realizações. Em comparação com o precedente ciclo de negociações comerciais (a Rodada Tóquio), ela conseguiu encaminhar soluções para dois dos mais espinhosos problemas do sistema multilateral de comércio: agricultura e salvaguardas.

Com efeito, um número crescente de contenciosos entre as partes contratantes passou a se dar em torno do comércio de produtos agrícolas, enquanto a multiplicação de ações anti-dumping, de aplicação de direitos protecionistas e a adoção de diversos tipos de medidas protecionistas – acordos ditos "voluntários" de limitação de importações – eram feitas a título de "salvaguardas". O Brasil, por exemplo, foi vítima de inúmeros processos anti-dumping, enquanto o Japão teve de se submeter a vários acordos setoriais de autolimitação, sobretudo por parte dos Estados Unidos e da União Européia.

A exemplo dos ciclos anteriores de negociação comercial, a Rodada Uruguai resultou em um substancial rebaixamento das tarifas alfandegárias (apesar de estas já terem um peso relativo pouco importante na estrutura de proteção efetiva no plano internacional). O campo das concessões tarifárias ampliou-se de forma a cobrir cerca de 97% das exportações dos países desenvolvidos. Bem mais importante, essa última Rodada buscou, e conseguiu, em grande medida, estender-se à totalidade do intercâmbio mundial de bens e serviços: agricultura, serviços, têxteis e propriedade intelectual se submeterão, a curto ou médio prazo, às regras multilaterais do GATT. Estimativas efetuadas pela Organização de Cooperação e de Desenvolvimento Econômico (OCDE) e pelo Banco Mundial, sobre os resultados de uma liberalização parcial do intercâmbio global, como a realizada pela Rodada Uruguai, indicam uma expectativa de ganhos de US$ 130 bilhões como acréscimo à renda dos países da OCDE e de mais de US$ 80 bilhões para os países em desenvolvimento e ex-socialistas.

A América Latina teria muito a ganhar com uma liberalização total do comércio agrícola e com sua própria abertura unilateral aos movimentos de capitais, mas os resultados de uma liberalização apenas parcial nos fluxos de intercâmbio mundial seriam bem menos significativos em termos de renda agregada. Em que pese a presença de alguns "pesos pesados" como o Brasil, a América Latina, finalmente, participa muito pouco do intercâmbio mundial: cerca de 4%, apenas, do comércio de mercadorias.

A evolução positiva do comércio internacional permitida pelo relativo sucesso da Rodada Uruguai se produz, é verdade, não sem a persistência de algumas zonas de sombra que no jargão gattiano são chamadas de *grey areas*, em especial no setor agrícola. No campo da

O Brasil e o multilateralismo econômico

liberalização agrícola, por exemplo, onde os países do Grupo de Cairns como a Argentina e o Brasil esperavam um maior acesso de suas exportações aos mercados dos países desenvolvidos, bem como um aumento da competitividade em terceiros mercados, os resultados foram relativamente mitigados.

A esperada redução dos subsídios à produção e à exportação de produtos agrícolas por parte dos países desenvolvidos, em especial a União Européia, não ocorreu na proporção desejada pelos países do grupo de Cairns. A diminuição dos subsídios foi bem mais modesta, está sendo escalonada em vários anos e pode dar margem à prática de *rebalancing*, isto é, mudança na pauta de produtos subsidiados. Em todo caso, a América Latina incorpora a maior parte dos benefícios da liberalização agrícola para os países em desenvolvimento, enquanto os países de menor desenvolvimento relativo importadores de alimentos podem ver-se confrontados com uma fatura agrícola bem mais pesada do que a existente sob o anterior regime de subsídios e de "reserva de mercados" (como, por exemplo, os acordos preferenciais entre a UE e a zona ACP, grupo de países da África, do Caribe e do Pacífico, que perdem substancialmente a margem de preferência).

Na área têxtil, por outro lado, a eliminação das quotas está sendo operada num período de dez anos e pode igualmente motivar o surgimento de novas modalidades de protecionismo comercial da parte dos países desenvolvidos. O Acordo Multifibras regulamentava até então cerca de US$ 136 bilhões de exportações têxteis, o equivalente a 80% das exportações desses produtos, e a eliminação das quotas deve transformar radicalmente os fluxos comerciais e a localização produtiva das indústrias de tecidos e vestuário. Os principais ganhadores, neste último caso, são os países exportadores da Ásia (as chamadas "economias dinâmicas", mas também Índia e Paquistão) .

Alguns novos contenciosos também podem emergir no curso de futuras negociações comerciais. Na fase final da Rodada Uruguai, por exemplo, assim como na própria conferência ministerial de Cingapura, foram envidados esforços para a introdução da chamada "cláusula social" no comércio internacional, isto é, a adesão, por todos os países, a um conjunto de direitos trabalhistas mínimos como critério de reciprocidade para a extensão efetiva das regras relativas à "liberalização" comercial. Com efeito, diversos países desenvolvidos, dentre os quais os Estados Unidos e a França, propunham que o mandato da nova Organização Mundial do Comércio fosse estendido ao exame da "cláusula social" (vide quadro). Recusando qualquer conotação protecionista, os representantes desses países defendiam que os direitos sociais e trabalhistas que deveriam ser implementados por todos os países (porém os visados eram os em desenvolvimento, coincidentemente exportadores dinâmicos) seriam aqueles que, no âmbito da Organização Internacional do Trabalho (OIT), são considerados como normas consagradas de direito trabalhista: liberdade sindical, abolição do trabalho forçado, não-discriminação no emprego e idade mínima para entrada no mercado de trabalho. Nem a reunião de Marraqueche nem a conferência de Cingapura, refletindo nesse particular as posições dos países em desenvolvimento, lograram acolher essa posição de alguns países desenvolvidos, a despeito de referências vagas à inclusão do tema no programa de trabalho da OMC. Ainda assim, a OMC deve ocupar-se das vinculações entre comércio e meio ambiente, terreno no qual, igualmente, algumas reações protecionistas podem se desenvolver ao abrigo de preocupações suposta ou legitimamente ambientalistas.

Do ponto de vista dos países em desenvolvimento, independentemente de ganhos maiores ou menores no terreno comercial, os resultados mais positivos são, sobretudo, aqueles derivados de uma maior participação política desses países nos processos de normatização e de

Quadro 8.4
A Cláusula Social no Comércio Internacional

Em diversas ocasiões das negociações comerciais multilaterais ou no seio de organizações como a OIT, determinados países ou centrais sindicais solicitaram, sem sucesso até aqui, a introdução de "cláusulas sociais" no comércio internacional, isto é, a criação ou introdução de normas e regulamentos vinculando as relações comerciais ou o acesso a mercados ao cumprimento de um certo número de normas sociais e trabalhistas. A própria Carta de Havana fazia menção ao problema, mas em base voluntarista e sem caráter coercitivo. Mais recentemente, países ricos e pobres trocaram acusações nesse terreno, os primeiros acusando os segundos de "dumping social", estes retrucando com a noção de "protecionismo comercial".

Por ocasião do lançamento da Rodada Uruguai e sob pressão da central sindical americana AFL-CIO, a delegação dos EUA levantou a questão dos direitos dos trabalhadores nas relações comerciais, mas a idéia foi abandonada em vista de uma vigorosa oposição dos países em desenvolvimento. Na fase final da Rodada, o tema foi novamente suscitado, sobretudo pelos Estados Unidos e França, mas tampouco se conseguiu avançar muito, dada a sempre acirrada oposição de exportadores dinâmicos do Terceiro Mundo, sobretudo os países asiáticos. Deve-se observar, contudo, que um certo número de países desenvolvidos (como a Grã-Bretanha, a Alemanha ou o Japão) continua a ter dúvidas sobre a utilidade mesma dessa idéia.

A existência, porém, de novas condicionalidades comerciais (ecológicas, por exemplo) ou de concessões reguladas para o acesso a mercados (como o Sistema Geral de Preferências, que pode ser graduado ou diferenciado pelos países ofertantes) introduziu uma nova atualidade no debate em torno da cláusula social.

Geralmente ela se distingue, em suas diversas dimensões, entre um núcleo universal de cláusulas humanitárias (que alguns países são acusados de descumprir, como o trabalho carcerário, por exemplo), um conjunto político de cláusulas "democráticas" (sobre a liberdade de associação e de reunião, em especial) e uma série de cláusulas sociais de caráter econômico, geralmente consagradas em convenções da OIT e relativas a normas de trabalho e de segurança social.

O que se pretende, em um primeiro momento, é a adesão a um número mínimo de normas trabalhistas e sociais, mediante mecanismos incitativos ou de retorsão, para em seguida passar a fórmulas mais contratualizadas de respeito a essas "cláusulas sociais", definidas como um padrão internacionalmente "aceitável" de regras para o comércio mundial, independentemente do grau de desenvolvimento dos países, sob risco de sanções aplicadas aos mais "recalcitrantes". Segundo essas propostas, apoiadas pela maior parte dos sindicatos (entre eles as centrais sindicais brasileiras), a OIT e a OMC seriam chamadas a colaborar na implementação ordenada dessas "cláusulas sociais". Mesmo depois de sua recusa formal por ocasião da reunião ministerial de Cingapura, esse tema permanece como um dos mais sérios irritantes do novo sistema multilateral de comércio.

administração das relações comerciais multilaterais. Aqui se situa a grande diferença em relação às Conferências de Bretton Woods e de Havana, assim como em relação às primeiras rodadas do GATT: nelas atuavam basicamente os países desenvolvidos, em especial os Estados Unidos e os da Europa Ocidental. No âmbito do GATT-47, quando os três grandes parceiros – Estados

Unidos, Comunidade Européia e Japão – tinham posições convergentes, era possível avançar nas questões negociadoras. No regime da OMC, os países em desenvolvimento passam a dispor de um poder relativo de influência. Em qualquer circunstância, não se trata mais de buscar, tão simplesmente, a liberalização comercial entre alguns poucos países, mas sim de estabelecer regras para o processo de competição global num mundo cada vez mais interdependente.

Com efeito, as negociações da Rodada Uruguai ainda estiveram dominadas em grande parte pelos interesses dos países ricos, os EUA e a UE essencialmente, o que não deixa de refletir a realidade do comércio internacional: 64% das trocas são realizadas por esses dois parceiros, proporção que chega a 90% se se inclui os países dinâmicos da Ásia (Japão e os dragões). Mas, o fortalecimento da estrutura multilateral do comércio internacional, mediante a criação da OMC e seus diversos mecanismos institucionais, contribuiu singularmente para aumentar o grau de previsibilidade dos fluxos globais de intercâmbio, diminuindo na mesma proporção o grau de arbítrio e de ação unilateral por parte dos gigantes do comércio mundial.

A OMC é, reconhecidamente, uma organização pouco flexível, em virtude de um contratualismo mais estrito – em que pese a opinião de "gattianos" escolados no sentido de apontar seu alto grau de politização – e de uma visão talvez "economicista", tendente a estabelecer uma balança contábil – no mais das vezes monetariamente quantificada – entre ofertas e concessões recíprocas. Esse é todavia um tipo de "pecado original" necessário, na medida em que ele fornece uma base segura para o cálculo ótimo das vantagens comparativas respectivas num mundo ainda largamente ricardiano. A despeito dessa "economia política" dos benefícios recíprocos – e mesmo unilaterais – apresentar-se hoje bastante temperada pela nova teoria das vantagens comparativas "dinâmicas", a História não nos dá, contu-

O Brasil e o multilateralismo econômico

do, nenhuma indicação fiável de que um dia esse mundo cada vez mais integrado e globalizado (mas no qual subsistem ainda largas porções de capitalismo "manchesteriano", como na China) deixará de ser ricardiano. Quaisquer que sejam os resultados efetivos da Rodada Uruguai (e eles são relativamente modestos em termos de crescimento do produto mundial e de aumento da participação dos países em desenvolvimento no comércio internacional), é certo que a OMC caminha no sentido de "mundializar-se" cada vez mais, integrando progressivamente às regras de mercado os últimos *free-riders* do planeta e aqueles redutos representados por economias ainda em transição para o capitalismo. Não se deve esperar, daqui para a frente, grandes reformas no sistema multilateral de comércio, mas tão simplesmente a continuidade do processo de aprofundamento e clarificação das normas existentes, a multilateralização progressiva dos acordos de liberalização comercial em escala regional e uma cobertura cada vez mais extensa de seu campo de atuação, sob o guarda-chuva jurídico das regras tradicionais do GATT (NMF, tratamento nacional, não-discriminação).

Como na conjuntura de Bretton Woods, se a construção de uma nova ordem econômica mundial nem sempre segue o projeto traçado por seus idealizadores, pelo menos se afastou, uma vez mais, o espectro da confrontação e do desespero. O edifício concebido pela primeira vez em Bretton Woods encontra-se formalmente terminado: caberia, talvez, daqui para a frente, incorporar os ensinamentos dessas cinco décadas de relações econômicas internacionais em uma nova e vasta agenda dedicada ao desenvolvimento.

Capítulo 9

Do desenvolvimentismo à aceitação da interdependência

Como vimos anteriormente, a partir dos anos 60, os países desenvolvidos, isto é, os membros da OCDE, que eram também aqueles que praticamente controlavam o GATT e outros foros, vieram a aceitar a integração de uma perspectiva "desenvolvimentista" nas respectivas agendas de alguns desses foros econômicos internacionais, perspectiva materializada no princípio do tratamento diferencial e mais favorável em favor dos países em desenvolvimento. Eles o fizeram em parte sob a pressão destes últimos, pela primeira vez organizados numa entidade própria, a UNCTAD, na verdade mais um foro multilateral para o debate, ocasionalmente para a negociação e, se possível, a implementação de medidas tendentes a corrigir o diferencial de desenvolvimento entre os dois grupos de países.

Mas, eles estavam respondendo também a preocupações mais prosaicas de ordem estratégica e de segurança política e econômica, próprias aos países capitalistas desenvolvidos, das quais resultou a criação da AID, entidade fortemente eivada de unilateralismo concessional.[106] O que a UNCTAD veio a introduzir no jogo político-diplomático dos anos 60 foi uma agenda permanente de barganhas respectivas que iria caracterizar as relações Norte-Sul nas três décadas seguintes.

---

[106] Para uma visão algo idílica do surgimento e das duas primeiras décadas de existência da Associação Internacional de Desenvolvimento, ver a publicação oficial do Banco Mundial, *IDA in retrospect: the first two decades of the International Development Association*. Washington: The World Bank, 1982.

O Brasil e o multilateralismo econômico   **239**

Com efeito, a agenda dessas relações, sobretudo a partir de princípios dos anos 70, com a ascensão dos exportadores de petróleo e de alguns semi-industrializados (os chamados NICs, *newly industrializing countries*), foi em grande medida marcada pela ideologia "unctadiana", até esgotar-se na reação liberal de meados dos anos 80 que conduziu ao "triunfo" definitivo da economia de mercado e dos princípios capitalistas.

Com exceção dos fluxos de "ajuda oficial ao desenvolvimento", de natureza concessional e administrados unilateralmente pelos países membros do Comitê de Ajuda ao Desenvolvimento da OCDE, todos os demais elementos dessa agenda – em especial a Parte IV do GATT, o Sistema Generalizado de Preferências, a prática da não-reciprocidade embutida no princípio do tratamento diferencial e mais favorável para os países em desenvolvimento, assim como as resoluções e declarações onusianas em prol de uma "nova ordem econômica internacional" – refletem a ascensão, o relativo sucesso e os limites da ideologia desenvolvimentista (ou "terceiro-mundista", como alguns preferem chamá-la).[107] Em contrapartida, o abandono dos esquemas intervencionistas nos campos do comércio de matérias-primas e das políticas setoriais, a concepção da liberdade dos mercados – abertura aos capitais estrangeiros e liberalização das políticas comerciais – e as recomendações pelo desengajamento do Estado das atividades diretamente

---

[107] À falta de um manual brasileiro nessa área, as grandes declarações onusianas relativas à cooperação econômica internacional, assim como os documentos constitutivos das grandes organizações econômicas multilaterais podem ser consultadas, em francês, no volume compilado por Louis Saborin, *Organismes Économiques Internationaux*. Paris: La Documentation française, 1994. Para uma lista ainda mais completa desses acordos, ver Bernard Colas, *Accords Économiques Internationaux: répertoire des accords et des institutions.* Paris: La Documentation française, 1990. Procedi a uma listagem de todos os instrumentos multilaterais relevantes nesse terreno – atos e organizações econômicas internacionais – em "Estrutura institucional das relações econômicas internacionais do Brasil: acordos e organizações multilaterais de 1815 a 1997", *Contexto Internacional*, Rio de Janeiro: IRI/PUC-RJ, vol. 19, nº 2, julho-dezembro 1997, pp. 307-401, texto atualizado até 1998 e incorporado ao livro *Relações Internacionais e Política Externa do Brasil*, op. cit.

econômicas resultam da relativa falência da ideologia desenvolvimentista e do novo vigor das idéias liberais.

Se a ideologia desenvolvimentista parece hoje condenada ao museu das antigüidades – ao lado talvez do machado de bronze e da roca de fiar, como pretendia Engels em relação ao Estado –, o problema conceitual e prático do desenvolvimento econômico e social permanece por inteiro, como uma realidade angustiante para grande parte das nações constituídas em forma estatal neste final do século XX. É bem verdade que uma agenda substantiva em prol do desenvolvimento não se apresenta mais envolta necessariamente nas roupagens industrializantes e intervencionistas típicas dos anos 50 e 60, mas sim aparece como dotada de uma nova complexidade analítica e prescritiva, combinando mercado e papel do Estado, políticas ativas e desregulação, realidades condizentes aliás com o mundo integrado e interdependente em que passamos a viver.

Com efeito, a discussão da problemática do desenvolvimento nesta nova etapa pós-socialista (ou neocapitalista, como se queira) das relações econômicas internacionais, passa essencialmente pelo conceito de interdependência, fenômeno que caracteriza mais do que qualquer outro – e certamente melhor do que as realidades antinômicas e complementares da globalização e da regionalização – um *fin-de-siècle* marcado por um certo *Entzauberung* (desencantamento) econômico e social. A adesão ao conceito de interdependência significa a aceitação de um conjunto de princípios relativos ao funcionamento de um sistema econômico baseado nas leis de mercado, implicando com isso a adoção de um programa de reformas que reforçam a vinculação da economia nacional com o sistema econômico internacional. Esses preceitos refletem uma espécie de concordância dos economistas quanto ao conteúdo mesmo dessas reformas, não estando longe do chamado "consenso de Washington", cujos componentes principais seriam os seguintes: melhoria das práticas relativas às finanças públicas, disciplina orçamentária, racionalidade e eficácia tributárias, liberalização financeira e comercial, unificação das taxas cambiais, desregulação e privatização das empresas públicas, promoção dos investimentos privados internacionais e reforço e extensão dos direitos de propriedade, em seus diversos campos.[108] Assim, ao cabo das três últimas décadas de debates, nos foros multilaterais, sobre o sentido estratégico e as orientações globais das políticas macroeconômicas tendentes a diminuir a distância econômica e social em relação aos países mais avançados, os países em desenvolvimento vieram ou foram levados a aceitar a realidade e mesmo a necessidade dos chamados ajustes estruturais, diminuindo o grau de fechamento dos sistemas nacionais e abrindo-se a uma nova inserção na economia mundial, vale dizer aderindo plenamente ao programa da interdependência. Esse itinerário é o objeto das seções seguintes.

9.1. Ascensão e crise da ideologia desenvolvimentista

Os anos 70 assistem ao ponto alto da tendência reformadora da agenda econômica internacional, com a aprovação sucessiva nas assembléias da ONU ou de seus órgãos subsidiários (ECOSOC, conferências e reu-

---

[108] O conceito "consenso de Washington" (em referência às instituições de Bretton Woods) foi cunhado por John Williamson em seu paper *The progress of policy reform in Latin America*. Washington, D.C.: Institute for International Economics, "Policy analyses in international economics" n° 28, 1990. Para uma análise efetuada com base no conceito de interdependência mundial – *linkages* – ver o estudo da OCDE, *L'Interdépendance mondiale: les liens entre l'OCDE et les principales économies en développement /Linkages: OECD and major developing economies*. Paris: OCDE/OECD, 1995. A concepção de uma nova etapa nas relações econômicas internacionais dos países em desenvolvimento permeia também os diversos trabalhos da CEPAL, cenáculo original do pensamento desenvolvimentista; ver, assim, *Quince años de desempeño económico, América Latina y el Caribe, 1980-1995* Santiago: CEPAL, 1996, LC/G.1925 (SES.26/17). e *Fortalecer el Desarrollo: interacciones entre macro y microeconomía*. Santiago: CEPAL, 1996, LC/G.1898(SES.26/3).

niões da UNCTAD) de resoluções ou declarações sobre a "Nova Ordem Econômica Internacional": os países em desenvolvimento continuam sua ofensiva pelo estabelecimento de regras diferenciais e mais favoráveis, ao passo que os países desenvolvidos eram convidados a estender cada vez mais concessões unilaterais e sem caráter de reciprocidade em benefício dos primeiros.[109] Simultaneamente, intentou-se reformar ou instituir, nesses anos e até praticamente meados dos anos 80, novas regras ou códigos de conduta multilaterais regulando as relações comerciais e proprietárias nos campos da propriedade intelectual (revisão da Convenção de Paris sobre propriedade industrial, na OMPI), ou da transferência de tecnologia e dos capitais estrangeiros (códigos de conduta sobre investimentos e práticas comerciais restritivas na UNCTAD, em Genebra, e na própria sede da ONU).[110]

Esse período constituiu, entretanto, uma espécie de "canto de cisne" da ideologia terceiro-mundista e desenvolvimentista, já que, ao final da década, novos movimentos conservadores de inspiração neoliberal começam uma contra-ofensiva no sentido de defender

---

[109] Para um retrato bastante fiel do caráter do debate nesses anos "gloriosos" da "nova ordem econômica internacional", ver o livro de Jacques Nusbaumer, *L'Enjeu du Dialogue Nord-Sud: partage des richesses ou guerre économique*. Paris: Economica, 1981. Na contracorrente do "pessimismo comercial", ver Bela Balassa, *Les nouveaux pays industrialisés dans l'économie mondiale*. Paris: Economica, 1986.

[110] A problemática das relações Norte-Sul nos foros econômicos multilaterais e a crise subseqüente do "terceiro-mundismo" diplomático já foi objeto de diversos trabalhos de corte tipicamente acadêmico ou mais marcados por um viés de tipo jornalístico. Nessa última categoria, mas enquadrado no grupo de *haute vulgarisation*, pode ser citado o excelente trabalho de Nigel Harris, *The End of the Third World: newly industrializing countries and the decline of an ideology*. Londres: Penguin Books, 1987. Na primeira, e mais diretamente relevante para o debate aqui conduzido por sua funcionalidade diplomática, pode ser citada a tese de CAE de Adhemar Gabriel Bahadian, *A Tentativa do Controle do Poder Econômico nas Nações Unidas: estudo do conjunto de regras e princípios para o controle das práticas comerciais restritivas*. Brasília: IPRI, 1992, que cobre com riqueza de detalhes os debates onusianos em torno das negociações sobre o Código de Práticas Comerciais Restritivas, estendendo-se ainda aos Códigos de Conduta para Transferência de Tecnologia e de Empresas Transnacionais.

O Brasil e o multilateralismo econômico

os princípios da economia de mercado: com a chegada de Ronald Reagan à presidência dos EUA e a de Margareth Tatcher como primeira-ministra do Reino Unido, as negociações em torno da agenda econômica internacional adquirem uma tendência confrontacionista, mas desta vez são os países desenvolvidos que passam à ofensiva, mentores de um receituário que incluía a desestatização e a desregulação econômica, no plano interno, e as "boas regras" da oferta e da procura ou aquelas regulando a livre competição e as práticas comerciais "leais" no campo das relações econômicas internacionais. É o começo do declínio dos acordos de produtos de base, do bloqueio das negociações sobre transferência de tecnologia na OMPI e na UNCTAD e das demandas – desde a conferência ministerial de 1982 – por uma nova rodada de negociações comerciais abrangentes, integrando ao GATT o conjunto dos chamados "novos temas": investimentos, serviços e propriedade intelectual.[111]

É também um período de crises sucessivas: os dois choques do petróleo, em 1973 e 1979, enviam ondas depressivas por toda a economia mundial, absorvidas mais ou menos rapidamente em função da capacidade dos países importadores em reverter em seu benefício os fluxos de divisas carreados pelos países produtores. Aqueles que não dispunham de bens duráveis ou equipamentos para satisfazer a nova sede de demanda dos países petrolíferos – isto é, os importadores líquidos de petróleo do Terceiro Mundo – tiveram de endividar-se para continuar a sustentar o nível de atividade. Os desequilíbrios nas balanças de transações correntes de países desenvolvidos (EUA) ou em desenvolvimento (sobretudo da América Latina) desencadearão a elevação descomunal das taxas de juros (agora flutuantes) dos empréstimos contraídos em dólar, com terríveis conseqüências para os tomadores. Cabe lembrar que,

---

[111] Ver François David, *Les échanges commerciaux dans la nouvelle économie mondiale*. Paris: Presses Universitaires de France, 1994.

durante a fase da "bonança" dos petrodólares, as taxas de juros tinham se mantido em níveis praticamente negativos, em vista dos altos índices de inflação dos países da OCDE: nos anos 80 elas se tornam violentamente positivas (saltam de menos de 8% ao ano para uma média de 14%, com picos de 18 ou mesmo de 21%), no seguimento de medidas norte-americanas voltadas para a correção do poder de compra do dólar. A crise fiscal do Estado se instala de maneira igualitária nos países desenvolvidos e em desenvolvimento, com tremendo impacto nos movimentos transnacionais de capital.

A conseqüência foi a mais formidável reversão dos fluxos líquidos de capitais ocorrida desde a fase áurea do colonialismo financeiro, em princípios do século: os países pobres convertem-se em exportadores de capitais para os países mais ricos. Como nos períodos anteriores, tal movimento apenas poderia provocar a inadimplência dos mais expostos, tendência rapidamente ampliada em nível continental na América Latina a partir da crise do México em agosto de 1982 (logo seguida pela do Brasil no mês de novembro). Ainda assim, as instituições multilaterais (FMI e Banco Mundial) e os principais interessados do mundo desenvolvido tentaram, durante um momento, preservar as aparências de normalidade, transferindo novos recursos para o serviço da dívida, uma modalidade entre outras de socializar os prejuízos dos banqueiros privados e de evitar uma quebra generalizada do sistema bancário nesses países. Mais para o final da década, reconhecendo a manifesta incapacidade de pagamento dos mais endividados, os países do G-7, capitaneados pelos Estados Unidos (planos Baker e Brady), chegaram ao fato inevitável da necessidade de algum tipo de desconto do valor nominal ("face-value" dos títulos emitidos) ou real (via taxa de juros) da dívida contraída nos anos de euforia financeira.

Uma nova conceituação dicotômica Norte e Sul, ao lado da tradicional caracterização "países desenvolvi-

O Brasil e o multilateralismo econômico   **245**

dos" e "em desenvolvimento", surge na esteira dos choques do petróleo e das tentativas de reformulação das relações econômicas internacionais. Em 1974, a Assembléia Geral da ONU adotava a Carta dos Direitos e Deveres Econômicos dos Estados, reivindicando uma "ordem econômica internacional" mais justa e eqüitativa. A conferência de Cancun, em 1981, convocada no seguimento das recomendações do "Relatório Brandt" sobre as relações Norte-Sul e das conferências organizadas pela França entre 1975 e 1977, representou ao mesmo tempo o auge e a agonia desse tipo de reivindicação "dirigista". Na vertente oposta, Ronald Reagan retruca politicamente, acumulando declarações sobre a supremacia filosófica e prática do mercado livre. O papel da diplomacia econômica, segundo ele, não é mais o de organizar, sob a tutela dos Estados, as condições para o exercício da atividade empresarial, mas tão simplesmente o de liberar o acesso aos mercados de bens e serviços, desregulamentar atividades, proteger a propriedade intelectual e eliminar as fronteiras políticas ao livre fluxo dos capitais privados: o desenvolvimento viria em decorrência dessas políticas.

Nesse contexto, as conferências da UNCTAD seguintes à de Manilha, em 1979 – como a de Belgrado, em 1983, e a de Genebra, em 1987 – foram marcadas não só por negociações extremamente difíceis, do ponto de vista temático e formal, mas também por resultados magérrimos do ponto de vista substantivo (resoluções inócuas, desprovidas de qualquer efeito limitativo ou constrangedor, compromissos meramente declaratórios, sem nenhum caráter vinculativo). À medida que avançavam os anos 80 e se esfacelava, por exemplo, a unidade de ação do antigo bloco socialista – já corroído pelas experiências reformistas "pró-capitalistas" de diversos de seus membros –, o bloqueio político, psicológico e também conceitual entre os países desenvolvidos e o Grupo dos 77 foi praticamente total, com a perda progressiva, pela UNCTAD, de um real mandato negociador. Seu espaço de manobra começou a se reduzir progressivamente na medida em que as crises do petróleo e da dívida externa, bem como experiências diversificadas de crescimento industrial, de incremento manufatureiro e de desempenho comercial de alguns expoentes do Terceiro Mundo, introduziram algumas cunhas conceituais e práticas no edifício aparentemente sólido do "desenvolvimentismo" diplomático. Ainda assim, alguns resultados podem ser creditados à UNCTAD durante sua fase de intensa atuação negociadora. Sua maior realização prática, como conseqüência dos anos iniciais de luta por um tratamento diferencial em favor dos países em desenvolvimento, foi a adoção, em 1971, do sistema geral de preferências (SGP), materializado em concessões tarifárias concedidas pelos países desenvolvidos. O foro genebrino desempenhou, sobretudo, um papel de foro catalisador para os países de menor desenvolvimento relativo (os PMAs, países menos avançados, também chamados LDCs, *least developed countries*), promovendo e organizando duas conferências (Paris, 1981 e 1990) destinadas a direcionar a ajuda multilateral e bilateral no âmbito de um Programa Coordenado de Ação. Ela também atuou em questões financeiras, aprovando diversas resoluções sobre o problema da dívida externa ou sobre ajuda concessional ao desenvolvimento. Uma proposta de diretrizes para a renegociação das dívidas dos países mais pobres refletia nada menos que a realidade econômica (ou seja, a insolvência financeira desses países), o que permitiu que, progressivamente, os países credores (organizados no Clube de Paris e mandatados politicamente por discretas reuniões de ministros de finanças do G-7), sob o impulso das instituições multilaterais, passassem a adotar esquemas de redução unilateral dessa dívida. Se as iniciativas da UNCTAD no campo da assistência oficial ao desenvolvimento (através da fixação do nível mínimo de 0,7% do PNB do países doadores) foram menos bem-sucedidas – com uma redução

O Brasil e o multilateralismo econômico

substantiva dessa ajuda no período recente –, ela demonstrou uma certa imaginação criadora nas sugestões de criação de mecanismos compensatórios de financiamento (*facilities* ou Direitos Especiais de Saque do FMI, por exemplo) em casos de redução de receitas de exportações ou graves desajustes de balança de pagamentos dos países de menor desenvolvimento relativo.

Comprometida desde seu nascimento quase que "prebischiano" com a melhoria dos termos do intercâmbio entre países desenvolvidos e em desenvolvimento, a UNCTAD procurou estimular a negociação de diversos acordos internacionais de produtos de base envolvendo países produtores e consumidores ou, quando isso não era possível, permitiu, ao menos, a criação de grupos de estudo tratando das *commodities* relevantes em termos de renda para os PMAs. O estabelecimento do Fundo Comum para Produtos de Base, em 1989, tem por objetivo a negociação desses acordos, assim como o financiamento de atividades de pesquisa para certas *commodities*.[112] Nos últimos anos, a UNCTAD também voltou-se para aspectos técnicos do comércio internacional, servindo como foro negociador de convenções na área dos transportes marítimos, conferências navais e registros de navios ou transporte multimodal de mercadorias.

Em sua oitava Conferência, realizada em Cartagena, na Colômbia, em fevereiro de 1992, a UNCTAD tentou superar o desapreço em que ela vinha sendo mantida pelos países-membros mais desenvolvidos desde a ascensão da ideologia liberal-conservadora nos

---

[112] O Fundo Comum de Produtos de Base busca uma ação de longo prazo, orientada não necessariamente em função de interesses de países individuais, mas de determinadas *commodities*: já não se privilegia mais a constituição de estoques reguladores, de acordo com a filosofia da *market performance*. Atualmente existem mais de duas dezenas de *International Commodity Boards* ou de "grupos de estudo", cobrindo mais de 30 diferentes *commodities*, alguns em cooperação com a FAO: cacau, café, cobre, juta, chumbo e zinco, borracha natural, níquel, óleo de oliva, açúcar, madeiras tropicais, trigo, grãos, bananas frutos cítricos, comércio de pescado, fibras duras, peles e couros, carne, oleaginosos, arroz, chá e tungstênio.

anos 80. Esse desapreço, que parecia condená-la a uma verdadeira irrelevância política no quadro do sistema onusiano, resultava menos do caráter radical ou supostamente ideológico de suas propostas de reorganização da ordem econômica internacional do que do enfoque essencialmente pragmático que os países industrializados pretendiam emprestar ao processo de liberalização das relações econômicas internacionais.

9.2. A UNCTAD e o declínio do desenvolvimentismo

As relações econômicas internacionais desde princípios dos anos 80 foram caracterizadas pela irrupção de diversos mecanismos desestabilizadores em vários setores da vida econômica das nações, tornadas cada vez mais interdependentes: os movimentos são particularmente bruscos, traumáticos ou inovadores nos campos financeiro e monetário (flutuação desordenada das moedas), dos mercados de capitais e das balanças de pagamentos (alta dramática das taxas de juros e crise da dívida externa dos países em desenvolvimento), bem como no sistema internacional de comércio (expansão do neoprotecionismo e introdução de uma vasta agenda negociadora no GATT). O mundo emergia de duas graves crises energéticas – os choques do petróleo de 1973 e de 1979 – e os países ditos "responsáveis" buscavam aumentar o grau de coordenação sobre as políticas macroeconômicas e cambiais através de mecanismos informais de controle: têm origem aí os encontros regulares de ministros de finanças e para cooperação entre bancos centrais, resultando primeiro na estruturação de um G-5, depois do G-7. Tenta-se igualmente, encontrar soluções tópicas para os problemas do momento, através da criação de novas instâncias de regulação de suas relações recíprocas – como a Agência Internacional de Energia, por exemplo, funcionando no âmbito da OCDE

O Brasil e o multilateralismo econômico

– ou desenvolvendo as relações com o Terceiro Mundo (promoção do chamado "diálogo Norte-Sul").

A percepção de que as relações entre o Norte desenvolvido e o Sul em desenvolvimento tinham de ser reestruturadas era comum aos dois grupos, mas os objetivos eram fundamentalmente diversos. As primeiras propostas de reformulação dessas relações no sentido desejado pelos Estados Unidos, apresentadas em conferência ministerial do GATT em 1982, tinham encontrado uma tal oposição de princípio das Partes Contratantes em desenvolvimento que os países desenvolvidos decidiram a partir de então buscar as linhas de menor resistência e selecionar os foros negociadores de maior eficiência relativa. Ao mesmo tempo em que se empreendiam práticas unilaterais ou "minilateralistas" no comércio internacional – restrições "voluntárias" às exportações, barreiras "técnicas" ao acesso a mercados, negociação de acordos regionais ou aprofundamento dos existentes – os Estados Unidos e outros parceiros desenvolvidos operaram um verdadeiro "congelamento diplomático" nas organizações internacionais suspeitas de "deriva terceiro-mundista". Desse congelamento padeceram em primeiro lugar a UNESCO, identificada com práticas personalistas e desvios administrativos, mas também a ONUDI, encarregada de facilitar o desenvolvimento industrial dos países menos avançados – e portanto acusada de "dirigismo estatizante" – e o próprio PNUD, que sempre financiou uma pletora de projetos considerados como de baixo retorno substantivo na maior parte dos países do Terceiro Mundo.

A UNCTAD era evidentemente uma das primeiras entidades dessa lista de organizações candidatas a medidas de cunho restritivo, mas não apenas ela: também uma instituição até então tipicamente "desenvolvida" como a OMPI, onde se arrastavam desde princípios dos anos 70 intermináveis consultas sobre a revisão da Convenção de Paris sobre Propriedade Industrial, foi preterida nessa fase de redimensionamento dos foros negociadores. De maneira não surpreendente, o próprio GATT foi, num momento de descrença nas chances de finalização da Rodada Uruguai, considerado como excessivamente politizado aos olhos desses países, que começaram a articular uma *second-best solution*: pensou-se então em um vasto acordo de liberalização do comércio internacional de bens e serviços a ser concluído entre *like-minded countries*, eventualmente no âmbito de uma organização mais "comportada" e homogênea como a OCDE. As duas conferências da UNCTAD realizadas no curso dos anos 80 – em Belgrado, em 1983, e em Genebra, em 1987 – tinham sido caracterizadas por uma quase inoperância substantiva e um virtual divórcio entre os dois grupos negociadores mais importantes, por um lado o tri-regional "G-77" dos países em desenvolvimento (organizado internamente nos grupos africano, asiático e latino-americano), e o chamado "Grupo B", dos países desenvolvidos. Não apenas não ocorreram avanços conceituais na identificação dos problemas dos países menos desenvolvidos ou progressos e compromissos concretos em termos de concessões adicionais aos países em desenvolvimento, como se observou mesmo um certo "retrocesso" político na definição de um "receituário" para o desenvolvimento. Enquanto os 77 insistiam em suas velhas teses sobre a transferência de tecnologia e no papel regulador do Estado no direcionamento dos fluxos de capitais estrangeiros e dos investimentos privados, os países ricos retrucavam com base no novo dogma liberal: desregulação, desmonopolização e privatização, redução do papel do Estado e ênfase na missão reguladora "natural" dos mercados.

A VIII UNCTAD, realizada em 1992 depois de muita indefinição e de algumas postergações, tentou corrigir a paralisia que tinha acometido esse foro em decorrência da divisão acima assinalada. Os países participantes, pelo menos no papel, concordaram em que o desenvolvimento deveria voltar a ser uma prioridade na

O Brasil e o multilateralismo econômico

agenda internacional, em função do que decidiram estabelecer uma nova parceria consubstanciada no chamado "Compromisso de Cartagena". Em lugar de propor, como antes, fórmulas pretendidamente universais, num ou noutro sentido, para enfrentar o desafio do desenvolvimento, a UNCTAD passou a propugnar, mais modestamente, uma análise aberta das experiências nacionais, de maneira a oferecer aos países em desenvolvimento lições adequadas no processo de formulação e implementação de políticas nos níveis nacional e internacional e de aproveitamento da cooperação econômica internacional. O "espírito" de Cartagena foi suficientemente flexível a ponto de lograr integrar num documento oficial da UNCTAD conceitos novos do tipo *good management*, papel dos mercados, importância da democracia e da *public accountability*, bem como o respeito dos direitos humanos, tanto como um imperativo moral como um fator importante para o desenvolvimento.

A VIII Conferência também admitiu a necessidade de uma certa adaptação institucional da UNCTAD e o redirecionamento do trabalho em novas áreas como, por exemplo, desenvolvimento sustentável, comércio e meio ambiente, administração de recursos naturais, disseminação de tecnologias e de processos compatíveis com o meio ambiente e a adoção de padrões de produção e consumo sustentáveis. Em outros termos, a velha ideologia confrontacionista, que buscava responsabilizar os países industrializados pelo "subdesenvolvimento" dos mais pobres, tão ao gosto dos representantes dos antigos Estados socialistas e de alguns epígonos do terceiro-mundismo diplomático, foi substituída por um discurso bem mais palatável aos primeiros. Nesse sentido, Cartagena representou um *turning-point* conceitual na história da UNCTAD.

No período subseqüente, a UNCTAD privilegiou, por exemplo, o estudo de problemas relativos a produtos primários, a diminuição da pobreza, a cooperação econômica entre países em desenvolvimento, preferências comerciais e serviços. Grupos de trabalho *ad hoc* dedicaram-se a questões como investimentos e fluxos financeiros, capacitação e expansão das oportunidades comerciais, privatização e transferência de tecnologia. Depois de examinar o trabalho realizado por essas instâncias, a Junta governativa da UNCTAD decidiu, em 1994, criar novos grupos *ad hoc* voltados para a interação entre comércio, meio ambiente e desenvolvimento, o papel das empresas e as oportunidades comerciais no novo contexto internacional. Um dos trabalhos mais significativos empreendidos pela UNCTAD nos últimos anos refere-se ao acompanhamentos das tendências, identificação dos fluxos e publicação de informações relativas a investimentos de empresas transnacionais: assim, ao lado do relatório anual da Junta de Comércio e Desenvolvimento (*Trade and Development Report*), que já se tornou uma incontornável referência anual das análises sobre a economia global – junto com os relatórios similares do BIRD, da OCDE, os [*World*] *Economic Outlook(s)*, e o do PNUD sobre o desenvolvimento humano –, a Divisão de Corporações Transnacionais e Investimentos da UNCTAD publica regularmente, desde alguns anos, o *World Investment Report*, súmula de dados fundamentais sobre fluxos de investimentos estrangeiros diretos e o quadro legal que os cerca. Em outros termos, a UNCTAD passou a aceitar a agenda da interdependência.

A despeito de passar a exibir, no período recente, argumentação e discursos conciliadores e apresentando mesmo uma atuação bastante moderada, a entidade genebrina chegou a ser considerada como "jurássica" e ultrapassada por países como os Estados Unidos, que desejavam sua extinção ou pelo menos o afastamento de alguns de seus velhos ideólogos desenvolvimentistas, depreciativamente chamados de "dinossauros". Sua agenda de trabalho, ainda que relevante do ponto de vista dos Estados-membros e centrada nos temas efetivamente cruciais para as necessidades de desenvolvi-

O Brasil e o multilateralismo econômico   **253**

mento dos países do Terceiro Mundo, era objeto de um certo desapreço por parte de alguns países desenvolvidos, que recusavam sistematicamente atribuir-lhe qualquer tarefa negociadora substantiva.

A nona conferência da entidade, a IX UNCTAD, realizada em abril-maio de 1996 em Midrand, na África do Sul, desenvolveu-se sob o signo da renovação, inclusive porque foi a primeira a realizar-se em plena vigência da nova Organização Mundial do Comércio, que começou a funcionar em janeiro de 1995.[113] O novo Secretário-Geral, o Embaixador brasileiro Rubens Ricupero, manifestou, na fase preliminar, plena consciência de que o mandato unctadiano não poderia ser o de, como no passado, desafiar ou tentar modificar o sistema existente, ou seja, ir contra o *status quo* representado pelas organizações de Bretton Woods. Reconhecendo a nova visão de uma economia dentro da qual tanto o mercado como as políticas públicas desempenham um papel importante, como enfatizado pelo "espírito de Cartagena", o mandato deveria ser o de passar a trabalhar no interior do sistema, "e influir na melhor direção em função dos interesses do conjunto das nações".[114]

A conferência de Midrand aprovou um documento final – *A Partnership for Growth and Development* – que redefine uma vez mais o papel da entidade de Genebra e elabora um programa de trabalho que preserva sua capacidade analítica nos campos mais relevantes de sua atuação tradicional (comércio, investimentos, política de concorrência e tecnologia, entre outros). Sua estrutura de trabalho foi consideravelmente reduzida, em relação às oito comissões existentes no período pós-Cartagena.

---

[113] Tratei do contexto histórico do surgimento da OMC e das principais características da nova organização no artigo "O Fim de Bretton-Woods?: a longa marcha da Organização Mundial do Comércio", *Contexto Internacional*, Rio de Janeiro: vol. 16, nº 2, julho/dezembro de 1994, pp. 249-282.

[114] Ver Rubens Ricupero, "La economía mundial y el papel da la UNCTAD", extratos do discurso pronunciado na reunião de consulta e coordenação do SELA, em 18 de janeiro de 1996, previamente à IX UNCTAD, in *Capítulos del SELA*, Caracas: nº 45, especial sobre "Globalización, comercio e integración", janeiro-março 1996, pp. 17-27, cf. p. 22.

Do ponto de vista da repartição orgânica, assim, ademais da preservação da Junta de Comércio e Desenvolvimento, foram estabelecidas três comissões temáticas: 1) comércio de bens e serviços e produtos de base; 2) investimento, tecnologia e questões financeiras conexas; 3) empresas, facilitação do comércio e desenvolvimento. Caberia agora confirmar, pelo menos do ponto de vista dos países desenvolvidos, se este novo mandato, obtido de uma forma relativamente consensual na África do Sul, poderá fazer novamente da UNCTAD um foro aceitável para a negociação de um novo contrato econômico em escala global. Em qualquer hipótese, a UNCTAD terá de trabalhar em estreita cooperação com as instituições de Bretton Woods, com a OMC e com a própria OCDE, que mais do que qualquer outra, trata de maneira integrada dos diversos aspectos da agenda econômica internacional.

9.3. Fragmentação e diversificação do Terceiro Mundo

A década que se segue à morte do Secretário-Geral do PCUS, Brejnev, até a extinção da própria União Soviética, em 1991, representou, certamente, dez anos que "abalaram o mundo", para usar a expressão consagrada por John Reed ao registrar o nascimento, em 10 dias decisivos de outubro de 1917, da alternativa socialista ao regime democrático liberal e ao modo capitalista de produção, que eram até então considerados como as formas "naturais" de exercício do poder político e de organização econômico-social. Essa década de transformações importantes nos cenários econômico e político mundiais será sobretudo retida pelos historiadores como a da derrocada do comunismo de tipo soviético, como o ponto conclusivo de uma experiência, a do "socialismo científico", que, em setenta anos de história, não conseguiu, finalmente, "mudar o mundo", como

O Brasil e o multilateralismo econômico   **255**

prometiam o messianismo marxista e o projeto bolchevista inaugurado por Lênin no final da Primeira Guerra Mundial.[115]

Mas, esses dez anos foram igualmente importantes – embora desiguais em termos de capacidade transformadora e de inserção econômica internacional – para o chamado Terceiro Mundo, que viu crescerem suas tendências internas à fragmentação e à diversificação. Enquanto ganhavam peso muitos países emergentes da Ásia-Pacífico, com uma notável ascensão comercial e tecnológica dos chamados "tigres" (Coréia, Taiwan, Hong-Kong e Cingapura), a África afundava na derrocada econômica e numa quase completa desagregação política. Assistiu-se, por outro lado, a uma exasperante estagnação econômica na América Latina, fenômeno combinado, neste último continente, a uma bemvinda transição democrática nos antigos regimes militares, seguida da retomada dos projetos integracionistas que iriam frutificar em princípios dos anos 90, junto com a retomada do crescimento e a condução, desigual, de programas de estabilização econômica.

O mundo deixou de ser organizado em torno dos eixos Leste-Oeste e Norte-Sul, para penetrar numa fase de crescente competição econômica e tecnológica e de acentuada multipolaridade política, muito embora se afirmassem a preeminência estratégica e a supremacia militar da única superpotência remanescente. Mas a situação quase-imperial dos Estados Unidos passou a ser temperada, é verdade, pela relativa diluição de seu poder econômico e pela acirrada concorrência tecnológica mantida por "Estados comerciais" emergentes, como a Alemanha e o Japão, alimentando, no final da década,

---

[115] Tratei dessa conjuntura, crucial para o surgimento da era pós-socialista, em meus artigos "Neo-détente & Perestroika: agendas para o futuro", *Política e Estratégia,* São Paulo: ano VI, n° 1, janeiro-março de 1988, pp. 67-74, e "Retorno ao Futuro, Parte III: Agonia e Queda do Socialismo Real", *Revista Brasileira de Política Internacional,* Rio de Janeiro: ano XXXV, n⁰ˢ 137-138, 1992/1, pp. 51-71, este o terceiro, como seu título indica, de uma série dedicada às relações internacionais na perspectiva do final do século.

um animado debate acadêmico em torno do declínio do gigante norte-americano.[116]

Ao concluir-se a cisão histórica entre as economias centralmente planificadas e as de mercado livre – uma vez que mesmo a China socialista passou a aderir, a partir de 1979, aos princípios capitalistas de produção e distribuição –, o mundo parecia estar pronto para o que o Presidente norte-americano George Bush chamou, em 1989, pouco depois da queda do muro de Berlim, de uma "nova era nas relações internacionais". Essa nova era, otimisticamente saudada por alguns como representando o fim do primado da força nas relações interestatais, logo se chocaria com a afirmação violenta dos nacionalismos – exacerbado no caso balcânico – e com a recrudescência de alguns conflitos regionais – continuamente explosivos como no caso do Oriente Médio.[117]

Uma espécie de "fim da Geografia" no terreno econômico – em contraposição com o anunciado (mas desmentido) "fim da História" no terreno político – empreendia, a partir do final da década, a unificação definitiva dos espaços produtivo e comercial em todas as fronteiras ainda abertas à expansão das forças de mercado, desta vez sob o predomínio exclusivo do sistema capitalista, retomando assim o processo anunciado por Marx no *Manifesto Comunista* de 1848. No campo da ordem econômica internacional e do sistema multilateral de comércio, a constituição de uma Organização Mundial do Comércio, na fase conclusiva da Rodada Uruguai do GATT, encerrou a tarefa iniciada meio século antes, quando, na seqüência do processo iniciado em Bretton Woods, em 1944, se decidia estabelecer, na Conferência sobre Comércio e Emprego de

---

[116] Enfoquei a mudança de paradigmas nas relações internacionais contemporâneas em artigo intitulado "Os Anos 80: da nova Guerra Fria ao fim da bipolaridade" in Flávio Sombra Saraiva (org.), Amado Luiz Cervo, Wolfgang Döpke e Paulo Roberto de Almeida, *Relações internacionais Contemporâneas: da construção do mundo liberal à globalização, 1815 a nossos dias* . Brasília: Paralelo 15, 1997, pp. 303-353.

[117] Ver Philippe Moreau Desfarges, *Les relations internationales dans le monde aujourd'hui: entre globalisation et fragmentation*. 4a. ed, Paris: Ed. S.T.H., 1992.

O Brasil e o multilateralismo econômico

Havana (1947-48), uma natimorta Organização Internacional do Comércio.

As relações econômicas internacionais passaram a ser dominadas pelas forças contraditórias, mas complementares, do "capitalismo triunfante", da globalização, da regionalização e da fragmentação. À internacionalização produtiva, comercial e financeira provocada pela interdependência crescente das economias – fenômenos que caracterizam essa "nova ordem internacional globalizante" –, contrapõem-se os processos de diversificação cada vez mais acentuada do Sul – com o reforço dos blocos regionais, a emergência da Ásia, por um lado, o marasmo da América Latina e o declínio absoluto da África, por outro – e de aprofundamento das desigualdades e do desemprego no próprio coração do mundo desenvolvido. Novos problemas e novos desafios estavam sendo colocados no horizonte político e econômico dos países que participam ativamente da agenda mundial em princípios dos anos 90, prometendo, para os anos finais do século XX, um *fin-de-siècle* talvez tão incerto como parece ter sido o seu começo.

A integração de mercados financeiros se faz no quadro de uma certa anarquia monetária, tornando inviável um retorno ao universo regulatório de Bretton Woods, que tinha sido implodido pela suspensão, em 1971, por decisão unilateral do Governo dos EUA, da conversibilidade do dólar e da eliminação, em 1973, do mecanismo de paridades cambiais fixas entre as principais moedas. As tentativas de controle das variações entre as moedas por meio da cooperação voluntária entre os principais protagonistas do mundo desenvolvido – introdução de bandas restritas a partir de 1979, no Sistema Monetário Europeu, ou a coordenação de políticas financeiras pelas autoridades monetárias do G-7 – não produzem nenhum resultado apreciável em termos de disciplina cambial, e os mercados financeiros continuam a se expandir de maneira mais ou menos permissiva.

No terreno do comércio internacional, intervêm dois movimentos contraditórios: por um lado, o surgimento de novas barreiras não-tarifárias ao comércio internacional de bens, obstáculos técnicos e "sanitários" que se substituem às tarifas alfandegárias progressivamente rebaixadas nas rodadas anteriores de negociação; por outro, o alargamento e o aprofundamento das negociações comerciais de acesso a mercados em áreas inéditas na história do GATT. Era evidente que, ao excluir das regras multilaterais categorias inteiras como serviços, bens imateriais (investimentos, patentes e tecnologia proprietária) ou mesmo bens tradicionais como os produtos agrícolas, por exemplo, o comércio internacional deixava de fora do terreno legal-contratual do Acordo Geral de 1947 alguns dos setores mais dinâmicos e rentáveis das trocas mundiais.

O objetivo central da nova regulamentação do sistema multilateral de comércio consagrado na OMC é o de responder aos requerimentos do fenômeno já identificado como *globalização*, isto é, a internacionalização crescente dos circuitos produtivos e dos sistemas financeiros. Mas, esse processo encontra paralelo ou compensação no outro fenômeno característico dos anos 80 e 90, conhecido como *regionalização*, isto é, a formação de blocos econômicos preferenciais (sob a forma de zonas de livre comércio, uniões aduaneiras ou mercados comuns) em subsistemas geográficos regionais. A tendência desenvolveu-se a partir de meados dos anos 80, quando a então Comunidade Econômica Européia, superando anos de recessão e de "euroesclerose", lançou as bases, mediante o Ato Único Europeu de 1986, de ambicioso programa de eliminação de todos os entraves à constituição de um vasto mercado unificado, com calendário fixado para dezembro de 1992.

Respondendo ao que muitos consideraram como o projeto de uma "fortaleza Europa", outros importantes parceiros lançaram-se igualmente em processos "minilaterais" – por oposição ao estrito multilateralismo das

O Brasil e o multilateralismo econômico

regras do GATT - de liberalização comercial, consubstanciados em acordos seletivos que muitas vezes foram identificados como substitutivos ou alternativas de maior escopo que os esquemas baseados na cláusula de nação-mais-favorecida do sistema multilateral de comércio consubstanciado no Acordo Geral.

A primeira manifestação dessa nova tendência foi dada pelo acordo de 1987 entre os EUA e o Canadá, criando uma zona de livre comércio bilateral. No hemisfério sul, Brasil e Argentina davam início ao processo de integração sub-regional, mediante o Programa de Integração e Cooperação Econômica, de 1986, que logo desdobrou-se no Tratado de Integração de 1988, prevendo a constituição de um mercado comum no espaço de dez anos. Enquanto na Ásia, os países membros da ASEAN, consoante o antigo espírito político anticomunista da associação do sudeste asiático, relutavam em engajar-se num processo de conformação de uma área preferencial de comércio, na Oceania, ao contrário, a Austrália e a Nova Zelândia aderiam a um esquema resolutamente livre-cambista, conhecido por CER, de *closer economic relations*.

No hemisfério ocidental, por sua vez, o Presidente Bush, dos Estados Unidos, dando algumas tinturas plurilateralistas às suas propostas bilateralistas de liberalização negociada dos intercâmbios econômico-financeiros na região, anuncia, em junho de 1990, o lançamento da "Iniciativa para as Américas", vasto esquema de uma zona de livre comércio hemisférica, incluindo ainda programas de reconversão da dívida externa e canalização de investimentos privados. Sintomaticamente, porém, indica que o México seria o primeiro a beneficiar-se de tais possibilidades, o que efetivamente viria a concretizar-se dois anos depois através da conformação do NAFTA, o acordo trilateral de livre comércio da América do Norte, envolvendo ainda o Canadá.[118]

---

[118] No mesmo momento, Brasil e Argentina decidiam acelerar o programa de constituição de um mercado comum bilateral, reduzindo pela metade os prazos previstos no esquema de liberalização comercial e introduzindo um

Na seqüência da vaga neoliberal e livre-cambista que ocupou a agenda econômica internacional a partir de meados dos anos 80, o que se nota de mais significativo nas relações econômicas internacionais é que o Sul se fragmenta irremediavelmente, com o descolamento para cima de alguns "tigres" asiáticos, uma conjuntura estagnada, com alguma deterioração social, na maior parte da América Latina e uma irresistível tendência ao declínio econômico, quando não à regressão pura e simples, de muitos países africanos. Assiste-se, na prática, a uma reversão completa das tendências políticas observadas nas duas décadas precedentes, quando a agenda internacional era dominada pelas demandas dos países em desenvolvimento por uma nova ordem econômica internacional.

Essa "nova ordem" – que, teoricamente, seria implementada sob os auspícios da ONU e de suas agências especializadas, como a UNCTAD –, deveria basear-se no reconhecimento formal das deficiências intrínsecas dos países em desenvolvimento e na introdução de medidas corretivas que todas deveriam se basear na não-reciprocidade e mesmo numa certa "obrigação" para os mais desenvolvidos de aportar-lhes ajuda (capitais, transferência de tecnologia, regime patentário mais permissivo) em seu processo de desenvolvimento. A nova ideologia liberal, por um lado, com sua ênfase no livre funcionamento dos mercados e na retirada do Estado intervencionista, e a própria crise da dívida externa, por outro, fragilizando a capacidade de barganha de muitos antigos "porta-vozes" do desenvolvimentismo militante, encarregam-se de transformar essa nova ordem numa certa "desordem econômica mundial", na qual aos

---

caráter de automaticidade no processo, doravante calendarizado, de eliminação das barreiras tarifárias e não-tarifárias: é o início das negociações que conduzirão ao Mercosul, consubstanciado pouco depois no Tratado de Assunção, que, em março de 1991, associou ao esquema bilateral o Paraguai e o Uruguai, à exclusão do Chile que, tendo participado das discussões iniciais, declinou do convite em virtude de seu perfil tarifário mais rígido (tarifa única de 11%, embora mais reduzida em relação à média então praticada por Brasil e Argentina, de cerca de 40%).

O Brasil e o multilateralismo econômico

velhos problemas do subdesenvolvimento clássico vêm juntar-se uma série de novos perigos globais (narcotráfico, terrorismo, criminalidade mafiosa e corrupção, migrações clandestinas, AIDS, marginalidade urbana, etc.).

Nesse contexto de incertezas, alguns países em desenvolvimento conseguem um melhor desempenho que outros, ao operar uma decolagem espetacular em termos de crescimento do produto *per capita* e de aumento da competitividade internacional. Sem ter necessariamente seguido as receitas liberais, esses países, quase todos na Ásia, adotaram políticas pragmáticas de industrialização e de capacitação tecnológica, combinando uma certa ortodoxia fiscal e monetária com altas doses de ativismo estatal (monitoramento dos investimentos, reservas temporárias de mercado, agressividade exportadora).

A natureza institucional dos debates nos foros internacionais, sobretudo em Genebra e em Nova York, mascarou parcialmente esse elemento novo do fracionamento do mundo em desenvolvimento em função dos interesses concretos dos países considerados. Naqueles foros observa-se uma certa resiliência da divisão tradicional entre grupos de países – desenvolvidos, socialistas, grupo dos 77, estes organizados por sua vez em subgrupos regionais – que pouco têm a ver com vários dos problemas sendo debatidos. O discurso terceiro-mundista ou não-alinhado se torna, assim, pouco relevante para a organização de uma ação conjunta, ou mesmo para a simples coordenação de posições, ao passo que também os países do grupo socialista deixam de reunir-se ou até de expressar-se pelos mesmos porta-vozes. A China, evidentemente, sempre constituiu-se uma espécie de grupo à parte, embora no mais das vezes alinhada com as posições do G-77.

O fim da guerra fria aporta, por certo, uma nova relevância para a ONU, em especial para seu Conselho de Segurança. Conceitos como o de segurança coletiva começam a ser debatidos nesses foros multilaterais, ensaiando-se mesmo sua aplicação efetiva em alguns teatros de conflito (Bósnia). Na prática, contudo, assiste-se à expansão daquilo que os realistas chamam de "anarquia estatal" da comunidade internacional, com a defesa individual dos interesses nacionais primando sobre a busca consensual de soluções coletivas a problemas comuns. Na verdade, os problemas confrontados por uma comunidade mundial doravante constituída por quase duzentos estados não são tão comuns quanto o discurso da mídia internacional deixaria supor: mais de dois terços dos países membros da ONU se debatem ainda nas agruras do subdesenvolvimento tradicional, sem maiores perspectivas para sua superação.

Alguns analistas falam de uma "geografia da exclusão", baseada num mapa em três círculos: um centro econômico e político, geograficamente descentralizado, aberto e internacionalizado; uma periferia integrada mundialmente, mas desprovida de poder político próprio; uma zona cinzenta, por fim, desconectada dos circuitos de intercâmbio e de decisão.[119] Outros preferem ver a emergência de um "multilateralismo modular", uma espécie de estrutura elástica para o entendimento e a organização das relações do Norte com o Sul, baseada na variedade de atores e na diversidade de questões que surgem para debate e resolução na agenda econômica mundial.[120]

---

[119] Ver, para este tipo de análise, o livro de Marisol Touraine, *Le Bouleversement du Monde: géopolitique du XXIe siècle*. Paris: Seuil, 1995, p. 140. Esses três círculos são compostos, em primeiro lugar, pela tríade (Europa, Estados Unidos e Japão), em especial pelos grandes espaços regionais da UE, do NAFTA e da APEC; vêm, em segundo lugar, os países que organizam sua inserção mundial por via da integração regional, na América Latina (Mercosul) e na Ásia; o terceiro seria, finalmente, o da própria exclusão, no Sul ou no Leste (África subsaárica, regiões asiáticas da ex-URSS, uma parte da Ásia meridional); idem, pp. 158-159.

[120] Esse quadro analítico, que também tem a pretensão de servir como *"predictive* tool for projecting economic interaction" entre o Norte e o Sul e como *"prescriptive* model for collective decision-making" foi oferecido no artigo de Richard E. Feinberg e Delia M. Boylan, "Modular Multilateralism: North-South Economic Relations in the 1990s", *The Washington Quarterly*, vol. 15, n° 1, winter 1992, depois compilado no volume organizado por Brad Roberts

O Brasil e o multilateralismo econômico

9.4. A América Latina e o Brasil no contexto internacional

A América Latina, nesse contexto, constitui-se como um continente relativamente marginal no cenário estratégico internacional e no que respeita aos principais fluxos de produtos materiais e bens imateriais (tecnologia, capitais, *know-how*). Essa característica é, antes de mais nada, o resultado de suas próprias opções, no decurso do pós-guerra, em matéria de políticas econômicas desenvolvimentistas: ao escolher o modelo substitutivo de industrialização, a maior parte dos países latino-americanos ensejou um certo "descolamento" do mercado mundial. Assim, enquanto os "tigres" da Ásia oriental aumentavam extraordinariamente sua participação no comércio internacional entre meados dos anos 60 e os 80, os principais países da América Latina mantinham a sua praticamente estagnada. Da mesma forma, a parte das exportações no PNB daqueles países mais que dobrou entre 1965 e 1983 (de 13 a 32%), para uma tímida progressão (de 11 a 15%) no caso dos latino-americanos.

Dominada pela crise e estagnação durante a maior parte dos anos 80, ela começou lentamente a recuperar-se de seus principais problemas econômicos (dívida e inflação) na transição democrática de meados da década, mas ainda não conseguiu desfazer-se de suas mais perversas mazelas sociais, consubstanciadas na alta taxa de desigualdade na distribuição da renda, nos baixos níveis de educação formal e numa carência generalizada dos valores da cidadania. Esses fatores, como sua própria excentricidade em relação aos principais cenários de disputa estratégica, explicam a perda de importância internacional da América Latina, se é que ela alguma vez teve alguma. Em compensação, em princípios dos

---

(ed), *New Forces in the World Economy*. Cambridge, Mass.: The MIT Press, 1996, pp. 39-51, que oferece diversos outros trabalhos de interesse na nova *Realeconomik* das relações internacionais.

anos 90, a América Central estava pacificada e, à exceção de Fidel Castro, todos os demais líderes políticos do continente tinham sido democraticamente escolhidos em eleições livremente disputadas. A persistência de guerrilhas em alguns países andinos e eventuais tendências bonapartistas ou populistas não chegam a colocar em risco o compromisso global com a normalização institucional.

Do ponto de vista da segurança estratégica, a América Latina aparece, no confronto com os demais continentes, como singularmente desprovida de grandes focos de conflitos inter-estatais. A dupla herança da mensagem bolivariana e do "sentimento" pan-americano, a forte vocação integracionista (ainda que em grande parte frustrada) da componente ibero-americana e a existência de mecanismos flexíveis de cooperação regional (tratados da bacia do Prata e de cooperação amazônica, por exemplo) concorrem para mantê-la numa situação de baixa tensão potencial. Os poucos casos de enfrentamentos armados ou de iminência de conflitos militares – Peru-Equador, Chile-Argentina, Chile e seus antigos adversários da guerra do Pacífico, disputas fronteiriças Colômbia-Venezuela, por exemplo – não chegam a conformar um cenário de instabilidade estratégica absoluta ou um obstáculo fundamental à continuidade de relações: o Chile e a Bolívia conviveram tranqüilamente no Grupo Andino e na ALADI mesmo durante a ausência momentânea de relações diplomáticas.

Os processos em curso de integração econômica sub-regional, em primeiro lugar o Mercosul, em muito contribuíram para reforçar a estabilidade democrática no continente, para aumentar a interdependência recíproca de suas economias e para realçar novamente a capacidade de barganha da América Latina no cenário mundial. Os esquemas preferenciais já existentes ou em curso de implementação – zonas de livre comércio bi, tri ou plurilaterais – permitem operar processos cooperati-

O Brasil e o multilateralismo econômico

vos e negociados de acesso recíproco aos mercados europeu e norte-americano. A Iniciativa para as Américas de junho de 1990 evoluiu, a partir da cúpula de Miami de dezembro de 1994, para uma proposta hemisférica de livre comércio no horizonte 2005, enquanto a União Européia propunha uma associação privilegiada com o Mercosul. No plano inter-regional, a vocação espanhola para servir de ponte entre a América Latina e a Europa ocidental permitiu o surgimento de conferências ibero-americanas a partir de 1991, cuja orientação é contudo mais política do que econômica.

O Brasil, em particular, cuja política externa esteve basicamente voltada nos anos 80 para as relações com os países latino-americanos, passou a desempenhar um papel de primeira ordem nesses processos simultâneos de formação de espaços econômicos integrados no continente (integração Brasil-Argentina, Mercosul, Iniciativa Amazônica, área de livre comércio sul-americana), de busca de uma reinserção da região na economia mundial e de reassunção, para si próprio, de um novo papel político internacional. Estado-continente e certamente o país de maior peso no contexto sul-americano, sua competente diplomacia jamais reivindicou, contudo, qualquer estatuto de potência regional ou mundial. Afastadas as lembranças guerreiras das longínquas peripécias platinas no decurso do século XIX – a guerra do Paraguai foi, finalmente, a única experiência bélica de terreno colocada ao exército brasileiro – e mesmo a possibilidade atual de uma capacitação nuclear independente para fins diretamente estratégicos, a concepção doutrinal do Estado brasileiro se aproxima evidentemente bem mais do ideal do "Estado comercial" do que do modelo "territorial" de que falou Rosecrance.[121]

Tendo iniciado a década de 80 – ainda sob o regime militar – com um discurso diplomático afirmadamente

---

[121] Ver o clássico estudo de Richard Rosecrance, *The Rise of the Trading State: Commerce and Conquest in the Modern World*. New York: Basic Books, 1986.

desenvolvimentista, reivindicatório (sem ser confrontacionista) e caracterizadamente "terceiro-mundista", a política externa do Brasil se encaminharia para uma aceitação refletida da necessidade de interdependência, passando sua posição negociadora no âmbito da Rodada Uruguai por uma revisão moderada no sentido da aceitação de algumas teses dos países mais desenvolvidos (serviços, propriedade intelectual, em especial). Ainda que recusando o conceito de "graduação", que se lhe procurava impingir de maneira unilateral, e chegando mesmo a decretar a moratória de sua dívida externa, em 1987, o Brasil busca mesmo assim melhorar a qualidade de suas relações com os países ricos, em especial com os Estados Unidos: conflitos na área de informática e de patenteamento farmacêutico, ademais da natural dificuldade das negociações no GATT, dificultam porém esse objetivo.

Sua posição no quadro, por exemplo, da coordenação dos países devedores da América Latina (Consenso de Cartagena), nunca foi de um ardente militantismo, ao contrário: o Brasil favorecia a busca de um entendimento global nessa área, com base em sua dupla natureza, financeira e política. Fundamentado em sua diplomacia universalista, respeitadora dos princípios mais sagrados da convivência entre os Estados, o Brasil passa a reivindicar o estudo da reforma da Carta das Nações Unidas e a assunção de um maior papel para si no cenário internacional. Sintomaticamente, no final da década de 80, o presidente brasileiro, em discurso perante a Assembléia Geral da ONU, relançava a idéia da entrada do País no Conselho de Segurança, ainda que como membro sem direito de veto. No final dos anos 90, o projeto continuava de pé...

O Brasil e o multilateralismo econômico   **267**

Capítulo 10

As grandes forças da interdependência mundial

Aos olhos dos cientistas políticos e historiadores especializados em relações internacionais, as dimensões políticas das transformações mundiais no período recente apresentam-se como razoavelmente bem identificadas, sobretudo a partir da queda do muro de Berlim e da derrocada ulterior do socialismo de tipo soviético. Essas dimensões políticas seriam representadas pelo fim da bipolaridade estrita entre duas potências hegemônicas e pela irrelevância atual de qualquer tipo de competição ideológica, fenômenos que caracterizaram a fase da Guerra Fria, que ocupou o cenário diplomático mundial do último meio século. As novas condições de relativo equilíbrio de potências se traduzem na lenta emergência de uma ordem internacional ainda não totalmente definida conceitualmente, mas que poderia ser identificada pela noção de pós-hegemonismo, situação caracterizada por alguns especialistas como de múltiplas polaridades – muito embora a conjuntura política e militar criada pela guerra do Golfo (1991) tenha sido chamada de "momento unipolar", isto é, marcada pela preeminência inequívoca dos Estados Unidos. Em todo caso, as relações internacionais contemporâneas estão mais dominadas pela competição econômica e tecnológica do que pelas disputas estratégicas ou geopolíticas.

As dimensões econômicas dessas mesmas transformações são, em contraste, menos claramente identificáveis por esses especialistas, embora muitos observadores costumem subsumi-las por meio dos conceitos aparente-

O Brasil e o multilateralismo econômico

mente dicotômicos – na verdade basicamente complementares – de *globalização* e de *regionalização*. A estrita separação entre fatores políticos e econômicos da emergência e constituição da nova ordem mundial não encontra todavia justificações empíricas, na medida em que foram fatores essencialmente econômicos – em especial a crise estrutural do modo de produção socialista – que precipitaram o fim da bipolaridade e a ascensão incontestada do sistema liberal-capitalista, assim como são fatores políticos, na maior parte das vezes, que determinam o surgimento e a expansão tanto dos atuais esquemas sub-regionais de integração – como a União Européia e o Mercosul, por exemplo – como dos blocos geográficos de liberalização comercial – como o NAFTA e, tendencialmente a ALCA – ou das zonas de tarifas preferenciais – cujos modelos típicos podem ser encontrados na APEC e na própria ALADI.

10.1. Globalização e regionalização

A atual estrutura da economia mundial, embora típica dos períodos de transição, apresenta-se, segundo análises recorrentes, dominada por dois fenômenos aparentemente contraditórios: por um lado, a internacionalização crescente dos circuitos produtivos e a transnacionalização dos movimentos de capitais e dos investimentos, processos nos quais os fluxos globais de bens, serviços e de tecnologia são determinados mais pelos dinamismos econômicos do que pelas configurações políticas; por outro lado, a emergência de novos espaços geoeconômicos que são as zonas econômicas preferenciais, seja numa conformação relativamente simples como as áreas de livre comércio, seja sob formas mais elaboradas, como os mercados comuns. Estas áreas são geralmente abertas e estabelecidas de conformidade com as regras do sistema multilateral de comércio regido pelo GATT, mas há uma constante oscilação entre o multilateralismo proclamado pelo sempre crescente número de países membros da OMC e o minilateralismo seletivo que se manifesta na prática, sob a forma dos novos espaços econômicos regionais.

Em todo caso, essa interdependência se manifesta, no mundo atual, por dois processos complexos e complementares de transformação e de adaptação das economias nacionais às novas exigências e requisitos de desenvolvimento das forças produtivas: por um lado, a chamada *globalização*, isto é, a integração dos mercados, que resulta da internacionalização ampliada dos circuitos produtivos e dos fluxos financeiros; por outro, a *regionalização*, isto é, a constituição de blocos comerciais e agrupamentos econômicos, geralmente de vocação liberalizante.

Estes dois processos não são inéditos, em termos históricos, nem representam rupturas fundamentais da ordem econômica mundial. A globalização, por exemplo, é apenas um novo nome para o fenômeno da disseminação universal da economia capitalista. Desde a época das grandes navegações e das descobertas ultramarinas, pelo menos, que o mundo vem sendo unificado segundo os princípios da economia de mercado e do liberalismo econômico, primeiro sob a forma do mercantilismo clássico, depois sob a do capitalismo manufatureiro de tipo manchesteriano, tão bem analisado por Engels, e a partir deste século segundo o modelo da "organização racional" da produção de tipo fordista ou taylorista, atualmente no quadro da integração dos mercados financeiros e da economia da informação.

A interdependência econômica e a globalização dos mercados sempre existiram, ainda que esses processos se tenham manifestado, durante muito tempo, segundo o clássico padrão de intercâmbio de matérias-primas contra produtos manufaturados, que caracterizou as relações do Norte desenvolvido com o Sul periférico e dependente. As grandes obras mestras dos clássicos do pensamento econômico e da pesquisa histórica – sejam

O Brasil e o multilateralismo econômico

elas *A Riqueza das Nações*, de Adam Smith, os *Princípios da Economia Política*, de David Ricardo, o *Manifesto Comunista*, de Karl Marx, *A Grande Transformação*, de Karl Polanyi ou o mais recente, *Economia, Civilização Material e Capitalismo*, de Fernand Braudel – tratam basicamente da emergência desses novos padrões de produção e comércio e da expansão dessa interdependência econômica mundial. Atualmente, as estruturas de produção e de distribuição em nível mundial, longe de preservar o velho modelo intersetorial e de especialização produtiva entre países do Norte e do Sul, que foi o seu durante praticamente quatro séculos, seguem cada vez mais um padrão intra-setorial, quando não intra-ramos industriais ou mesmo intrafirmas: o único critério aceitável na moderna divisão social do trabalho é a alocação ótima de recursos produtivos.

Enganam-se aqueles que pensam que esse fenômeno significa, necessariamente, o direcionamento de todas as atividades de produção e de montagem para os países em desenvolvimento, supostamente beneficiados por custos menores de trabalho, relativa abundância de recursos naturais ou menor regulação nas frentes ambiental e social. O essencial dos fluxos de investimento e de transferência de tecnologia se dá, ainda e sempre, entre os próprios países desenvolvidos, tipicamente os membros da OCDE. Vantagens comparativas estáticas não representam mais, se é que representaram algum dia, garantia de atração de capitais e de absorção de recursos produtivos. A capacitação da mão-de-obra, uma boa situação macroeconômica e uma infra-estrutura adequada de serviços – sobretudo financeiros, de transportes e de telecomunicações – são os critérios distintivos dos potenciais candidatos ao círculo virtuoso representado por poupança elevada, investimento em ativos materiais e crescimento sustentado.

A constituição de zonas econômicas exclusivas ou de espaços econômicos integrados tampouco é inédita em perspectiva histórica: basta recordar a experiência pioneira do *Zollverein* (a primeira união aduaneira entre estados da Alemanha pré-unificação de 1870), o projeto de uma *customs union* (união aduaneira) do Alasca à Terra do Fogo feita na primeira conferência americana de 1889, a união econômica belgo-luxemburguesa de 1922, a experiência claramente protecionista da *"imperial preference"* (preferência tarifária do mundo colonial britânico) estabelecida no quadro da conferência de Toronto da *Commonwealth*, em 1932, ou, no pós-segunda-guerra, da hoje quase cinqüentenária experiência integracionista na Europa Ocidental, desde a CECA (1951) e o Tratado de Roma (1957), até o Ato Único (1986) e o Tratado de Maastricht (1992) da União Européia, para não falar das tentativas conduzidas na América Latina nos anos 60 e 70.

Mas, cabe evidentemente reconhecer que o fenômeno foi intensificado e se desenvolveu com características novas nos últimos 3 lustros, tendo sido impulsionado pela promessa de um mercado unificado europeu feita no Ato Único de 1986, pelo acordo de livre-comércio entre os Estados Unidos e o Canadá de 1987, seguido pela associação do México ao NAFTA e acompanhado de perto pelo processo Brasil-Argentina, pelo Tratado de Assunção que criou o Mercosul, entre finais dos anos 80 e princípios dos 90, e pelo projeto de criação de uma vasta zona de livre-comércio no hemisfério americano, a ALCA. A experiência se disseminou em outros continentes, segundo o modelo do "regionalismo aberto", esquema que tenta conciliar o intercâmbio de preferências tarifárias e outras vantagens exclusivas em bases geográficas restritas com os princípios multilaterais e não-discriminatórios do sistema de comércio administrado pelo GATT/OMC.

O que é relevante na agenda internacional, do ponto de vista econômico, não é propriamente um pretendido "fim da História", mas, mais exatamente, um efetivo "fim da Geografia", isto é, a abertura das últimas *terrae incognitae* do planeta – China, ex-socialistas da

Europa, regiões periféricas do mundo em desenvolvimento – ao sistema universal da economia de mercado. O sistema de gestão econômica centralmente planificada já tinha ido para a lata de lixo da História, ainda antes da queda do muro de Berlim, em 1989. Com a derrocada final do socialismo, como alternativa ao modo de produção capitalista, o mundo perde suas derradeiras fronteiras e passa a ser unificado sob os princípios da economia de mercado. Em outros termos, o capital retoma sua "marcha civilizadora" propriamente universal, segundo o programa traçado para ele num documento tão pouco suspeito de simpatias capitalistas como o *Manifesto Comunista* de Karl Marx. Essa globalização forçada dos sistemas econômicos nacionais conheceu uma interrupção de aproximadamente setenta anos, coincidindo com a "segunda guerra de trinta anos" ocorrida na Europa entre 1914 e 1945 e com a ascensão e ocaso da alternativa socialista à economia liberal: em termos históricos, o socialismo nada mais representou do que um breve parênteses de três gerações.[122]

Globalização e *regionalização* são assim fenômenos e realidades que antecedem, acompanham e se apresentam de forma superveniente aos processos de inserção internacional de muitos países em desenvolvimento (ou ex-socialistas) antes voltados para projetos exclusivamente nacionais de desenvolvimento. Na nova agenda de reformas aceita por esses países, a interdependência se combina com a globalização e a regionalização. O Brasil participa de ambos os fenômenos, a começar – e não poderia ser diferente, uma vez que o processo é propriamente inevitável – pela globalização. Tradicionalmente descrito como *global trader*, nosso país tem um comércio bastante diversificado e relativamente bem

---

[122] Procedi a uma análise da "globalização marxista" em minha versão alternativa ao "velho" Manifesto de 1848; ver "Manifesto do Partido Comunista (atualizado para o século XXI)", *Política Comparada, Revista Brasiliense de Políticas Comparadas*, Brasília, vol. II, nº 1, janeiro-junho 1998, pp. 43-78, texto incorporado, com outros estudos marxistas, ao livro *Velhos e novos manifestos: o socialismo na era da globalização*. São Paulo: Editora Oliveira Mendes, 1998.

distribuído entre as principais regiões do planeta: aproximadamente um quinto para cada uma delas, União Européia, América do Norte, América Latina (na qual o Mercosul realiza quase 15%), Ásia e resto do mundo. Ele também integra e promove o mais importante esquema regional de integração do hemisfério Sul, enquanto membro protagônico do processo de consolidação do Mercosul. O Mercosul representa um poderoso instrumento de modernização e de inserção externa para dezenas ou mesmo centenas de empresas brasileiras, podendo mesmo ser considerado, em sua totalidade, como uma espécie de exercício de internacionalização da economia brasileira.[123]

10.2. A aceleração da interdependência

O processo de interdependência conheceu, inegavelmente, uma aceleração tremenda no período recente. No curso da última década, a integração dos países em desenvolvimento à economia mundial se acelerou a tal ponto que já se pode falar de uma ruptura histórica. Com efeito, a parte do comércio exterior no PIB desses países passou de menos de 30% a 40% e deverá atingir 50% até o começo do século XXI. Assistiu-se também à integração das ex-economias socialistas nos fluxos globais, provocando, senão o "fim da história", pelo menos o "fim da geografia". A própria natureza do comércio internacional está mudando rapidamente, sob o impacto da diminuição dos custos de transportes e das comunicações e, mesmo se a parte do comércio no produto mundial não se alterou dramaticamente, sua composição foi modificada, em especial pelo comércio intrafirmas, a crescente especialização produtiva e a terceirização dos serviços.

---

[123] Remeto novamente a meu livro *Mercosul: fundamentos e perspectivas*, op. cit.

O Brasil e o multilateralismo econômico

Os acordos regionais preferenciais ou a liberalização agrícola resultante da Rodada Uruguai não terão, provavelmente, efeitos muito importantes, ou não tão decisivos como anteriormente apregoado, mas a adoção de políticas de liberalização na maior parte dos países em desenvolvimento e, também, os fluxos crescentes de capitais privados, contribuirão para aumentar ainda mais sua inserção na economia mundial, compensando em parte a perda de importância dos produtos primários nos processos produtivos. A integração crescente desses países na economia mundial, como já constatou a OCDE em muitos de seus estudos, deve acarretar efeitos positivos para os países desenvolvidos, em termos de custos menores em bens de consumo, de ganhos de especialização, de incentivos à competitividade e à inovação, de fornecimento de serviços e uma maior estabilidade da oferta. Por outro lado, o crescimento de suas exportações na economia global (de 25% das importações atuais dos países desenvolvidos, elas alcançarão cerca de um terço até o final do século) traz também algumas desvantagens setoriais para aqueles, em termos de custos de ajustamento (isto é, diminuição do emprego nas indústrias *labour-intensive*), que terão de ser enfrentados, adverte ainda a OCDE, sem cair na falácia do protecionismo.

A despeito de sua crescente integração na economia mundial, o papel dos países em desenvolvimento é e continuará sendo muito desigual nesse processo, o que faz prefigurar a continuidade das tensões atualmente existentes em diversas regiões e a persistência de uma agenda internacional ainda dominada, no futuro previsível, pelos mesmos debates em torno da problemática do desenvolvimento que mobilizaram a maior parte da comunidade das nações desde o pós-guerra. Mas, o elemento historicamente inédito em relação às quatro primeiras décadas do pós-guerra é que, por razões já amplamente expostas, a ordem econômica concebida e desenhada inicialmente em Bretton Woods foi institucionalmente completada pela criação da Organização Mundial do Comércio, o que faz prefigurar, pela primeira vez, a possibilidade de um tratamento integrado e não-confrontacionista dessa problemática.[124] As atuais agendas negociadoras das instituições multilaterais econômicas – o FMI, o Banco Mundial, a OMC e, em seus contextos próprios, a OCDE e a UNCTAD – apresentam, é claro, particularidades próprias, em função de seus mandatos e competências respectivas, mas também diversas aproximações temáticas, quando não conceituais e políticas, como a demonstrar que, acima de possíveis divergências de métodos ou diferenças de enfoques técnicos, uma interface de compromissos e de cooperação institucional é não apenas factível como realizável. Esse terreno comum encontra-se na própria base da interdependência econômica mundial, da qual essas entidades constituem a macroestrutura institucional.

A duas "irmãs" mais velhas de Bretton Woods possuem evidentemente formas de atuação e características únicas, próprias e distintas tanto entre si como no confronto com as outras entidades econômicas mundiais, a começar pelo próprio processo decisório baseado num sistema proporcional que assegura um certo controle aos "mais iguais" , distinto do sistema formalmente "igualitário" conhecido e praticado nas demais instituições. Do ponto de vista da formulação de políticas econômicas globais e da reativação da liquidez na economia internacional, as instituições de Bretton Woods tiveram uma certa importância nas primeiras duas décadas de vida, enquanto teve vigência o atrelamento do dólar ao ouro e o das demais moedas ao dólar. Mas, esse mundo "clássico" de Bretton Woods terminou

---

[124] Sobre essa questão, remeto novamente a meu artigo "O Fim de Bretton-Woods?: a longa marcha da Organização Mundial do Comércio", *Contexto Internacional*, op. cit. supra, especialmente parte final. Para uma descrição completa da estrutura final da Ata da Rodada Uruguai, ver Patrick Messerlin, *La nouvelle Organisation Mondiale du Commerce*. Paris: Dunod/IFRI, 1995.

O Brasil e o multilateralismo econômico

efetivamente em 1971, dando lugar ao não-sistema financeiro internacional contemporâneo.

Com efeito, a partir do desmoronamento do sistema monetário de Bretton Woods, teve início um período de instabilidade nas relações monetárias que se estende até os dias de hoje. A frouxa coordenação que ainda tem efeito na área macroeconômica é mais resultante da concertação do G-7 do que propriamente das instituições de Bretton Woods. No terreno do financiamento para o desenvolvimento, por exemplo, os últimos anos foram caracterizados pela inversão das transferência líquida de recursos dos países em desenvolvimento para os desenvolvidos, a título do serviço da dívida (inclusive multilateral; isto é, a amortização dos empréstimos do BIRD/AID, BID etc.), paralelamente à diminuição dos fluxos de ajuda oficial ao desenvolvimento provida pelos países membros do CAD/OCDE e dos recursos colocados à disposição da AID (dificuldades na recomposição de seu capital mobilizável). A integração dos mercados financeiros, por outro lado, acarretou novos problemas de volatilidade dos fluxos de capitais e os recursos disponíveis no âmbito do FMI são notoriamente insuficientes para enfrentar determinadas crises de balanço de pagamentos.

As questões colocadas atualmente na agenda financeira e monetária internacional – adequação dos recursos financeiros do FMI à realidade dos desequilíbrios existentes, monitoramento e transparência (*surveillance*) dos indicadores das economias nacionais e do funcionamento de seus sistemas bancários, redefinição da ajuda ao desenvolvimento (e do próprio papel dos bancos multilaterais) e, em especial, a integração dos países em desenvolvimento e dos ex-socialistas à economia mundial –, que determinam, quando não dominam, a agenda política no âmbito do G-7, são também as que estão presentes, em grande medida, na agenda de negociações econômicas das demais entidades multilaterais. Os problemas mais importantes presentes no atual cenário econômico internacional, em especial o desemprego e os movimentos de capitais, requerem efetivamente um tratamento integrado, uma vez que repercutem inevitavelmente sobre os fluxos comerciais e as políticas públicas em geral, objeto último dos processos de cooperação intergovernamental em prol do desenvolvimento. O desenvolvimento desigual e contraditório dos processos de globalização e de regionalização introduz, à sua maneira, desafios novos para a macroestrutura política das relações econômicas internacionais. Tanto o FMI-BIRD, a OCDE, como a OMC e a própria UNCTAD poderiam ser colocados, do ponto de vista da profundidade ou abrangência de seus respectivos mandatos, em situação de relativo "atraso" normativo, de "deficiência" conceitual ou de "timidez" regulatória, quando confrontados à competição de instituições mais homogêneas ou supostamente mais "dinâmicas", como é o caso dos espaços regionais de integração econômica. Estes, seja em suas formas relativamente mais simples das zonas de preferências tarifárias (ao estilo da APEC) ou do livre-cambismo (exemplificado sobretudo pelo NAF-TA), seja quando dotados de uma arquitetura bem mais complexa, de tipo comunitário (como no caso da União Européia), podem, efetivamente, propor, negociar e institucionalizar objetivos e metas mais avançados do ponto de vista da multilateralização de compromissos e obrigações. Mas, os espaços econômicos preferenciais e integracionistas não podem aspirar a um caráter verdadeiramente mundial e não são suscetíveis de reivindicar uma maior legitimidade universalista, própria aos requisitos da nova economia planetária que se faz à base da interdependência.

Na verdade, as grandes entidades econômicas aqui enfocadas realizam aproximações sucessivas a esse ideal. A OCDE, por exemplo, que poderia reivindicar uma amplitude verdadeiramente *global* em sua agenda temática e em seu escopo de interesses, não é contudo *universal* em termos de participação e de negociações,

O Brasil e o multilateralismo econômico

em virtude de seu *membership* ser estruturalmente limitado ao seleto clube dos países pertencentes ao arco histórico-civilizacional da economia de mercado, ao sistema político funcionando formalmente sob as regras da democracia liberal (alguns nem tanto) e respeitosos dos direitos humanos (alguns membros ainda de maneira insuficiente, é verdade). Sua tentativa, a partir de 1996, de negociar e adotar um ambicioso acordo multilateral sobre investimentos (MAI, na sua sigla em inglês) não tinha logrado conclusão exitosa até o final de 1998, a despeito da suposta homogeneidade de interesses de seus 29 países-membros e da incorporação, ao Grupo Negociador, de um seleto número de países emergentes (entre eles o Brasil), recipiendários tradicionais de fluxos de investimentos das economias da OCDE.[125]

A OMC, por sua vez, que aspira intrinsecamente (e está, relativamente à OCDE, mais perto de chegar) à *universalidade* na medida em que o "velho" modo de produção capitalista avança, agora sem maiores obstáculos ideológicos, no sentido de completar o programa de conquista mundial traçado por Marx em 1848 , não é ainda efetivamente *global*, uma vez que possíveis campos ou setores de regulação econômica multilateral escapam à sua competência, enquanto outros são objeto de acordos simplesmente plurilaterais, sem caráter vinculativo para os não-signatários. A UNCTAD, finalmente, que poderia, mais que qualquer outra organização multilateral, reivindicar para si a dupla condição natural de *global* e *universal*, na medida em que dispõe, originalmente, de um mandato cobrindo todos os aspectos das relações econômicas internacionais, para o benefício solidário e o desenvolvimento conjunto de todas as nações do planeta, encontra-se hoje singularmente dimi-

---

[125] Ver meus artigos "Os investimentos na agenda econômica internacional: os debates nos diferentes fóruns", *Carta da SOBEET*, São Paulo: Sociedade Brasileira de Estudos de Empresas Transnacionais e da Globalização Econômica, ano I, nº 2, maio 1997, encarte especial, pp. 7-12, e "O Acordo Multilateral sobre Investimentos da OCDE e suas implicações para o Brasil", *Carta da SOBEET*, ano II, nº 7, março-abril 1998, encarte especial, pp. 1-9.

nuída em suas pretensões negociadoras e regulatórias.[126] Uma interação das agendas de trabalho respectivas e uma complementaridade recíproca nas atribuições e competências próprias a essas entidades econômicas internacionais afigura-se hoje não apenas como desejável, mas também necessária, em face da notória inter-relação substantiva das principais questões econômicas mundiais contemporâneas, a começar, aliás, pelo velho problema do desenvolvimento. Uma correta compreensão dessas questões e seu tratamento integrado aparece também, aos olhos de qualquer Estado participante do sistema internacional, como imprescindível ao trabalho de formulação e ao processo de tomada de decisão no campo das políticas públicas e na esfera da diplomacia econômica.

10.3. A inserção internacional do Brasil

Diversos outros temas globais, de diferente conteúdo técnico ou impacto social (meio ambiente, desenvolvimento social, tecnologia, cooperação científica), vêm agregando-se à agenda econômico-financeira da diplomacia brasileira, tornando-a ainda mais complexa em termos de administração, domínio temático e preparação de posições negociadoras. Do ponto de vista do meio ambiente, por exemplo, vem afirmando-se uma crescente tendência a condicionar o acesso de produtos

---

[126] A OCDE contava, em 1998, com 29 países-membros, com tendências a uma ampliação limitada a três ou quatro membros adicionais, mas não muito mais, sob risco de uma certa deterioração da qualidade de seu trabalho técnico, segundo o velho princípio dos "rendimentos decrescentes". A OMC poderá ter, no ano 2000, em seus foros negociadores, pouco mais de 150 Partes Contratantes ao GATT-1994, mas sua taxa de crescimento "demográfico" será, na melhor das hipóteses, moderadamente incremental, dada a complexidade natural de seu espaço negociador e regulatório. A UNCTAD, por sua vez, com quase 190 países-membros, é praticamente "onusiana", daí resultando também o caráter pouco eficiente e algo maniqueísta de "assembléia geral" que caracteriza seus encontros.

O Brasil e o multilateralismo econômico **281**

específicos aos mercados de determinados países desenvolvidos à observância de certos critérios técnicos de respeito ao meio ambiente nos processos produtivos (*eco-labeling*) e de reciclagem de insumos e materiais de embalagem, o que poderia ser configurado como uma nova forma de protecionismo.

Da mesma forma, países desenvolvidos vêm insistindo na introdução de normas sociais e trabalhistas como uma possível futura condicionalidade nos esquemas de acesso a mercados, demanda que foi consagrada no conceito de "cláusula social". Trata-se, a despeito das implicações aparentemente humanitárias das medidas idealizadas – de proibição de trabalho carcerário e infantil e de respeito a regras mínimas de contratos de trabalho e de liberdade de associação –, de uma tentativa de equalização forçada dos custos de produção, como forma de preservação de empregos em indústrias não competitivas dos países mais industrializados, a pretexto de luta contra um suposto "*dumping* social".

Num contexto mais global, diferentes temas econômicos – e também políticos – passam a freqüentar a agenda do País, denotando o caráter interdependente da agenda externa e suas implicações para a organização da sociedade nacional. Admitindo-se que seja preservada a forte tendência, hoje observada, à estabilidade nas políticas econômicas e setoriais, o Brasil pode candidatar-se nos próximos anos à manutenção sustentada de taxas positivas – ainda que moderadas pelo tamanho da cunha fiscal – de crescimento econômico e à elevação conseqüente dos níveis de renda e de satisfação social das necessidades básicas. Salvo acúmulo improvável de erros crassos na administração do País, portanto, o Brasil continuaria a figurar, como hoje, na lista das dez principais economias planetárias.

Com efeito, a classificação das dez principais potências econômicas, com base numa avaliação de seus respectivos produtos e populações, resultaria no quadro seguinte:

Quadro 10.1
As dez principais potências econômicas

	PIB (milhões de US$ de 1990)	% do PIB mundial	População (milhões de pessoas)	% da População mundial
EUA	5.675.617	20,3	255.610	4,7
China	3.615.603	12,9	1.167.000	20,9
Japão	2.417.603	8,6	124.336	2,3
Alemanha	1.359.696	4,9	80.576	1,5
Índia	1.188.066	4,2	881.201	6,2
França	1.030.356	3,7	57.372	1,1
Itália	939.685	3,4	57.900	1,1
Reino Unido	927.772	3,3	57.848	1,1
Rússia	801.837	2,9	149.400	2,7
Brasil	756.014	2,7	156.012	2,9
Total dos 10	18.712.219	66,8	2.987.254	54,9
Mundo	28.000.037	100	5.440.983	100

Fonte: Angus Maddison, *Monitoring the World Economy, 1820-1992*. Paris: OECD, 1995

Em outros termos, mais de dois terços do PIB mundial são detidos por um G-6 de economias desenvolvidas (retirando-se o Canadá do atual G-7), acrescido de quatro economias emergentes de grande porte: a China, a Índia, a Rússia e o Brasil, estas, na verdade, mais importantes pela importância de suas populações respectivas do que, comparativamente, pelo volume do produto global. Uma comparação de outros indicadores básicos – como, por exemplo, PIB *per capita*, taxas de natalidade e fertilidade, participação nas exportações mundiais, estrutura do produto interno, utilização de energia, disponibilidade de certos serviços básicos, educação, reservas internacionais, fluxos de capitais, urbanização, distribuição de renda, patentes registradas e, sobretudo, alguns índices sociais de nutrição, saúde e esperança de vida – revelaria, é verdade, grandes disparidades quantitativas e qualitativas entre os países desse G-10.

Nesse sentido, um ordenamento dos indicadores relativos de progresso econômico e *social*, segundo os critérios retidos pelo Programa das Nações Unidas para o Desenvolvimento para estabelecer o índice de desen-

O Brasil e o multilateralismo econômico

volvimento humano, resultaria num quadro sensivelmente diferente, na medida em que a maior parte dos índices de bem-estar social arrastariam países como Brasil e China para posições bem menos importantes. O Brasil, por exemplo, despencaria para um lugar mediano, ao passo que a China, por sua vez, estaria numa colocação distante. Ainda assim, os países selecionados para um G-10 hipotético congregariam, a títulos diversos, um poder de intervenção na economia mundial, em termos de fluxos de bens, serviços e de capitais, dificilmente alcançável por qualquer outro país ou grupo de países tomados conjuntamente.

Se fôssemos considerar o poder econômico agregado de grupos de países envolvidos em esquemas de integração ou associações comerciais – como a União Européia, o NAFTA, o Mercosul, a CEI e alguma combinação de países asiáticos numa "federação" regional de economias importantes, que poderia resultar de uma evolução da ASEAN ou da própria APEC –, seu poder de intervenção sobre os destinos da economia mundial seria propriamente avassalador, muito embora seja altamente aleatória, hoje em dia, uma coordenação estreita entre países ou regiões movidos por interesses diversos numa economia globalizada altamente competitiva. Em qualquer hipótese, a cooperação poderia se dar em torno de alguns vagos objetivos de natureza comercial – como a aplicação de normas gattianas relativas a tratamento nacional e cláusula de NMF, mas não mais do que isso –, sendo bem mais difícil um entendimento em torno de dispositivos substantivos que envolvam emprego, normas ambientais, movimentos de capitais e direito de estabelecimento em setores hoje fortemente regulados ou enquadrados pelos Estados-nacionais (comunicações, mídia, serviços públicos, instituições de tipo cultural etc.).

Um exercício de tipo prospectivo revelaria, por exemplo, a seguinte participação no produto bruto global para algumas categorias de países:

Quadro 10.2
Participação no PIB mundial, 1992-2020
(em dólares constantes de 1992)

Países ou grupos de países	1992	2020
Mundo	100,0	100,0
Países avançados	84,2	70,9
dos quais OCDE	81,5	66,7
Coréia, Cingapura e Taiwan	2,3	3,8
Países em desenvolvimento	15,7	29,1
Economias em transição	3,2	6,0
China	1,4	3,9
Índia	1,0	2,1
Brasil	1,7	2,5

Fonte: World Bank, *Global Economic Prospects and the Developing Countries*, p. 23

De uma forma ou de outra, o Brasil estaria enquadrado, como um de seus principais atores, numa espécie de "diretório econômico mundial" responsável por uma parte considerável do PIB mundial e dos fluxos globais de bens, serviços, capitais e tecnologia (inclusive informação). O capitalismo bem-comportado do século XXI passa por um certo esforço de enquadramento de alguns *free-riders* da atualidade – entre eles a China, a Índia e a Rússia – num conjunto mínimo de regras de boa convivência econômica, sob risco de ele converter-se, rapidamente, num tipo de capitalismo predatório e darwiniano, onde apenas os mercados fazem a lei (o que, por certo, dificultaria bastante os esforços de reconversão e de reestruturação industrial nos países da OCDE). A OMC oferece, é claro, um foro possível de discussão de temas substantivos da agenda econômica mundial, assim como o próprio FMI, hoje uma organização praticamente universal. Mas ambos permanecem heterogêneos demais pela sua composição institucional – sem mencionar o "curioso" sistema de tomada de decisão no organismo financeiro –, assim como possuem limitações em termos de mandatos negociadores e de especializações temáticas.

Em qualquer desses exercícios, o Brasil aparece como uma presença obrigatória, talvez não tanto pela sua capacidade de provocar redemoinhos econômicos

O Brasil e o multilateralismo econômico **285**

mundiais – a China, nesse particular, apresenta maior capacidade de *disruption* –, mas porque as dimensões brutas (ou seja, mercados), a filosofia política, as orientações econômicas e o papel regional do País o tornam um interlocutor incontornável em todo e qualquer esquema de ordenamento internacional: financeiro, comercial, de segurança estratégica, etc. Nesse particular, o Brasil é visto como candidato natural à assunção de novas responsabilidades globais em diferentes foros decisórios mundiais, o que certamente implica igualmente novos encargos financeiros, políticos, militares e morais.

Por sinal, figura aí uma das fontes de dificuldades para reforma da Carta da ONU de 1945 e da inclusão de países em desenvolvimento como o Brasil e a Índia naquele foro restrito da segurança internacional: é que, junto com a Alemanha e o Japão, os outros dois membros "naturais" no bloco dos países desenvolvidos, a Itália, à diferença do Canadá, de dimensões mais modestas, também se inclui no seleto clube do atual G-7 e do futuro G-10 de economias planetárias. Vista desse ponto de vista, a atuação da Itália, de bloqueio no processo reformista da ONU, tem toda a lógica irrefutável dos números, se não fosse também uma questão de prestígio internacional e de amor próprio nacional. A Argentina, por sua parte, ou o México, teriam bem menos razões de bloquear o processo, considerando-se suas modestas dimensões relativas.

Dos quatro novos candidatos "naturais" ao Conselho de Segurança das Nações Unidas, apenas a Índia dispõe, reconhecidamente, de capacitação nuclear, muito embora os outros potenciais membros desenvolvidos tenham capacitação técnica para, em pouco tempo, juntar as peças do *puzzle* nuclear; o Brasil, apesar de ter aderido recentemente ao Tratado de Não-Proliferação Nuclear, renunciou há algum tempo, de maneira definitiva, à opção atômica, nem teria, de qualquer forma, condições políticas e morais – em virtude da Constituição pacifista de 1988 – de se lançar outra vez na corrida atômica. Outros candidatos "potenciais" aspiram como é sabido, com ou sem chances, a uma cadeira permanente no Conselho, o que pode complicar definitivamente o processo de reforma da Carta da ONU. Nessa hipótese, o sistema político da segurança mundial permaneceria "congelado" durante um certo tempo mais – e talvez até de maneira indefinida –, o que não deveria, por certo, desagradar certas potências "médias" como a França e o Reino Unido.

Nessa hipótese, as opções de reforço na cooperação internacional e na coordenação de esforços em vista da paz e da estabilidade mundiais se voltam, uma vez mais, para o foro "econômico" por excelência, o G-7. Como a Alemanha e o Japão nele constituem interlocutores ainda mais importantes do que todos os demais membros do CSNU – à exceção dos Estados Unidos –, estariam acomodados assim os interesses do "diretório econômico mundial" e garantidas as bases de uma transição tranqüila para um sistema multipolar dotado de vocação fundamentalmente econômica. Pareceriam, assim, afastadas, nos modelos de relações internacionais, as hipóteses de continuidade do antigo condomínio militar – como na época da Guerra Fria – ou a preservação do "momento unipolar hegemônico" – como se temeu durante a Guerra do Golfo.

Tem chances o Brasil de ser incluído num G-7 revisto e ampliado? Aparentemente sim e parece ser do próprio interesse de diversos países membros do G-7 dotá-lo de uma nova estrutura da representação política verdadeiramente mundial, convertendo-o em foro ágil de consulta e coordenação em torno dos problemas mais importantes da agenda econômica e política internacional. Como não haveria condições de incluir a todos os potenciais interessados, nem excluir nenhum dos atualmente presentes, o atual G-7 – na verdade um G-8 1/2, com as presenças limitadas da Rússia e da Comissão Européia –, se tornaria um G-11 ou G-12, absorvendo o

O Brasil e o multilateralismo econômico

Brasil e a Índia, além dos já citados. Em qualquer hipótese, o Brasil parece ter um lugar garantido no novo "diretório" do poder mundial.

Os problemas básicos da diplomacia econômica brasileira nesta conjuntura não podem mais ser identificados, como no passado distante ou mais ou menos recente, com a negociação de tratados bilaterais de comércio, com a captação de recursos externos para o desenvolvimento econômico e tecnológico ou com a sustentação de alguns poucos produtos básicos. O que está em causa é, por um lado, uma difícil mas não menos necessária adaptação à nova ordem econômica mundial e, por outro, a construção de um espaço econômico unificado no Cone Sul latino-americano. Ambos os processos obrigam, em grande medida, à revisão (interna e externa) de alguns dos princípios tradicionais de atuação da diplomacia econômica brasileira.

Não se trata mais, portanto, de simplesmente defender interesses relativamente bem identificados nos planos político e econômico (a denúncia dos tratados desiguais de comércio, os aportes de mão-de-obra escrava, no século passado, ou a defesa do café, a captação de capitais de empréstimo e de risco e a reivindicação de um tratamento mais favorável no plano comercial multilateral, neste século), mas de formular, defender e implementar relações econômicas externas mais complexas e diversificadas, consentâneas com os novos requisitos do desenvolvimento brasileiro.

Nesse contexto, marcado ainda pelo fortalecimento paulatino da Organização Mundial do Comércio e pela introdução de regras multilaterais contratuais ou coercitivas num conjunto cada vez mais amplo de setores econômicos (serviços financeiros, telecomunicações, possivelmente investimentos), os desafios colocados à política econômica do Brasil são propriamente enormes, na medida em que as novas condições sob as quais passa a atuar sua diplomacia multilateral apresentam limites reais ao desempenho de uma real soberania econômica.

Essas condições são, de certa forma, inéditas, marcadas pelas grandes alterações, já referidas, no equilíbrio mundial e por necessidades ainda não bem definidas de sua política econômica interna e externa, que tem de (ou deveria) passar a trabalhar segundo um novo modelo, não protecionista, de desenvolvimento econômico. Essas novas condições, mormente no contexto de uma união aduaneira como o Mercosul, significam uma maior regulamentação das exportações, uma diminuição da possibilidade de subsídios governamentais ou da utilização de barreiras técnicas protecionistas, a introdução de regras uniformes e relativamente mais exigentes (tratamento nacional) para investimentos, serviços e propriedade intelectual, enfim, uma série de limitações às políticas nacionais setoriais (comercial, industrial, agrícola, tecnológica, de capitais, etc.). As limitações para o exercício de uma ativa soberania econômica são de fato muito grandes: como dispor, por exemplo, de uma política comercial própria, em face das exigências e condições colocadas pela OMC e pela união aduaneira do Mercosul? Ou de uma política industrial (que envolve tecnologias proprietárias hoje objeto de regulamentação específica), considerando-se que as regras relativas ao investimento estrangeiro direto encontram-se em fase de harmonização internacional e que a elas não poderemos ficar alheios? Ou de um desenvolvimento tecnológico autônomo, sem poder, talvez dentro em breve, exercer plenamente um certo *quantum* de liberdade para determinar compras governamentais?

Não se deve tampouco esquecer de que, enquanto país intermediário e relativamente "avançado" na escala da industrialização, passamos a sofrer a concorrência de competidores mais modernos ou dispondo de custos laborais ainda mais baixos. A ameaça de maior desemprego industrial e a necessidade de passarmos efetivamente à fase da economia "terciária" da informação e do conhecimento impõem, assim, novas exigências de cria-

O Brasil e o multilateralismo econômico

tividade e de inovação, em termos de políticas públicas, às elites dirigentes do País.

Como o Brasil vai conseguir se inserir no processo de reorganização, já em curso, da ordem econômica mundial, com vistas a maximizar suas oportunidades de desenvolvimento econômico e social, permanece, sem dúvida, o desafio principal de sua diplomacia econômica neste *fin-de-siècle* pouco complacente com os perdedores.

Apêndice

1. Vetores das relações econômicas internacionais do Brasil, 1500-1890

2. Evolução conceitual da diplomacia econômica no Brasil, séculos XIX-XX

3. Brasil: cronologia do multilateralismo econômico, 1856-1998

4. Brasil: evolução da estrutura tarifária e da política comercial, 1808-1889

5. Brasil: evolução da estrutura tarifária e da política cambial, 1889-1945

6. Brasil: política comercial e sistemas regional e multilateral, 1946-2005

Quadro 1
Vetores das relações econômicas internacionais do Brasil, 1500-1890
(apresentação sinóptica)

Períodos	Produção principal	Região dominante	Mão-de-obra mobilizada	Centro econômico	Relações econômicas internacionais, processos relevantes na área econômica
1500-1580	pau-brasil, produtos da floresta	Mata atlântica, costa do Nordeste	Índios	feitorias e entrepostos na costa, sesmarias	Incorporação das novas terras aos circuitos mercantis; produtos exóticos; exercício do monopólio português e tentativas de usurpação por outras potências européias
1580-1670	açúcar, tabaco, pecuária	Nordeste	Índios e escravos negros, tropeiros	Salvador	Estabelecimento do pacto colonial: exclusivo econômico metropolitano; regime do tráfico, monopólios de Estado e das companhias de comércio; dominação espanhola e invasões estrangeiras; expansão do território
1670-1790	ouro e pedras preciosas, açúcar	Minas Gerais, costa do Nordeste	Escravos, faiscadores, trabalhadores livres	Salvador, Ouro Preto, Rio de Janeiro	Desenvolvimento da economia interna (minas, pecuária, algodão); concessões de Portugal à Inglaterra; opressão fiscal da metrópole, quebra de monopólios pelas reformas pombalinas; esgotamento da economia do ouro
1790-1830	algodão, café, pecuária	vários arquipélagos econômicos	Escravos, primeiros colonos	Rio de Janeiro	Processo da independência, abertura dos portos, tratados desiguais com a Inglaterra, desenvolvimento das primeiras atividades fabris, expansão do café na região fluminense e da criação no Sul; primeiro Banco do Brasil
1830-1850	café, algodão	Sul, Sudeste	escravos, ainda poucos imigrantes	Rio de Janeiro, São Paulo	Diversificação da economia, empréstimos externos; primeiras siderúrgicas, contestação e recusa dos tratados de comércio; livre navegação no Prata; tráfico sob pressão, estagnação da economia açucareira; déficits comerciais, primeira tarifa protecionista
1850-1890	café, borracha, pecuária	Sul, Sudeste, Amazônia	colonos europeus, brasileiros, primeiros operários	São Paulo, Rio de Janeiro	Dominação econômica do café, surto temporário do algodão, começo do *boom* da borracha, desenvolvimento da infra-estrutura (ferrovias, telégrafos), investimentos estrangeiros, forte imigração européia; alternância de tarifas protecionistas e liberais; declínio da hegemonia econômica britânica, diversificação de parceiros e começo da presença norte-americana; *superavits* comerciais; atividades fabris em diversos centros urbanos

Fonte: Paulo Roberto de Almeida, *Formação da Diplomacia Econômica no Brasil: as relações econômicas internacionais no Império* (a ser publicado)

Quadro 2
Evolução conceitual da diplomacia econômica no Brasil, séculos XIX e XX

	Século XIX	Século XX
Comercial	Depois de exercício de livre-cambismo, Brasil adota política comercial própria, baseada na reciprocidade estrita; política comercial mais fiscalista do que industrializante; protecionismo oportunista ou ocasional; baixa proteção efetiva; as alíquotas tarifárias passam de *ad valorem* a específicas no período;	Política tarifária pragmática na maior parte do período; alta proteção efetiva; alíquotas retornam ao conceito de *ad valorem*; protecionismo vinculado a objetivos industrializantes; revisão da política comercial como instrumento de desenvolvimento; adoção de perspectiva integracionista e possibilidade de livre-comércio;
Financeira	Fragilidade orçamentária do Estado obrigou a empréstimos para gastos correntes, obrigações externas e alguns projetos de desenvolvimento; dependência de banqueiros londrinos; "diplomacia dos créditos externos" vinculada a objetivos geopolíticos do Brasil na Bacia do Prata;	Empréstimos comerciais, bilaterais e multilaterais vinculados a projetos de desenvolvimento; dependência dos mercados de capitais em determinados períodos; inadimplência ocasional; política de créditos externos vinculada a objetivos comerciais em países em desenvolvimento; *defaults* dos tomadores de créditos;
Investimentos	Precocidade patentária, acompanhamento dos progressos tecnológicos em curso na Europa e nos Estados Unidos; política reativa de atração de capitais produtivos e de novos inventos para o País; poucas reservas de mercado; ausência de critérios;	Política de desenvolvimento tecnológico associada a restrições patentárias; períodos de abertura e de fechamento em relação aos capitais estrangeiros; várias reservas de mercado e conceito de similaridade nacional; política substitutiva;
Força de trabalho	Política de "braços para a lavoura", preservando o tráfico e a escravidão, e tímida política de atração de colonos "europeus" por falta de uma lei de terras; recusa de comerciantes ou de trabalhadores independentes;	Sucesso na "importação" de imigrantes europeus, mas ainda prática de seletividade "racial" e profissional; pouca atenção à importação de "cérebros"; restrições crescentes; de importador a moderado "exportador" de mão-de-obra;
Multilateral	Brasil "presente na criação" das primeiras uniões de cooperação; precocidade na presença nos primeiros esforços de coordenação multilateral, mas pouca capacidade efetiva de influenciar as decisões das demais "potências" do concerto internacional;	Participação na elaboração na "ordem econômica" do século XX; presença em todos os foros relevantes; ativo relacionamento com os parceiros economicamente mais importantes; aumento progressivo da influência nos processos decisórios multilaterais;
Institucional-funcional	Burocracia "patrimonialista", com seleção elitista do pessoal diplomático; definição precoce de seção encarregada de temas comerciais; diplomatas negociam acordos e agentes consulares defendem interesses comerciais; ampla presença geográfica; processo decisório interativo com a elite política e com a área fazendária; representantes da classe política na chefia da Secretaria de Estado;	Estrutura funcional-burocrática profissionalizada; diplomatas com especialização econômica cobrem todos os aspectos da presença externa (absorção da carreira consular); ampliação da rede diplomático-consular no exterior; menor apelo político-partidário na direção do Itamaraty e menor osmose com a área fazendária; novos critérios de seleção do pessoal diplomático e dos padrões de mobilidade ascensional.

Fonte: Paulo Roberto de Almeida, *Formação da Diplomacia Econômica no Brasil: as relações econômicas internacionais no Império* (a ser publicado)

Quadro 3
Brasil: cronologia do multilateralismo econômico, 1856-1998
(data de adesão do Brasil, se delongada)

1856	Declaração sobre princípios do direito marítimo em tempo de guerra (1857)
1861	Tratado para a abolição do direito de peagem de Stade (Hanover)
1863	Tratado para a abolição dos direitos do rio Escalda (Bélgica)
1864	Tratado sobre linha telegráfica entre a Europa e a América
1864	Convenção estabelecendo a União Telegráfica Internacional — Paris
1874	Convenção criando a União Geral dos Correios
1875	Convenção Telegráfica Internacional — São Petersburgo (1877)
1875	Bureau International des Poids et Mesures (1954)
1883	Convenção de Paris para a proteção da propriedade industrial
1884	Convenção internacional para a proteção dos cabos submarinos
1886	Convenção de Berna para a proteção das obras literárias e artísticas (1921)
1886	Convenção para a troca de documentos oficiais e publicações científicas
1890	Escritório Comercial das Repúblicas Americanas
1890	União Internacional para a Publicação das Tarifas Aduaneiras
1891	Acordo sobre a repressão das falsas indicações de procedência dos produtos
1899	Estatutos da Corte Permanente de Arbitragem — CPA (1907)
1905	Convenção sobre o Instituto Internacional de Agricultura
1907	Convenção sobre direitos e deveres dos neutros na guerra terrestre (1914)
1907	Convenção sobre direitos e deveres dos neutros na guerra marítima (1914)
1907	Convenção relativa ao regime de navios mercantes inimigos (1914)
1907	Convenção sobre transformação de navios mercantes em bélicos (1914)
1907	Convenção sobre restrições ao direito de captura na guerra marítima (1914)
1910	Convenção para a unificação de regras em matéria de abalroamento (1913)
1910	União Internacional das Repúblicas Americanas
1910	Convenção Pan-Americana sobre reclamações pecuniárias (1915)
1910	Convenção Pan-Americana sobre patentes, desenhos e modelos (1915)
1910	Convenção Pan-Americana sobre propriedade literária e artística (1915)
1911	Convenção de Washington da União de Paris sobre Propriedade Industrial
1912	Convenção internacional do ópio — Haia (1914)
1912	Convenção Radiotelegráfica Internacional — Londres
1913	Convenção internacional de defesa agrícola (regulamentação sobre pragas)
1919	Pacto da Liga das Nações — SDN (Brasil retirou-se em 1926)
1919	Organização Internacional do Trabalho — OIT
1920	Câmara de Comércio Internacional — CCI (1939)
1920	Convenção do Instituto Internacional do Frio (1929)
1920	Protocolo relativo ao Estatuto da Corte permanente de justiça internacional
1922	União Internacional de Ferrovias
1923	Convenção sobre o Estatuto Internacional das Vias Férreas
1923	Protocolo relativo à arbitragem em matéria comercial — SDN (1932)
1923	Convenção sobre uniformidade de nomenclatura aduaneira (Américas)
1923	Convenção Pan-Americana sobre marcas de fábrica e de comércio
1923	Convenção para a simplificação das formalidades aduaneiras — SDN (1929)
1924	Acordo sobre o Escritório Internacional do Vinho (1995)

1924	Convenção para a criação do Escritório Internacional de Epizootias (1929)
1924	Convenção sobre limitação de responsabilidade de proprietários de navios
1925	Convenção internacional do ópio — Genebra (1932)
1925	Convenção da Haia da União de Paris sobre Propriedade Industrial (1929)
1926	Convenção sobre imunidade dos navios do Estado (1936)
1926	Convenção internacional sobre hipotecas marítimas (1930)
1926	Convenção internacional sobre circulação de automóveis (1929)
1927	Convenção Radiotelegráfica Internacional — Washington
1928	Conferência de Roma da Convenção de Berna sobre direito autoral (1933)
1928	Convenção sobre a União Pan-Americana
1929	Convenção Internacional para a Proteção dos Vegetais (1932)
1929	Tratado Geral de Arbitramento Interamericano
1929	Convenção Postal Universal
1929	Convenção sobre regras relativas ao transporte aéreo internacional (1931)
1930	Banco de Compensações Internacionais — BIS (1996)
1930	Convenção sobre conflitos de leis em letras de câmbio — SDN (1942)
1930	Convenção sobre lei uniforme em letras de câmbio — SDN (1942)
1930	Convenção sobre tributação em letras de câmbio — SDN (1942)
1930	Acordo relativo aos sinais marítimos — SDN (1932)
1931	Convenção para limitar a fabricação e distribuição de estupefacientes
1931	Convenção para a regulamentação da pesca da baleia — SDN (1932)
1931	Convenção relativa à lei uniforme sobre os cheques — SDN (1942)
1931	Convenção sobre conflitos de leis em matéria de cheques — SDN (1942)
1931	Convenção relativa à tributação em matéria de cheques — SDN (1942)
1931	União Postal das Américas e Espanha
1932	Convenção Internacional das Telecomunicações — UIT (1938)
1933	Convenção sanitária internacional para navegação aérea (1935)
1934	Conferência de Londres da União de Paris sobre Propriedade Industrial
1936	Acordo Sul-Americano de Radiocomunicações
1937	Acordo sobre Produção e Comércio do Açúcar (não operacional)
1940	Convênio Interamericano do Café
1941	Declaração de Princípios das Nações Unidas — Carta do Atlântico (1943)
1943	Convenção Pan-Americana sobre tráfego rodoviário
1944	Convenção relativa à Aviação Civil Internacional — OACI
1944	Ata Final da Conferência Financeira e Monetária de Bretton Woods
1945	Ata de Chapultepec (capítulo sobre liberalização econômica)
1945	Carta das Nações Unidas (capítulo econômico)
1945	Organização das Nações Unidas para a Alimentação e a Agricultura — FAO
1945	Organização para a Educação, a Ciência e a Cultura — UNESCO
1945	Acordo sobre a criação do Fundo Monetário Internacional — FMI
1945	Banco Internacional para a Reconstrução e o Desenvolvimento — BIRD
1946	Convenção Internacional da Baleia (1951; denúncia1965; nova adesão1974)
1946	Organização Mundial da Saúde — OMS
1946	Convenção sobre Privilégios e Imunidades das Nações Unidas
1946	Convenção Interamericana sobre Direito do Autor
1947	Organização Meteorológica Mundial — OMM (1950)
1947	Organização Sanitária Pan-Americana (em 1958 passa a se chamar OPAS)

O Brasil e o multilateralismo econômico

1947	Acordo Geral sobre Tarifas Aduaneiras e Comércio — GATT
1948	Carta de Havana criando a Organização Internacional do Comércio
1948	Convenção do Instituto Internacional da Hiléia Amazônica (não vigeu)
1948	Constituição da Comissão Internacional do Arroz (1964)
1948	Carta da Organização dos Estados Americanos (capítulo econômico)
1949	Convenção sobre Comércio de Trigo
1950	Convenção sobre o Conselho de Cooperação Aduaneira — CCD/OMA (1981)
1951	Convenção Internacional para a Proteção dos Vegetais — FAO (1961)
1951	Conferência de Direito Internacional Privado — CODIP (1972; denúncia1977)
1952	Convenção Universal sobre o Direito Autoral — UNESCO (1960)
1952	Acordo Interamericano de Radiocomunicações (1957)
1953	Comitê Intergovernamental para Migrações Européias (1957; retirada1979)
1953	Convenção sobre Abolição da Escravidão e o Tráfico de Escravos (1966)
1953	Acordo Internacional do Açúcar — ISO/OIA (1958)
1954	Organização Internacional do Açúcar
1955	Organização Internacional de Metrologia Legal (1984)
1955	Corporação Financeira Internacional — CFI/BIRD
1955	Comissão Sericícola Internacional (1977)
1956	Estatuto da Agência Internacional de Energia Atômica — AIEA
1958	Acordo Internacional do Café
1958	Convenção sobre o Alto-Mar — ONU (1968)
1958	Convenção sobre Conservação dos recursos Vivos do Alto-Mar — ONU (1968)
1958	Convenção sobre a Plataforma Continental — ONU (1968)
1959	Tratado da Antártida — ONU (1975)
1959	Convenção Internacional das Telecomunicações — UIT (1964)
1959	Acordo criando o Banco Interamericano de Desenvolvimento — BID
1960	Associação Internacional de Desenvolvimento — AID/BIRD
1960	Tratado de Montevidéu criando a ALALC
1961	Programa FAO/OMS de Normas Alimentares — Codex Alimentarius (1968)
1961	Convenção de Proteção dos Artistas Intérpretes ou Executantes
1961	Clube de Paris (participação parcial a partir de 1983 como credor)
1962	Carta de Aliança dos Países Produtores de Cacau
1962	Convenção criando a Organização Internacional do Café — OIC/ICO
1962	Resolução sobre a Soberania Permanente sobre os Recursos Naturais — ONU
1963	Convenção sobre Responsabilidade Civil por Danos Nucleares — AIEA (1993)
1963	Banco Africano de Desenvolvimento — BAD
1964	Conferência da ONU sobre Comércio e Desenvolvimento — UNCTAD
1964	Comitê de Produtos de Base — UNCTAD
1964	Constituição da União Postal Universal — UPU
1964	Organização Internacional das Telecomunicações por Satélite — Intelsat
1965	Convenção para a facilitação do tráfego marítimo internacional (1977)
1965	Convênio de Créditos e Pagamentos Recíprocos da ALALC/ALADI
1965	Programa das Nações Unidas para o Desenvolvimento — PNUD
1966	Pacto Internacional sobre Direitos Econômicos, Sociais e Culturais (1992)
1966	Acordo do Instituto Internacional do Algodão (1971)
1966	Comissão da ONU sobre Direito Comercial Internacional — UNCITRAL
1966	Convenção Internacional para a Conservação do Atum do Atlântico (1969)

1967	Organização Mundial da Propriedade Intelectual — OMPI
1967	Centro de Comércio Internacional UNCTAD/GATT
1968	Tratado de Não-Proliferação Nuclear (assinado em 1997; ratificado em 1998)
1968	Convenção constitutiva da Corporación Andina de Fomento — CAF (1996)
1969	Tratado da Bacia do Prata, cooperação regional
1969	Convenção sobre poluição por hidrocarburantes em alto-mar — OMI (1977)
1970	Tratado de Cooperação sobre Patentes
1970	Sistema Geral de Preferências — UNCTAD
1970	Organização Mundial do Turismo
1970	Convenção sobre importação, exportação e transferência de bens culturais
1971	Convenção para a Proteção dos Produtores de Fonogramas
1971	Acordo da Comunidade da Pimenta do Reino (1981)
1971	Grupo dos Vinte e Quatro — G-24
1972	Convenção sobre a conservação das focas antárticas (1991)
1972	Convenção sobre armas bacteriológicas (biológicas) e toxinas (1975)
1972	Convenção sobre armas convencionais excessivamente danosas (1995)
1972	Acordo Internacional sobre o Cacau
1972	Convenção sobre danos causados pelos objetos espaciais
1972	Acordo Constitutivo do Fundo Africano de Desenvolvimento — FAD
1972	Declaração da Conferência das Nações Unidas sobre o Meio Ambiente
1972	Programa das Nações Unidas sobre o Meio Ambiente — UNEP
1972	Convenção sobre Proteção do Patrimônio Mundial — UNESCO (1977)
1972	Convenção sobre poluição marinha por alijamento de resíduos — OMI (1982)
1973	Convenção sobre poluição pelos navios — MARPOL/OMI (1988)
1973	Convenção sobre fauna e flora ameaçados de extinção — CITES (1975)
1973	Convênio da Organização Latino-Americana de Energia — OLADE
1973	Arranjo relativo ao comércio de têxteis — Acordo Multifibras/GATT
1974	Fundo Financeiro para o Desenvolvimento da Bacia do Prata — FONPLATA
1974	Declaração sobre a Nova Ordem Econômica Internacional — ONU
1974	Carta dos Direitos e Deveres Econômicos dos Estados — ONU
1974	Grupo de Países Latino-Americanos e do Caribe Exportadores de Açúcar
1975	Convênio criando o Sistema Econômico Latino-Americano — SELA
1975	Convenção Interamericana sobre Arbitragem Comercial Internacional (1995)
1975	Diretivas do Clube de Londres sobre equipamentos nucleares (1996)
1976	Organização Internacional de Telecomunicações Marítimas — OMI/Inmarsat
1976	Fundo Internacional de Desenvolvimento Agrícola — FIDA/FAO
1976	Programa integrado para os produtos de base da UNCTAD
1977	Convênio sobre o Escritório Internacional de Madeiras Tropicais
1978	Tratado de Cooperação Amazônica, cooperação regional
1979	Código de Normalização — GATT
1979	Código de Subvenções e Direitos Compensatórios — GATT
1979	Código de Valoração Aduaneira — GATT
1979	Código Antidumping — GATT
1979	Arranjo relativo à carne bovina — GATT
1979	Declaração sobre Tratamento diferenciado e mais favorável — GATT
1979	Medidas comerciais sobre Balanço de Pagamentos — GATT
1979	Medidas de Salvaguarda para fins de Desenvolvimento — GATT

O Brasil e o multilateralismo econômico

1979	Acordo sobre notificações, consultas, solução de controvérsias — GATT
1979	Instituto Interamericano de Cooperação para a Agricultura — IICA
1979	Acordo sobre Itaipu e Corpus, entre Argentina, Brasil e Paraguai
1979	Convenção Interamericana sobre sentenças e laudos arbitrais (1995)
1979	Acordo Internacional sobre a Borracha Natural
1979	Organização para o Desenvolvimento Industrial — ONUDI
1980	Fundo Comum para os produtos de base — UNCTAD (1989)
1980	Convenção sobre os recursos vivos marinhos da Antártida — ONU (1986)
1980	Tratado de Montevidéu criando a ALADI
1982	Convenção das Nações Unidas sobre o Direito do Mar — ONU (1988)
1983	Convenção sobre o Sistema Harmonizado de mercadorias — CCA (1988)
1983	Rede de Informação Tecnológica Latino-Americana — RITLA (1990)
1983	Acordo Internacional de Madeiras Tropicais, OIMT/FAO/UNCTAD (1985)
1985	Agência Multilateral de Garantia de Investimentos — MIGA (1992)
1985	Convenção para a proteção da camada de ozônio — UNEP (1989)
1986	Declaração ministerial sobre a Rodada Uruguai — GATT
1986	Grupo de Cairns — GATT
1986	Cooperação Aduaneira entre países de língua portuguesa (1995)
1987	Regime de Controle de Tecnologia de Mísseis — MTCR (1995)
1987	Protocolo relativo às substâncias que destroem a camada de ozônio (1989)
1988	Sistema Global de Preferências Comerciais/Países em Desenvolvimento
1989	Convenção sobre movimentos transfronteiriços de resíduos perigosos (1993)
1989	Tratado sobre o registro internacional de obras audiovisuais
1989	Grupo dos 15 — G-15
1990	Declaração da ONU sobre cooperação econômica internacional
1991	Tratado de Assunção — Argentina, Brasil, Paraguai e Uruguai (Mercosul)
1991	Protocolo de Brasília sobre Solução de Controvérsias no Mercosul (1993)
1991	Protocolo ao Tratado da Antártida sobre Proteção Ambiental (1995)
1992	Acordo de transporte fluvial dos países da Bacia do Prata
1992	Instituto Interamericano para pesquisa em mudanças globais (1994)
1992	Convenção-Quadro das Nações Unidas sobre Mudanças Climáticas (1994)
1992	Convenção sobre Diversidade Biológica (1994)
1992	Agenda 21 e Declaração do Rio sobre Meio Ambiente e Desenvolvimento
1992	Fundo Multilateral de Investimentos — BID
1993	Convenção sobre Armas Químicas e sua Destruição (1995)
1993	Associação dos Países Produtores de Café — APPC (1995)
1994	Protocolo sobre jurisdição em matéria contratual no Mercosul (1996)
1994	Protocolo de promoção e proteção recíproca de investimentos no Mercosul
1994	Centro de Desenvolvimento da OCDE
1994	Ata Final da Rodada Uruguai criando a OMCGATS, TRIMs, TRIPs etc.
1994	Acordo Internacional sobre Madeiras Tropicais (em ratificação)
1994	Protocolo sobre investimentos de Estados não-membros do Mercosul
1994	Centro Sul — *South Center* (ainda não ratificado)
1994	Protocolo adicional ao Tratado de Assunção — Protocolo de Ouro Preto
1994	Protocolo relativo ao Código Aduaneiro do Mercosul
1994	Tarifa Externa Comum do Mercosul (aumentada em 3 pontos em 1997)
1994	Norma de Aplicação sobre Valoração Aduaneira no Mercosul

1994	Acordo sobre Transporte Multimodal no Mercosul
1994	Princípios de "Supervisão Bancária Global Consolidada" no Mercosul
1994	Declaração de Miami sobre Área de Livre Comércio das Américas
1995	Acordo de Cooperação Inter-regional Mercosul-União Européia
1996	Comitê do Aço da OCDE
1996	Tratado de Proibição Completa de Testes Nucleares — CTBT (ratificada em 1998)
1996	Acordo de Complementação Econômica (livre-comércio) Mercosul-Chile
1997	Comitê de Comércio da OCDE
1997	Acordo de Complementação Econômica (livre-comércio) Mercosul-Bolívia
1997	Comitê de Investimentos e Empresas Multinacionais da OCDE
1997	Convenção sobre o uso dos cursos de águas internacionais — ONU
1997	Convenção sobre corrução nas transações internacionais - OCDE
1998	Acordo-quadro de livre-comércio Mercosul-Comunidade Andina
1998	Comitê de Política da Concorrência da OCDE
1998	Comitê de Agricultura da OCDE

Fonte: Elaboração do autor

Quadro 4
Brasil: Evolução da estrutura tarifária e da política comercial, 1808-1889
(em itálico, referência a acordos multilaterais)

Data	Tarifa	Características
		Brasil português
1808 (28.01)	Carta-Régia de D. João	Imposto *ad valorem* de 24%; mercadorias ditas "molhadas" (vinhos, aguardentes, azeites...) pagariam o dobro de direitos
1808 (11.06)	Decreto	Direitos de importação de 16% para mercadorias portuguesas; estrangeiras transportadas em navios portugueses 19%
1809 (28.01)	Alvará	Isentou de direitos no Brasil os gêneros que já tivessem pago imposto de importação nas alfândegas de Lisboa e do Porto
1810 (19.02)	Tratado de comércio c/ Grã-Bretanha	Mercadorias britânicas pagariam o direito único de importação de 15% *ad valorem* (as portuguesas continuaram sujeitas ao imposto de 16%)
1818 (25.04)	Alvará	Equiparação das mercadorias portuguesas às inglesas, isto é, pagando 15% de direitos; mesmo tratamento é concedido às mercadorias estrangeiras importadas em navios portugueses
		Brasil independente
1828 (24.09)	Bernardo de Vasconcellos	Direitos de importação de quaisquer mercadorias e gêneros estrangeiros são taxados uniformemente em 15%, sem distinção de procedência, eliminando-se a vantagem concedida à G-B
1844 (12.08)	Alves Branco	Sistematizou a nomenclatura em 2.919 artigos; correção da base *ad valorem* com cotas específicas, elevando os direitos para 30% na média, com picos de 30, 40 e 60%; alguns artigos taxados entre 2 e 25%, conforme a conveniência
1857 (28.03)	Souza Franco	Revisão da tarifa anterior; direitos específicos de várias classes de mercadorias foram reduzidos para não prejudicar o comércio importador
1857 (26.08) 1858 (28.03)	Decretos Maurício Wanderley	Ajustes na tarifa, para beneficiar a agricultura e isentar o carvão mineral de direitos, para permitir o desenvolvimento das comunicações e da indústria
1860 (03.09)	Silva Ferraz	Nova classificação, com 1.500 artigos subdivididos em 4.333 itens,dos quais 3.968 sujeitos a tarifas fixas, 236 *ad valorem*, 25 livres e 7 proibidos
1861	Hanover	*Tratado multilateral para a abolição dos direitos de passagem no rio Stade*
1863	Bruxelas	*Tratado multilateral para a abolição dos direitos de passagem no rio Escalda*
1869 (22.05)	Itaboraí	Tarifas protecionistas de 30 a 40% em geral; cobrança de 15% pelo valor legal do ouro, para preservar as rendas públicas
1874 (31.03)	Rio Branco	Uniformização dos direitos adicionais em 40%; isenção geral para máquinas e insumos benéficos às atividades agrícolas

1879 (22.11)	Assis Figueiredo	Ajuste nas tarifas protecionistas, com redução de direitos nas importações nas fronteiras sulinas para evitar o contrabando
1881 (31.12)	Saraiva	Classificação das mercadorias em 35 classes e 1.129 artigos, alterações próximas dos níveis da Tarifa de 1874
1887 (22.04)	Belisário de Souza	Revisão completa da classificação dos artigos e dos valores das mercadorias, num sentido protecionista: taxa de 60% nos direitos adicionais; imposto de expediente de 5% a gêneros que entravam em franquia
1889 (26.01)	João Alfredo	Aplicação de tarifa móvel, acompanhando a variação do câmbio; reforçou a cobrança de direitos nos gêneros com similar nacional

Fontes: A. Bandeira de Mello, *Politica Commercial do Brasil;* Peláez-Suzigan, *História Monetária do Brasil;* Oliveira Lima, *O Império Brasileiro.*, In: Paulo Roberto de Almeida, *Formação da Diplomacia Econômica no Brasil: as relações econômicas internacionais no Império* (a ser publicado)

Quadro 5
Brasil: evolução da política comercial, 1889-1945
(em itálico, referência a acordos comerciais bilaterais ou multilaterais)

Data	Medida	Características
1889 (26.01)	João Alfredo	Última tarifa do Império, de tipo móvel, acompanhando a variação do câmbio
1889 1890	Washington	*Primeira Conferência Internacional Americana, de outubro de 1889 a março de 1890, a convite dos Estados Unidos, que pretendiam conformar uma união comercial das Américas, unificar procedimentos aduaneiros e de pagamentos, estabelecer regras para a propriedade intelectual e permitir investimentos em infra-estrutura*
1890 (10.03)	Rui Barbosa	Introdução da quota-ouro: uma parte do imposto teria de ser paga em moeda forte: originalmente 2%, que subiu para 10% em 1898, para 25% em 1900, para 35% em 1905 e 60% em 1922
1890 (11.10)	Rui Barbosa	Reforma tarifária: cerca de 1.100 itens, a maior parte a taxas fixas, com aplicação de tarifa adicional *ad valorem* a 89 deles; nível mais elevado *ad valorem*: 60%
1891	Estados Unidos	*Convenção aduaneira, concedendo isenção completa ou reduções de direitos, sobre a base da reciprocidade, a diversos produtos de interesse brasileiro; países europeus reclamaram da discriminação, mas o acordo não prosperou devido à oposição parlamentar no Brasil em 1894*
1896 (20.04)	Rodrigues Alves	Tarifa altamente protecionista: supressão do adicional, mas definição de duas pautas, uma geral e outra mínima, para utilização de acordo com conveniências da política comercial; nível mais elevado *ad valorem*: 84%
1897 (04.03)	Bernardino de Campos	Mudanças na pauta, com redução em certos itens e aumento considerável em outros; nível mais elevado ad valorem: 200%
1897 (17.12)	Bernardino de Campos	Revisão da tarifa anterior, para aumentar a receita geral das alfândegas, via redução de vários itens
1899 (22.11)	Joaquim Murtinho	Implementada em 1900, a Tarifa Murtinho elevou bastante os direitos de importação, com objetivos porém essencialmente fiscais; aplicação de tarifa *ad valorem* a 114 itens, sobre 1.070, sendo o nível mais elevado 100%; preservou a dupla pauta: aplicação da tarifa mínima ao tratamento de favor e tarifa em dobro como arma de represália comercial
1900 - 1910	diversos países	*Negociações de diversos acordos comerciais (França, Itália, Portugal), com sucessos diversos, em função do escopo limitado das concessões (Brasil pretendia sempre redução nos direitos aplicados ao café) e do caráter estritamente condicional da cláusula NMF*

1911 - 1930	Revisões e reformas parciais da Tarifa e dos regimes aplicados ao comércio exterior	1911 e 1925: isenções e franquias especiais a determinadas categorias de bens ou de importadores; eliminação dos regimes especiais em 1927; 1912 e 1918: mudanças nos valores de alguns itens; 1922: além da aplicação da tarifa máxima, elevando a 100% os direitos sobre mercadorias de determinado país, pode-se aplicar ainda 20% adicionais, como medida de retorsão (anti-dumping); aplicação de tarifa diferencial para artigos de países que concedem compensações à produção brasileira; 1923: abolidos favores especiais aos Estados Unidos; 1924: introdução de taxa de 2% para a Caixa de Portos e de taxa de estatística de 0,2%; 1925-1927: aplicação de restrições em caso de comércio desleal; 1927: redução a 40% dos direitos aplicados, para importações do setor público
1923 - 1930	diversos países	*Negociação de novos acordos bilaterais de comércio, com base numa aplicação recíproca da cláusula NMF: Estados Unidos (1923), Bélgica e Argentina (1924), Espanha (1925), Egito (1930); revistos nos anos 1930*
1931 (08.09)	Governo Provisório	Decreto autorizativo de revisão geral na Tarifa aduaneira, fixando critérios que deveriam orientar a reforma; monopólio de compra de divisas e regime de controle cambial
1934 (09.06)	Oswaldo Aranha	Atualização da nomenclatura, aumentando o número de itens de 1.070 para 1.897; manutenção de direitos específicos (réis/kg); redução para 7 as posições com direitos *ad valorem*; direitos gerais e mínimos; extinção da cobrança em ouro; nível médio de proteção dos direitos aduaneiros era de 35%
1931 - 1936	diversos países	*Negociações de acordos bilaterais de comércio; os acordos prevendo cláusula NMF incondicional e ilimitada (Finlândia, Hungria, Países-Baixos, Suécia: 1931; Bélgica, Colômbia, Iugoslávia, Polônia, Índia: 1932; Grécia, Portugal, Turquia: 1933; Estados Unidos: 1935) tinham geralmente pequena duração; outros eram expressamente considerados como "provisórios" (Alemanha, Áustria, Chile, Cuba, Dinamarca, Equador, Grã-Bretanha, Itália, México, Noruega, Peru, Romênia, Suíça, Tchecoslováquia: 1936;); outros, finalmente, tinham cláusulas específicas (Canadá: 1931; França: 1934); deve-se mencionar igualmente os regimes especiais de pagamentos (compensações com a Alemanha) e as negociações de atrasados comerciais e financeiros*
1939 1942	Conferências americanas	Novas tentativas dos Estados Unidos de se concretizar uma zona de compensações hemisféricas, ao abrigo dos esquemas interamericanos de tipo defensivos concebidos na fase inicial da guerra européia; propostas são no entanto recusadas pelos países latino-americanos

O Brasil e o multilateralismo econômico

1941 (12.11)	Buenos Aires	*Brasil e Argentina fazem um ensaio de "união aduaneira", sem resultados efetivos em virtude de diferenças políticas e diplomáticas que se manifestam entre os dois países depois do ataque japonês a Pearl Harbor e de tomadas de posição distintas no que se refere à atitude em relação às potências do Eixo; comércio é regulado por acordos estritamente bilaterais, com aplicação limitada e condicional da cláusula da nação-mais-favorecida*
1939 - 1945	Decretos de Vargas	Medidas de liberalização e de restrição no mercado de divisas e introdução do sistema de licenças prévias para importação; revisão dos direitos em função da mudança de moeda

Fontes: A. Bandeira de Mello, *Politica Commercial do Brasil;* G. Silva, *Estudos Aduaneiros;* H. Accioly, *Actos internacionaes vigentes no Brasil,* In: Paulo Roberto de Almeida, *Formação da Diplomacia Econômica no Brasil: as relações econômicas internacionais no Império* (a ser publicado)

Quadro 6
Brasil: política comercial e sistemas regional e multilateral, 1946-2005
(em itálico, referência a acordos comerciais regionais ou multilaterais)

Data	Medida	Características
1946 (27.02)	Decretos de Dutra	Operações de câmbio se realizam pelo mercado livre e o mercado oficial fica restrito às compras governamentais e a 20% das importações
1946 (out.)	Londres	*Reunião da Comissão preparatória à conferência do comércio e emprego das Nações Unidas; proposta de organização*
1947 (abr-nov)	Genebra	*Segunda sessão da Comissão preparatória: primeira rodada de negociações de reduções tarifárias e definição dos princípios básicos do sistema multilateral de comércio contemporâneo*
1947 1948	Havana	*Conferência de comércio e emprego das Nações Unidas; Carta de Havana criando a Organização Internacional de Comércio*
1947	Resolução da SUMOC	Regime de taxa única do câmbio, à razão de Cr$ 18,50 por dólar (paridade declarada ao Fundo Monetário Internacional); introdução do regime de licenças à importação
1948 (1º.01)	Genebra	*Entrada provisória em vigor do GATT, que deveria ser incorporado como capítulo IV da Carta de Havana*
1948 (23.02)	Lei 262	Restrições administrativas diretas, a cargo da Carteira de Exportação e Importação (CEXIM) do Banco do Brasil
1948 (30.07)	Lei 313	*Adesão do Brasil ao Acordo Geral sobre Tarifas Aduaneiras e Comércio (GATT), com aprovação de lista tarifária em níveis mínimos (mais de 70% das importações brasileiras)*
1948 1949	Annecy (França)	*Segunda rodada de negociações comerciais multilaterais, em vigor a partir de 1950*
1950 1951	Torquay (G-B)	*Terceira rodada de negociações comerciais multilaterais; torna-se evidente que a OIC não entraria em vigor; Brasil negocia lista de concessões*
1951	Decreto de Vargas	A base ad valorem é reintroduzida: distorções cambiais, aumento das importações e diminuição da entrada de capitais estrangeiros
1953 (jan-out	Lei 1.807	Reforma do sistema cambial: restabelecimento do mercado livre para certas operações, mas importações efetuadas pela taxa oficial de Cr$ 18,50 por dólar; em outubro foi introduzido o sistema de taxas múltiplas de câmbio para importações e exportações; coexistência de diferentes taxas de cambio: oficial, taxas mínimas, taxas para áreas de conversibilidade de moeda, taxas dos leilões específicos, taxa do mercado livre
1953 (29.12)	Lei 2.145 (prorrogada até 1957) Instrução 70 da SUMOC	Novo regime de comércio exterior (5 categorias de produtos), mas manutenção da dualidade do mercado cambial e da taxa declarada ao FMI; o ágio cambial passa a substituir os antigos direitos protecionistas; criação da Carteira de Comércio Exterior (CACEX) do Banco do Brasil

O Brasil e o multilateralismo econômico   **305**

1955 1956	Genebra	*Quarta rodada de negociações comerciais multilaterais; protocolo de emenda ao Preâmbulo e às Partes II e III do GATT, necessário em virtude da não-implementação da OIC*
1957 (14.08)	Lei 3.244	Reforma Aduaneira: completa reformulação dos instrumentos da política de comércio exterior; instituição de nova Tarifa, flexível, inteiramente em base *ad valorem* (utilizando a Nomenclatura Aduaneira de Bruxelas), com mais de 6 mil itens; alíquotas variáveis entre 0 e 150%, ajustáveis por meio de resoluções; criação do Conselho de Política Aduaneira; adaptação da normas cambiais em vigor, mas permanência até 1960 do regime de leilão de divisas; Lei do Similar Nacional
1958 1959	Rio de Janeiro Washington	*Brasil articula o lançamento da "Operação Pan-Americana" de cooperação hemisférica, de forte conteúdo econômico; início do processo negociador da integração regional na América do Sul*
1960 (18.02)	Tratado de Montevidéu	*Criação da Associação Latino-Americana de Livre-Comércio; objetivo último era a constituição de um mercado comum regional, a partir da conformação de uma Zona de Livre Comércio, num prazo de 12 anos, de conformidade com as regras do GATT (Artigo XXIV)*
1961 (13.03)	Instrução 204, da SUMOC	Política do realismo cambial: taxas foram unificadas, com tratatamento diferencial apenas para café e para as importações consideradas supérfluas (categoria especial); Instrução 208 eliminou necessidade de depósito prévio para produtos da ALALC
1961 1962	Genebra	*Quinta rodada (Dillon) de negociações comerciais multilaterais já integrando a Comunidade Econômica Européia*
1961 1964	Montevidéu	*Negociações multilaterais, na ALALC, de "listas comuns" e "listas nacionais", produto a produto, de rebaixas tarifárias e eliminação de restrições não-tarifárias, para a ampliação dos mercados, a liberalização do intercâmbio e o desmantelamento das medidas protecionistas vigentes no intercâmbio regional*
1964 1966	Leis, Decretos, Resoluções	Mudança global da política monetária e cambial: unificação de taxas (desvalorização de 204%), abolição de depósitos prévios, criação do Banco Central (no lugar da SUMOC) e do Conselho Monetário Nacional
1966	Brasília	Criação do Conselho Nacional de Comércio Exterior, CONCEX
1964 1965	Genebra	*Protocolo de emenda ao GATT, inserindo uma Parte IV (sobre Comércio e Desenvolvimento) ao Acordo Geral, sob pressão da UNCTAD; Brasil ratificou em 1966*
1964 1967	Genebra	*Sexta rodada (Kennedy) de negociações comerciais do GATT, que começa com 46 países-membros e termina com 74; avanços no sentido de reconhecer a especificidade dos países em desenvolvimento (Sistema Geral de Preferências), com tratamento concessional e não recíproco*
1964 1969	Montevidéu	*Paralisação do processo negociador multilateral para a definição de "listas comuns" na ALALC; políticas fortemente protecionistas (tarifas altas e restrições não-tarifárias) e desentendimentos políticos entre os países-membros*

1967	Punta del Este	Conferência de chefes de Estado e de Governos americanos em Punta del Este proclama o objetivo de se constituir um "mercado comum latino-americano" num prazo máximo de 15 anos, a partir de 1970
1967 1969	Brasília	Criação de diferentes mecanismos de incentivo às exportações brasileiras (créditos fiscais e subsídios, isenções tributárias, ao lado de restrições às importações), em especial do FINEX, Fundo de Financiamento das Exportações; política cambial de desvalorizações progressivas, acompanhando a inflação
1970	Montevidéu	Revisão necessária do programa de liberalização no âmbito da ALALC, com prorrogação até 1980 do período previsto para a implementação de uma zona de livre-comércio
1971	Genebra	Protocolo relativo às negociações comerciais entre países em desenvolvimento; Brasil ratificou em 1973
1973	Tóquio	Declaração ministerial lançando, com ênfase nos interesses dos países em desenvolvimento, a sétima rodada de negociações comerciais multilaterais do GATT; participação de 99 países, representando 90% do comércio internacional
1973	Genebra	Acordo sobre comércio internacional de têxteis (Multifibras)
1979	Genebra	Rodada Tóquio de negociações comerciais do GATT aprova o princípio do tratamento preferencial e mais favorável para os países em desenvolvimento: cláusula de habilitação permite a outorga e o intercâmbio recíproco de preferências comerciais parciais, com a derrogação admitida da cláusula de nação-mais-favorecida; acordos plurilaterais sobre carne, compras governamentais, aeronaves civis; acordos sobre valoração aduaneira, barreiras técnicas, subsídios
1980	Montevidéu	Tratado de Montevidéu-80 institui a Associação Latino-Americana de Integração (ALADI), no quadro de amplo processo de reestruturação dos objetivos, compromissos e modalidades da integração econômica na região: eliminou-se a obrigação de elaboração de listas comuns, abandonou-se a fixação de prazos para o cumprimento das metas integracionistas (zona de livre comércio ou mercado comum) e passou-se a mecanismos mais flexíveis, de caráter bilateralista, para a conformação de uma "área de preferências tarifárias"
1986	Buenos Aires	"Ata para a Integração Brasil-Argentina", estabelecendo, segundo modalidades baseadas na complementação industrial, o Programa de Integração e Cooperação Econômica, de caráter "gradual, flexível e equilibrado" e prevendo tratamentos preferenciais frente a terceiros mercados; diversos protocolos setoriais são assinados bilateralmente
1986	Punta del Este (Uruguai)	Lançamento da Oitava Rodada de negociações comerciais multilaterais, compreendendo o GATT e novos temas (serviços, investimentos, propriedade intelectual); 94 países; previstas para durar 4 anos, elas se estenderão até 1993. Na Europa, o Ato Único das Comunidades Européias prevê a constituição de um mercado unificado dentro de 6 anos, o que efetivamente ocorreu em 1º de janeiro de 1993

O Brasil e o multilateralismo econômico

1986 (19.05)	Brasília	Reunião ministerial do Sistema Global de Preferências Comerciais entre países em desenvolvimento (SGPC)
1988 (19.05)	Belgrado	Acordo sobre o Sistema Global de Preferências Comerciais entre países em desenvolvimento (SGPC); Brasil ratificou em 1991
1988 (julho)	Buenos Aires	"Tratado de Integração, Cooperação e Desenvolvimento" entre o Brasil e a Argentina, com o objetivo de consolidar o processo de integração bilateral e instituir, numa primeira etapa, um espaço econômico comum no prazo máximo de dez anos e a harmonização das políticas aduaneiras, comercial, agrícola, industrial e de transportes e comunicações, assim como a coordenação de políticas monetária, fiscal e cambial; numa segunda etapa, se procederia à harmonização gradual das demais políticas necessárias à formação do mercado comum
1988	Decreto-lei 2434	Reforma tarifária, desburocratização dos trâmites de importação e começo de liberalização comercial
1990 (06.07)	Buenos Aires	"Ata de Buenos Aires": Argentina e Brasil decidem conformar o mercado comum bilateral até 31.12.94, estabelecem uma metodologia apropriada para tal fim (rebaixas tarifárias generalizadas, lineares e automáticas, eliminação de barreiras não-tarifárias) e criam o Grupo Mercado Comum, de caráter binacional; consultas regionais em Brasília
1991 1994	Reforma tarifária	Programa de redução das alíquotas de importação, de 40% a 14% na média
1991 (21.03)	Assunção	Tratado de Assunção (26 de março) para a constituição de um mercado comum entre a Argentina, o Brasil, o Paraguai e o Uruguai: definiu um programa de liberalização comercial de todo o universo alfandegário num período de transição até 31 de dezembro de 1994 e adotou os mecanismos de caráter intergovernamental já fixados no programa bilateral Brasil-Argentina (Conselho, órgão supremo, de natureza intergovernamental; Grupo Mercado Comum, órgão executivo, coordenando as atividades de onze subgrupos de trabalho; Comissão Parlamentar Conjunta, com representantes designados por cada Parlamento nacional)
1992 (7.06)	Las Lenãs (Argentina)	Conselho do Mercado Comum adota extenso programa de medidas ("Cronograma de Las Leñas") para o cumprimento dos compromissos fixados no Tratado de Assunção, isto é, a conformação do "mercado comum do Sul" até 31.12.94; o GMC fica encarregado de adotar um cronograma de medidas adicionais para o pleno funcionamento do Mercosul em 1º de janeiro de 1995 (alguns prazos serão prorrogados no decurso dos trabalhos). A decisão 3/92 aprova o procedimento de reclamações e consulta sobre práticas desleais de comércio (dumping e subsídios)
1993	Genebra	Término da negociações da Rodada Uruguai, depois de 3 anos adicionais em busca de compromissos aceitáveis

1993 1994	Mercosul	*Negociação da Tarifa Externa Comum (TEC): diferenças de estrutura e de níveis de desenvolvimento industrial entre o Brasil e os demais parceiros resultam na aceitação, durante uma "fase de convergência" (até 2001-2006), de listas nacionais de exclusão (para bens informáticos e de capital, por exemplo). Os países-membros também decidem harmonizar os incentivos às exportações, respeitando disposições do GATT*
1994 (12.04)	Marraqueche	*Ata Final da Rodada Uruguai criando a Organização Mundial de Comércio e assinatura de diversos acordos multilaterais (entre eles o GATT-94 e o GATS) e plurilaterais*
1994 (17.12)	Ouro Preto (MG)	*"Protocolo de Ouro Preto" que modifica parcialmente o Tratado de Assunção e dá personalidade jurídica internacional ao Mercosul; VII reunião do Conselho também aprovou, ademais de listas nacionais de produtos em regime de adequação final à união aduaneira (com prazos adicionais para sua integração à TEC), diversos atos internacionais: acordo sobre transporte multimodal, código aduaneiro, protocolo de medidas cautelares, protocolo sobre promoção e proteção recíprocas de investimentos e acordo bilateral Brasil-Argentina sobre internação de bens de zonas francas*
1994 (20.12)	Miami	*Cúpula das Américas, na qual 34 países do hemisfério decidem negociar uma zona de livre-comércio até 2005 (ALCA)*
1995 (1º.01)	Brasil	*Implementação da Tarifa Externa do Comum do Mercosul, que substitui a pauta aduaneira brasileira (exceções nacionais)*
1996	Mercosul	*Acordos de associação do Chile e da Bolívia, previamente à negociação de acordos semelhantes com países do Grupo Andino*
1996	Cingapura	*Primeira conferência ministerial da OMC: acordo plurilateral sobre liberalização de bens vinculados à tecnologia da informação*
1997	Mercosul	*Acordo Brasil-Argentina, em novembro, decide elevar a Tarifa Externa Comum em três pontos percentuais, medida a ser implementada pelos quatro países-membros até 31 de dezembro de 2000*
1998 abril	Costa Rica	*Reunião ministerial do processo hemisférico sobre o processo negociador da ALCA: definidos grupos e mandatos*
1998 maio	Santiago	*Cúpula das Américas: principais temas a educação, o livre comércio, a democracia e os direitos humanos e a erradicação da pobreza*
1998 setembro	Miami	*Começo efetivo das negociações da ALCA, em nove grupos e sob a presidência geral canadense; na última fase, em 2003 e 2005, Brasil e Estados Unidos compartilharão a presidência do processo*
1999	Rio de Janeiro	*Reunião de cúpula dos Chefes de Estado e de Governo da União Européia e da América Latina, com vistas a estreitar os laços de cooperação e de integração econômica entre as duas reuniões*

O Brasil e o multilateralismo econômico

2000	Mercosul	*Definição e estabelecimento da política automotiva comum do Mercosul, no quadro da implementação da Agenda 2000, atendendo também às obrigações dos países-membros no âmbito do sistema multilateral de comércio*
2001 2005	Mercosul OMC	*Processo de convergência das últimas exceções à TEC do Mercosul; possível Rodada do Milênio na OMC*
2005	ALCA	*Término hipotético das negociações hemisféricas para a conformação, a partir de 2006, da ALCA. Possível prazo, também, de futuras negociações para um acordo de associação entre o Mercosul e a União Européia, cujas negociações poderão ter início a partir de 1999*

Fonte: Elaboração do autor

Glossário

AEC: Associação dos Estados do Caribe (1994); Antigua e Barbuda, Barbados, Bahamas, Colômbia, Costa Rica, Cuba, Dominica, El Salvador, Granada, Guatemala, Guiana, Haiti, Honduras, Jamaica, México, Nicarágua, Panamá, República Dominicana, Santa Lucia, São Cristovão e Neves, São Vicente e Granadinas, Suriname; Trinidad Tobago e Venezuela; tem objetivos de concertação e de cooperação econômica e política.

AID: Associação Internacional de Desenvolvimento, criada em 1960, no âmbito do BIRD, com sede em Washington, para a concessão de empréstimos concessionais e sustentação de projetos com caráter de doação a países de menor desenvolvimento relativo; em 1961 tornou-se uma instituição especializada ligada à ONU; Brasil é membro desde 1963, mas não se beneficia de seus empréstimos, sendo doador líquido de recursos.

ALADI: Associação Latino-Americana de Integração, criada pelo Tratado de Montevidéu de 1980, para substituir a ALALC (Associação Latino-Americana de Livre Comércio, que tinha sido criada em 1960 para realizar o projeto de uma zona livre-cambista); funciona segundo o princípio das preferências tarifárias entre dois ou mais membros (acordos de alcance parcial), até chegar, no longo prazo, a um mercado comum, realizando gradualmente a integração completa do continente; reúne quase toda a América do Sul (Argentina, Bolívia, Brasil, Chile, Colômbia, Equador, Paraguai, Peru, Uruguai e Venezuela) mais o México, mas este último pediu derrogação de suas obrigações sob a cláusula de nação-mais-favorecida (Artigo 44 do TM-80), em 1994, por motivo de sua entrada no NAFTA, uma vez que não estendeu aos demais parceiros da ALADI as concessões que efetivou na área de livre-comércio da América do Norte.

ALCA: Área de Livre-Comércio das Américas (em inglês, FTAA: *Free Trade Area of the Americas*), designa o processo lançado na Cúpula das Américas (Miami, dezembro de 1994), tendente a negociar, até 2005, e a conformar, a partir dessa data, uma vasta zona de livre-comércio (incluindo-se aspectos não exclusivamente comerciais, como propriedade intelectual, compras governamentais, investimentos e finanças) no hemisfério americano, desde o Alasca até a Terra do Fogo; participam das negociações todos os países (34) dos três continentes e do Caribe, à exceção de Cuba, sendo que o Mercosul negocia como bloco; as negociações, segundo o que foi decidido na IV reunião ministerial (San José, abril de 1998), serão conduzidas em 9 grupos, uma segunda reunião de cúpula dos chefes de Estado foi realizada em Santiago (abril de 1998), quando foram lançadas as negociações.

APEC: *Asia Pacific Economic Cooperation* (Cooperação Econômica da Ásia Pacífico), designa o esquema de cooperação intergovernamental entre 18 países da bacia do Pacífico (Ásia oriental, com participação proeminente do Japão e dos tigres asiáticos, e das Américas, entre eles o Canadá, os Estados Unidos, o México e o Chile), com vista à conformação de uma vasta zona de livre-comércio na região até 2010 (para os países mais desenvolvidos) ou até 2020 (para os ainda em desenvolvimen-

---

O Brasil e o multilateralismo econômico   **311**

to); atualmente se estão negociando preferências na região, mas o modelo adotado é o do regionalismo aberto.

APPC: Associação dos Países Produtores de Café, criada em 1993, em Brasília, para administrar a cooperação entre cerca de 30 países membros, aplicando eventuais planos de retenção sobre os estoques.

ASEAN: *Association of the South-East Asian Nations* (Associação de Nações do Sudeste Asiático), agrupamento de países anticomunistas criado na época da Guerra Fria (1967) para fins de cooperação política e, em especial, bloquear o progresso do socialismo na região da Ásia oriental; composta por Brunei, Cingapura, Filipinas, Indonésia, Malásia e Tailândia, veio recentemente a admitir o Vietnã ainda formalmente socialista; converteu-se em mais um espaço integracionista regional, passando a negociar esquemas preferenciais de comércio e encaminhando-se para uma zona de livre comércio.

BAD: Banco Africano de Desenvolvimento, criado em 1963; o Brasil é membro desde 1982.

BASD: Banco Asiático de Desenvolvimento, criado em 1965; Brasil não é membro.

BERD: Banco Europeu de Reconstrução e Desenvolvimento, criado em 1990, com sede em Londres, para facilitar a transição para a economia de mercado dos ex-países socialistas; Brasil já foi convidado a tornar-se membro.

BID: Banco Interamericano de Desenvolvimento, entidade financeira hemisférica, com sede em Washington, criada em 1959 para financiar projetos de desenvolvimento no continente; dotado de sistema decisório mais favorável aos países latino-americanos do que o BIRD.

BIRD: Banco Internacional de Reconstrução e Desenvolvimento, ou Banco Mundial, criado em 1944, na conferência de Bretton Woods para sustentar a reconstrução dos países destruídos pela guerra e financiar projetos de desenvolvimento em países pobres; entrou em vigor em 27 de Dezembro 1945; distingue-se das organizações da ONU no sentido em que o processo decisório é determinado pela participação no capital votante e não segundo o princípio de um país um voto.

BIS: *Bank for International Settlements* (Banco de Compensações Internacionais), criado em 1930 na Haia, com base no Plano Young, para resolver o problema da dívida da Alemanha; tem sede em Basiléia e facilita a cooperação entre bancos centrais dos países membros; participação inicial da França, Bélgica, Reino Unido, Itália e Suíça; estatutos emendados diversas vezes, em 1937, 1950, 1961, 1969, 1974 e 1975; administrou, nos anos 50, a Convenção Européia de Pagamentos, da OECE; o "Board" é composto pelo G-10; fazem parte da Assembléia-Geral, com direito a voto, 32 bancos centrais, europeus, mais os do Canadá, Japão, Estados Unidos, Austrália e África do Sul; em 1996 o Brasil foi convidado, com vários outros países, a ingressar no BIS, o que foi feito em 1997. O BIS administra o Acordo de Basiléia sobre convergência internacional de padrões e normas aplicadas ao capital bancário (1988) que estabelece normas relativas a fundos próprios (prudência bancária: nível mínimo de capital compatível com a estrutura de ativos).

BNTs: Barreiras não tarifárias: designa o conjunto de medidas   de caráter técnico, mas algumas vezes determinadas por razões de protecionismo comercial   eventualmente adotadas por países, em sua política comercial, para opor-se à entrada de produtos competidores em seus mercados; podem estar associadas a medidas anti-dumping ou de salvaguardas, que são disciplinadas pelo sistema multilateral de comércio administrado pelo GATT.

CAD: Comitê de Ajuda ao Desenvolvimento, criado em 1961, no âmbito da OCDE, no mesmo contexto da restruturação da OECE e de criação da AID-BIRD; coordena os princípios e a implementação da ajuda oficial ao desenvolvimento, concedida pelos países membros da OCDE aos países de menor desenvolvimento relativo.

CAN: Comunidade Andina, sucessora em 1996 do Grupo Andino (criada em 1969 e da qual fazia parte, até 1975, também o Chile); Bolívia, Colômbia, Equador, Peru e Venezuela; trata-se de uma união aduaneira parcial (Colômbia e Venezuela), com proposta para evoluir para um mercado comum. Assinou acordo-quadro de livre-comércio com o Mercosul (1998) e está negociando esquemas de liberalização tarifária e de cooperação em diversas áreas.

CARICOM: *Caribbean Common Market* (1968); Antigua e Barbuda, Barbados, Bahamas, Belize, Dominica, Granada, Guiana, Jamaica, Montserrat, Santa Lucia, São Cristovão e Neves, São Vicente e Granadinas, Suriname (1995) e Trinidad Tobago; objetiva um mercado comum.

CECA: Comunidade Européia do Carvão e do Aço, organização comum da produção siderúrgica, estabelecida pelo Tratado de Paris em 1951, entre Alemanha, França, Bélgica, Luxemburgo, Países Baixos e Itália, criando um primeiro embrião de supranacionalidade na Europa ocidental, que depois evoluiria para a Comunidade Européia (1957), sob a forma de um mercado comum para o conjunto de produtos e serviços dos países membros.

CEI: Comunidade dos Estados Independentes, federação flexível constituída por alguns países ex-estados federados da extinta União Soviética, que se desmembrou em 1991; pretende evoluir para uma união aduaneira e até para uma zona monetária única.

CEPAL: Comissão Econômica das Nações Unidas para a América Latina e o Caribe; organismo especializado da ONU para a realização de estudos técnicos sobre a região; desempenhou um papel importante no processo de industrialização e de promoção da integração.

CIME: Comitê Intergovernamental para Migrações Européias, constituído em 1953 para coordenar deslocamentos de populações e o estabelecimento de migrantes, em especial os emigrantes europeus; Brasil tornou-se membro desde 1954, mas desligou-se em1979.

Clube de Paris: Foro informal de coordenação de países credores, estabelecido entre 1956 e 1961, para o tratamento da dívida contraída oficialmente entre Estados; na prática renegocia as dívidas oficiais de países menos desenvolvidos, tomadores de créditos de países avançados; não é uma organização, no sentido estrito da palavra e não tem regras escritas ou estatuto próprio, guiando-se mais pelo consenso entre seus membros mais importantes; o Tesouro francês assegura seu secretariado; reúne-se pelo menos uma vez por mês. O Brasil já renegociou por diversas vezes dívidas contraídas junto a agências oficiais de crédito dos países-membros (a última das quais em 1992), mas ele também participa do Clube como credor de outros países tomadores de créditos comerciais concedidos em programas de apoio às exportações (como por exemplo a Polônia e países menos desenvolvidos da África e da América Latina).

CTBT: Tratado de Proibição Completa de Testes Nucleares (*Comprehensive Test Ban Treaty*), concluído em 24 de Setembro 1996, na sede da ONU; sua entrada em vigor foi dificultada pela oposição da Índia; Brasil aderiu ao CTBT no quadro de sua adesão a todos os instrumentos de não-proliferação e de controle de armas de destruição em massa.

EFTA: *European Free Trade Association* (Associação Européia de Livre-Comércio), criada em 1960 para oferecer uma perspectiva de liberalização de comércio aos países que não aderiram, em 1957, ao projeto comunitário dos Tratados de Roma, com destaque para ao Reino Unido e países escandinavos; congregou praticamente

O Brasil e o multilateralismo econômico

313

todos os demais países capitalistas europeus não pertencentes à Comunidade Européia, mas quase todos eles decidiram aderir, progressivamente, ao esquema comunitário, com as notáveis exceções da Suíça, Noruega e Islândia.

FAO: Organização das Nações Unidas para a Alimentação e a Agricultura, criada em 1945, no Quebec, mas com sede em Roma, sucedendo ao Instituto Internacional de Agricultura, de 1905 (que já funcionava na capital italiana); tornou-se entidade especializada das Nações Unidas em 1946.

FIDA: Fundo Internacional de Desenvolvimento Agrícola, criado em 1976, no âmbito da FAO, concedendo empréstimos em cooperação com o Conselho Mundial da Alimentação.

FMI: Fundo Monetário Internacional, criado com o Banco Mundial na Conferência de Bretton Woods, em 1944, no contexto da preparação da ordem econômica mundial do pós-guerra; entrou em vigor em 27 de Dezembro 1945, quando 29 países assinaram os Artigos do Acordo e começou a funcionar efetivamente em 1º de Março 1947; o Brasil faz reservas a seu Artigo VIII (que trata do não recurso a restrições sobre pagamentos correntes e às práticas monetárias discriminatórias, da conversibilidade dos haveres detidos por outros Estados-membros e da comunicação de informações), utilizando-se do recurso ao Artigo XIV, que autoriza "restrições temporárias"; o FMI destinava-se originalmente a administrar um sistema financeiro e monetário internacional baseado em paridades estáveis entre as moedas, cuja garantia era dada pela conversibilidade assegurada do dólar em ouro (35 dólares por onça de ouro); essa obrigatoriedade foi rompida unilateralmente pelos Estados Unidos em 1971 e desde então funciona um regime flexível com flutuação de moedas e liberdade cambial. A primeira emenda ao Acordo constitutivo foi adotada em 1969, criando os Direitos Especiais de Saque, uma moeda de reserva internacional baseada em 5 moedas mais importantes; a segunda emenda foi introduzida em 1976 (em vigor desde 1978), para oficializar o abandono do sistema monetário criado em Bretton Woods; encontra-se em discussão nova emenda ao convênio constitutivo, prevendo a liberalização progressiva dos movimentos de capitais e dando eventualmente jurisdição ao FMI para monitorar as práticas dos países nessa área.

FONPLATA: Fundo Financeiro para o Desenvolvimento da Bacia do Prata, criado em 1974, no âmbito do Tratado da Bacia do Prata; sede inicial em Sucre, Bolívia, depois trasladada a Santa Cruz de la Sierra; encontra-se em processo de reforma, com possível constituição de uma entidade financeira da América do Sul, dedicada prioritariamente ao Mercosul e países associados, nos moldes de um banco regional de desenvolvimento.

GAB/NAB: *General Arrangements to Borrow* (Acordos Gerais de Empréstimo), estabelecido no âmbito do G-10 do FMI, em 1962, por períodos de 4 anos inicialmente, depois prolongado de maneira indefinida, com recomposições periódicas; evoluiu recentemente para os *New Arrangements to Borrow* (NAB), com volume de recursos ampliado; Brasil não participa.

GATS: *General Agreement on Trade on Services* (Acordo Geral sobre Serviços), adotado em 14 de Abril 1994, em Marraqueche, como parte dos acordos da Rodada Uruguai de negociações comerciais multilaterais; estabelece o princípio do tratamento nacional no acesso a mercados, segundo lista de ofertas e compromissos dos países-membros.

GATT: *General Agreement on Tariffs and Trade* (Acordo Geral sobre Tarifas Aduaneiras e Comércio), acordo assinado entre partes contratantes de esquemas comerciais contendo a cláusula de nação-mais-favorecida em 1947, entrou provisoriamente em vigor em 1º de Janeiro 1948 enquanto não fosse ratificada a Carta de Havana criando a OIC; em 1955, em sessão de revisão do GATT, um Protocolo emendou seu Preâmbulo e as Partes II e III; um Conselho de Representantes foi criado por Decisão das Partes Contratantes em 4 de Junho 1960; outro Protocolo, de 1965, inseriu no Acordo Geral uma Parte IV, relativa a Comércio e Desenvolvimento; várias rodadas de negociações. O GATT-47 permaneceu provisoriamente em vigor até 1995, quando foi declarado formalmente extinto e substituído pelo GATT-94, resultante da Rodada Uruguai, que passou a ser administrado pela OMC.

G-3:   Grupo dos Três (1995); Colômbia, México e Venezuela; acordo tendente a constituir uma zona de livre comércio no prazo de dez anos. A sigla também pode identificar os três países mais avançados em termos de poder econômico e monetário: Estados Unidos, Alemanha e Japão.

G-5:   Grupo dos Cinco, constituído em 1967, para coordenação de questões financeiras e monetárias; representa os países detendo as moedas incluídas na definição dos Direitos Especiais de Saque (DES/SDR): Estados Unidos, Japão, Alemanha França e Reino Unido, das quais o marco alemão e o franco francês (e talvez mais adiante a libra britânica) deverão desaparecer em virtude da união monetária no âmbito da União Européia e a instituição do euro.

G-7/G-8: Grupo dos Sete países mais desenvolvidos (Estados Unidos, Alemanha, Japão, França, Reino Unido, Itália e Canadá), criado em 1975 no auge da crise financeira internacional provocada pelo rompimento do acordo de Bretton Woods e pela primeira crise do petróleo; reúne-se anualmente num dos sete países para a coordenação de políticas macroeconômicas e, crescentemente para cuidar também de temas políticos; participam também o Presidente da Comissão Européia (vide UE) e, a partir de 1994, a Rússia, em reconhecimento de sua importância política e militar (nuclear), embora ela não participe ainda de todas as instâncias de discussão e coordenação, em especial as financeiras e monetárias.

G-10:   Grupo dos Dez, criado em 1962, conjuntamente com a constituição dos GAB (*General Arrangements to Borrow*), para disponibilizar recursos adicionais aos do FMI a seus próprios membros quando vítimas de ataques especulativos (como ocorreu com a libra, a lira e o próprio dólar); é de fato um G-11, pois que constituído pelos países do G-7 mais Bélgica, Países Baixos, Suécia e Suíça; a Arábia Saudita também participou de algumas de suas reconstituições de fundos; também participam representantes do FMI, do BIS e da OCDE, mais o Diretor-Gerente do FMI; em 1996 foi aprovada a criação dos NAB (*New Arrangements to Borrow*), com ampliação do número de países participantes e dos recursos disponíveis.

G-15:   Grupo dos 15, criado em 1989, em Belgrado, durante Conferência do Movimento Não-Alinhado (MNA) para facilitar a cooperação entre países em desenvolvimento e estimular o diálogo com o G-7; países participantes originais: Argentina, Brasil, Jamaica, Peru, Venezuela, México, Argélia, Egito, Nigéria, Senegal, Zimbabue, Iugoslávia, Índia, Malásia, Indonésia; em 1992, o Chile foi admitido, em substituição à antiga iugoslávia; em 1996, foi aprovado a admissão do Quênia e, em 1998, a do Sri Lanka, convertendo-o, de fato, em um G-17.

G-22:   Grupo informal, constituído em 1998 com a participação do G-7 e 15 outros países emergentes (entre eles o Brasil) e ex-socialistas, para estimular a cooperação em matéria financeira e monetária.

G-24:   Grupo dos Vinte e Quatro, constituído em 1971, em Genebra por um grupo seleto de países do Grupo dos 77, para fazer contrapeso ao G-10 em matéria de questões monetárias internacionais; oito países de cada grupo regional: Argélia, Côte-d'Ivoire, Egito, Etiópia, Gabão, Gana, Nigéria, Zaire; Argentina, Brasil, Colômbia, Guatemala, México, Peru, Trinidad-Tobago, Venezuela; Índia, Irã, Líbano, Paquistão; Filipinas, Sri Lanka, Síria, Iugoslávia; o FMI assegura o Secretariado e a UNCTAD

O Brasil e o multilateralismo econômico   **315**

e o PNUD colaboram na pesquisa e em outras atividades; o Diretor-Gerente do FMI e o Presidente do BIRD assistem suas reuniões ministeriais, assim como a China.

G-77: criado em 1964, para coordenar os interesses dos países em desenvolvimento no foro da UNCTAD e de outras organizações das Nações Unidas; organizado em subgrupos regionais, atuando sobretudo em Nova Iorque e Genebra.

GRULAC: Grupo Latino-Americano e do Caribe, realiza a coordenação dos países da região para atuação no G-77 e em outras instâncias multilaterais.

Grupo Andino: Esquema sub-regional constituído em 1969 com base no Acordo de Cartagena (1966), tendente a criar um mercado comum entre os seis países originalmente participantes: Venezuela, Colômbia, Equador, Peru, Bolívia e Chile; este último abandonou formalmente o Grupo em 1975; o GRAN evoluiu para a CAN.

Grupo de Cairns: Criado em 1986 (na Austrália), para coordenar a cooperação entre países exportadores agrícolas no quadro das negociações comerciais multilaterais da Rodada Uruguai; formado por 14 países exportadores de produtos agrícolas que não praticam subsídios à produção ou exportação, entre eles o Brasil e parceiros do Mercosul; grupo voltado para combater, no âmbito do GATT/OMC, as políticas de subvenções de países desenvolvidos; os EUA, que também praticam um regime de apoio à agricultura, tinham no início da Rodada Uruguai uma posição maximalista liberalizadora e são aliados na luta contra o protecionismo agrícola da Política Agrícola Comum da UE.

ICSID: *International Centre for Settlement of Investment Disputes* (Centro Internacional para a Solução Pacífica das Controvérsias relativas a Investimento), criado em 1965 e vinculado ao BIRD; destina-se a facilitar a solução de controvérsias entre Estados-membros e nacionais de outros Estados; a quase totalidade dos acordos bilaterais de investimentos remetem aos procedimentos arbitrais do ICSID ou da UNCITRAL; o Centro mantém uma lista de árbitros que são colocados a serviço das partes; o Brasil não é membro.

IDDS *International Data Dissemination System* (Sistema Internacional de Disseminação de Informações), programa criado pelo FMI no seguimento da crise mexicana de dezembro de 1994, com o objetivo de divulgar pela Internet os mais importantes indicadores quantitativos das economias dos países-membros, assegurando assim maior "transparência" das contas nacionais e presumivelmente induzindo a uma maior tranqüilidade no comportamento dos mercados de capitais. O Brasil vem insistindo em que os dados precisam ser apresentados em bases homogêneas, de maneira a torná-los não apenas uniformes mas também comparáveis entre os países, como os números sobre déficits públicos, por exemplo.

Liga das Nações: Também chamada de Sociedade das Nações (SDN), criada em 1919, no quadro do Tratado de Paz de Versalhes; foi substituída pela ONU em 1945, tendo o Brasil abandonado a Liga desde 1926.

MCCA: Mercado Comum Centro-Americano (1961); Costa Rica, El Salvador, Guatemala, Honduras, Nicarágua e Panamá; objetivo de um mercado comum.

MERCOSUL: Mercado Comum do Sul, designa o espaço integracionista instituído pelo Tratado de Assunção (março de 1991) com vistas a criar um mercado comum entre Argentina, Brasil, Paraguai e Uruguai, num esquema intergovernamental de cooperação e de coordenação, e não comunitário, como no modelo da UE; em dezembro de 1994, o Protocolo de Ouro Preto definiu as instituições do projeto de integração, confirmando seu caráter intergovernamental, consolidou a zona de livre-comércio entre os quatro países e definiu o funcionamento da união aduaneira, que deverá estar plenamente implementada até 2006; outros países da América do Sul (Chile e Bolívia inicialmente, países da CAN) negociaram acordos de associação com o

316 PAULO ROBERTO DE ALMEIDA

Mercosul, que possui também um acordo-quadro de cooperação inter-regional com a União Européia (1995).

MIGA: Agência Multilateral de Garantia de Investimentos, vinculada ao Banco Mundial, criada por Convenção de 1985; oferece garantias contra riscos não comerciais; Brasil aderiu em 1992.

MNA: Movimento Não-Alinhado, criado em 1961, em Belgrado, por iniciativa sobretudo dos líderes da Índia, do Egito e da Iugoslávia (Nehru, Nasser e Tito), com o objetivo de congregar países, geralmente da África, Ásia e América Latina, desejosos de escapar dos esquemas de aliança militar a um dos dois blocos político-ideológicos da era da bipolaridade; Brasil tornou-se observador no decorrer dos anos 70; chegou a congregar mais de 100 países em sua fase de maior desenvolvimento, mas perdeu substância com o final da Guerra Fria.

MTCR: Regime de Controle de Tecnologia de Mísseis (*Missile Control Technology Regime*), criado em 1987, com 26 países aderentes em 1995; Brasil foi aceito depois de ter promulgado a Lei nº 9112/95, dispondo sobre exportação de bens sensíveis e serviços diretamente vinculados.

NAFTA: *North American Free Trade Agreement* (ou Acordo de Livre Comércio da América do Norte), assinado em 1992 e constituído em 1994 pelo Canadá, Estados Unidos (que já possuíam um acordo bilateral de livre-comércio desde 1987) e o México; pode estender-se a outros países do hemisfério, mas o Congresso dos EUA negou, em 1995, autorização para o Executivo negociar a entrada do Chile no espaço livre-cambista.

OCDE: Organização de Cooperação e Desenvolvimento Econômico, entidade criada em 1960 para substituir a antiga OECE (Organização Européia de Cooperação Econômica) da Guerra Fria; realiza a coordenação de políticas econômicas entre os países mais desenvolvidos; nos últimos anos têm absorvido alguns países emergentes (México, Coréia) e ex-socialistas (Hungria, Polônia e República Checa) e prepara-se para integrar a Eslováquia. Argentina e Rússia são candidatos à adesão. O Brasil integra, desde 1994, o Centro de Desenvolvimento, criado em 1962, tornou-se membro pleno do Comitê do Aço (1996) e vem adotando uma política de aproximação gradual, consubstanciada na participação como observador em diversos comitês técnicos: Comitê de Comércio, de Investimentos e Empresas Multinacionais (1997), de Política da Concorrência e de Agricultura (1998).

OEA: Organização dos Estados Americanos, criada em 1948, em Bogotá, com sede em Washington, pois que sucedendo à antiga União Pan-Americana; Cuba foi expulsa em 1962.

OIC: Organização Internacional do Café, criada em 1958, por 15 países produtores da América Central e do Sul, mais França e Portugal (colônias africanas); países ocidentais participam como consumidores no *International Coffee Council*; Brasil detinha mais votos entre os produtores e os EUA entre os consumidores; administra acordos e atividades administrativas, pois praticamente não há mais chances de acordos com cláusulas econômicas como no passado.

OIC: Organização Internacional de Comércio, criada pela Carta de Havana de 1948; deveria incorporar o GATT-1947 como um de seus capítulos, mas nunca entrou em vigor por falta de ratificações.

OIT: Organização Internacional do Trabalho, criada em 1919, no âmbito do Tratado de Paz de Versalhes (Parte XIII), com base no *Bureau* Internacional do Trabalho, que tinha sido criado em 1901; em 1920 é associada à Sociedade das Nações; tornou-se agência especializada das Nações Unidas em 1946; o trabalho normativo mais relevante é efetuado mediante a negociação tripartite de convenções sobre normas do trabalho e proteção dos direitos do trabalhador.

O Brasil e o multilateralismo econômico

OMC: Organização Mundial do Comércio (WTO, em inglês), última das "três irmãs de Bretton Woods", criada em 1994 para administrar o GATT e diversos outros acordos de comércio de bens, serviços e outros mecanismos econômicos vinculados ao comércio.

OMPI: Organização Mundial da Propriedade Intelectual, criada em 1967, com base no antigo *Bureau* Internacional de Registro da Propriedade Intelectual, que assegurava, desde 1893, o secretariado para as Convenções de Paris sobre propriedade industrial (1883) e de Berna sobre direitos autorais (1886); em 1974 tornou-se entidade especializada das Nações Unidas.

ONUDI: Organização das Nações Unidas para o Desenvolvimento Industrial, criada em 1979, com sede em Viena; tornou-se entidade especializada das Nações Unidas em 1986.

OPAQ: Organização para a Proibição de Armas Químicas, estabelecida com base na Convenção sobre a Proibição de Desenvolvimento, Produção, Estocagem e Uso de Armas Químicas e sobre sua Destruição, de 1993, com sede na Haia; diplomata do Brasil assumiu sua primeira Diretoria Geral.

OPEP: Organização dos Países Produtores de Petróleo, criada em 1960, em Bagdá, por acordo entre cinco grandes exportadores de petróleo (Arábia Saudita, Irã, Iraque, Koweit e Venezuela); acordo constitutivo assinado em Caracas, em 1961; a sede foi deslocada para Viena em 1° Setembro 1965; 13 membros em 1994.

PNUD: Programa das Nações Unidas para o Desenvolvimento, criado em 1965, como resultado da fusão do Programa ampliado de assistência técnica das Nações Unidas (1948) e do Fundo Especial das Nações Unidas (1958).

SADC: Comunidade de Desenvolvimento da África Austral (*Southern African Development Community*); formada por África do Sul, Angola, Botsuana, Lesoto, Malawi, Maurício, Moçambique, Namíbia, Suazilândia, Tanzânia, Zâmbia e Zimbabue, com o objetivo de constituir um mercado comum a médio prazo.

SELA: Sistema Econômico Latino-Americano; mecanismo de coordenação de políticas econômicas criado em 1975, no quadro dos esforços empreendidos pelos países em desenvolvimento para estabelecer uma "nova ordem econômica internacional" e oferecer um espaço exclusivo dos países latino-americanos (uma vez que a OEA, Organização dos Estados Americanos, conta com a participação dos Estados Unidos).

SGP: Sistema Geral de Preferências, adotado no final dos anos 60, no quadro do processo de reformas do sistema multilateral de comércio para criar mecanismos de tratamento diferencial e de apoio aos países em desenvolvimento, consistindo de concessões unilaterais das Partes Contratantes ao GATT, sob a forma de reduções tarifárias e levantamento de algumas barreiras não-tarifárias, sem obrigação de extensão a outras PCs mais desenvolvidas (derrogação parcial do princípio de reciprocidade e da cláusula de nação-mais-favorecida).

SGPC: Sistema Global de Preferências Comerciais entre Países em Desenvolvimento, adotado em 1988, dotado de menor eficácia relativa.

TEC: Tarifa Externa Comum do Mercosul, adotada em 1994, na conferência de Ouro Preto, mediante Resolução 22/94 do Conselho do Mercosul.

TNP: Tratado sobre a Não-Proliferação de Armas Nucleares, assinado em 1º de Julho de 1968, simultaneamente em Londres, Moscou e Washington e em vigor desde 5 de Março de 1970, com duração inicial de 25 anos; prorrogado por tempo indeterminado em 11 de Maio de 1995; a maioria dos países membros da ONU são aderentes ao TNP, com algumas poucas exceções (em especial Índia, Paquistão e Israel); o Brasil aderiu ao TNP em abril de 1997.

TPRM: *Trade Policy Review Mechanism* (Mecanismo de Exame de Políticas Comerciais), adotado ainda no curso da Rodada Uruguai para sistematizar o monitoramento das legislações e práticas comerciais das Partes Contratantes ao GATT.

Tratado de Tlatelolco: Tratado para a Proibição de Armas Nucleares na América Latina e no Caribe, assinado em 14 de Fevereiro de 1967, na chancelaria do México; criou a OPANAL (Agência para a proscrição de armas nucleares na América Latina), para assegurar a observância das obrigações; em vigor desde 25 de Abril de 1969; ratificado pelo Brasil em 1968, mas efetivo integralmente para o País apenas em 19 de Setembro de 1994, depois da declaração de renúncia às exigências do art. 28.

TRIMs: *Trade Related Aspects of Investment Measures* (Acordo sobre Medidas de Investimento vinculadas a Comércio), adotado no quadro da Rodada Uruguai e administrado pela OMC; aplicável ao comércio de mercadorias apenas; trata das medidas inconsistentes com o princípio do tratamento nacional, como requisitos de desempenho: conteúdo local, vinculações e restrições a importações e exportações.

TRIPs: *Trade Related Aspects of Intellectual Property Rights* (Acordo sobre Aspectos Comerciais dos Direitos de Propriedade Intelectual), igualmente adotado no âmbito da Rodada Uruguai em 1994 e administrado pela OMC; introduz um conjunto básico de princípios e normas controladoras, reforça a proteção e abre espaço à adoção de medidas de retorsão no âmbito do sistema de solução de controvérsias da OMC.

UE: União Européia, sucedeu em 1993 à Comunidade Européia, que vinha evoluindo desde o primeiro acordo da Comunidade Européia do Carvão e do Aço (1951) e, sobretudo, dos Tratados de Roma (1957), que criaram, com os seis países-membros originais da Europa ocidental (Alemanha, Bélgica, França, Itália, Luxemburgo e Países Baixos) a Comunidade Econômica Européia e a Comunidade Européia da Energia Atômica. Integrou progressivamente outros países da região (Dinamarca, Reino Unido e Irlanda, posteriormente a Grécia, Espanha e Portugal) e, depois do Tratado de Maastricht (1992), incorporou três novos membros (Áustria, Finlândia e Suécia); encontra-se em evolução para uma união monetária, dispondo de uma moeda única e de um Banco Central, que será comum aos hoje 11 países-membros participantes do esquema do euro. Poderá integrar, a partir do ano 2000 novos países da Europa central e meridional. Possui acordo de cooperação firmado com o Mercosul em Madri, em 15 de Dezembro de 1995.

UEM União Econômica e Monetária, grupo formado pelos países-membros da UE aderentes ao euro, cuja primeira fase (1999-2002) comprendia 11 dos 15 membros da UE (Alemanha, Áustria, Bélgica, Espanha, Finlândia, França, Irlanda, Itália, Luxemburgo, Países Baixos e Portugal), à exceção do Reino Unido da Dinamarca e da Suécia – que optaram por permanecer à margem da zona monetária unificada, mesmo preenchendo os critérios de adesão – e da Grécia, que não tinha condições de qualificar-se, por não adequar-se aos critérios de Maastricht em termos de déficit fiscal e de alinhamento monetário.

UIP: União Interparlamentar, criada em 1889, em Paris, com sede em Genebra, a UIP foi o primeiro fórum permanente para negociações multilaterais de caráter político, baseado nos conceito de arbitragem; estatuto atual adotado em 1976 e revisto diversas vezes desde então; o Congresso brasileiro sediou os 47º e 51º encontros da UIP, realizados respectivamente no Rio de Janeiro, em 1958, e em Brasília, em 1962.

UNCITRAL: Comissão das Nações Unidas para o Direito Comercial Internacional, em sua sigla inglesa (CNUDCI, na versão latina), criada por Resolução de 1966.

UNCTAD: Conferência das Nações Unidas sobre Comércio e Desenvolvimento, órgão permanente da Assembléia Geral da Organização das Nações Unidas, criado em 1964 e dedicado à promoção do desenvolvimento dos países menos avançados; seu Secretário-Geral atualmente é o ex-ministro da Fazenda e Embaixador brasileiro Rubens Ricupero, que está orientando a entidade para uma agenda mais cooperativa com as entidades de Bretton Woods (FMI e Banco Mundial) e a OMC, Organização Mundial do Comércio.

O Brasil e o multilateralismo econômico

Bibliografia e indicações de leitura

ABDELMALKI, Lahsen e Mundler, Patrick. *Économie du Développement: les théories, les expériences, les perspectives.* Paris: Hachette, 1995.

ALMEIDA, Paulo Roberto de. "Neo-détente & Perestroika: agendas para o futuro", *Política e Estratégia*, São Paulo: ano VI, nº 1, janeiro-março de 1988, pp. 67-74.

——, "Relações Internacionais e Interesse Nacional: as relações econômicas do Brasil e a ordem constitucional", *Boletim da Sociedade Brasileira de Direito Internacional*, Rio de Janeiro: anos XXXIX a XLI, 1987/1989, nºs 69/71, pp. 164-183.

——. "A estrutura constitucional das relações internacionais e o sistema político brasileiro", *Contexto Internacional*, Rio de Janeiro: ano 6, nº 12, julho-dezembro 1990, pp. 53-69.

——. "Retorno ao Futuro, Parte III: Agonia e Queda do Socialismo Real", *Revista Brasileira de Política Internacional*, Rio de Janeiro: ano XXXV, nºs 137-138, 1992/1, pp. 51-71.

——. "Relações Internacionais do Brasil: introdução metodológica a um estudo global", *Contexto Internacional*, Rio de Janeiro: vol. 13, nº 2, julho-dezembro 1991, pp. 161-185.

——. "Estudos de relações internacionais do Brasil: etapas da produção historiográfica brasileira, 1927-1992", *Revista Brasileira de Política Internacional*, Brasília: ano 36, nº 1, 1993, pp. 11-36.

——. "Os limites do alinhamento: liberalismo econômico e interesse nacional, 1944-1951", *Estudos Ibero-Americanos*, Porto Alegre vol. XIX, nº 1, julho 1993, pp. 13-39.

——. *O Mercosul no contexto regional e internacional.* São Paulo: Aduaneiras, 1993.

——, "A cláusula social no comércio internacional", *Revista Brasileira de Comércio Exterior*, Rio de Janeiro: Funcex, nº 40, julho-setembro de 1994, pp. 52-60.

——. "O Fim de Bretton-Woods?: a longa marcha da Organização Mundial do Comércio", *Contexto Internacional*, Rio de Janeiro: vol. 16, nº 2, julho/dezembro de 1994, pp. 249-282.

——. "Mercosur y Unión Europea: de la cooperación a la asociación" in COUFFIGNAL, Georges e REZA, Germán A. de la (eds.), *Los Procesos de Integración en América Latina: enfoques y perspectivas.* Estocolmo: Institute of Latin American Studies, University of Stockholm, 1996, pp. 113-130.

———. "A Economia da Política Externa: a ordem internacional e o progresso da Nação", *Revista Brasileira de Política Internacional*, Brasília: ano 39, nº 1, 1996, pp. 110-119.

———. "O MERCOSUL e os processos de integração nas Américas no contexto do sistema econômico internacional: uma cronologia comentada", *Boletim de Diplomacia Econômica*, Brasília: Ministério das Relações Exteriores, SGIE/GETEC: nºs 20/21, 1996/97, pp. 70-76.

———. Os Anos 80: "da nova Guerra Fria ao fim da bipolaridade" in Flávio Sombra Saraiva (org.), Amado Luiz Cervo, Wolfgang Döpke e Paulo Roberto de Almeida, *Relações Internacionais Contemporâneas: da construção do mundo liberal à globalização, 1815 a nossos dias*. Brasília: Paralelo 15, 1997, pp. 303-353.

———. "Os investimentos na agenda econômica internacional: os debates nos diferentes fóruns", *Carta da SOBEET*, São Paulo: Sociedade Brasileira de Estudos de Empresas Transnacionais e da Globalização Econômica, ano I, nº 2, maio 1997, encarte especial, pp. 7-12.

———. "Estrutura institucional das relações econômicas internacionais do Brasil: acordos e organizações multilaterais de 1815 a 1997", *Contexto Internacional*, Rio de Janeiro: IRI/PUC-RJ, vol. 19, nº 2, julho-dezembro de 1997, pp. 307-401.

———. "A democratização da sociedade internacional e o Brasil: ensaio sobre uma mutação histórica de longo prazo (1815-1997)", *Revista Brasileira de Política Internacional*, vol. 40, nº 2, julho-dezembro 1997, pp. 76-105.

———. "Manifesto do Partido Comunista (atualizado para o século XXI)", *Política Comparada, Revista Brasiliense de Políticas Comparadas*, Brasília, vol. II, nº 1, janeiro-junho 1998, pp. 43-78.

———. "O Acordo Multilateral sobre Investimentos da OCDE e suas implicações para o Brasil", *Carta da SOBEET*, São Paulo, ano II, nº 7, março-abril 1998, encarte especial, pp. 1-9.

———. "OCDE, UNCTAD e OMC: uma perspectiva comparada sobre a macroestrutura política das relações econômicas internacionais" *in* CASELLA, Paulo Borba e MERCADANTE, Araminta de A. (coords.), *Guerra Comercial ou Integração Mundial pelo Comércio? A OMC e o Brasil*. São Paulo: Ltr, 1998, pp. 149-198.

———. *Relações Internacionais e Política Externa do Brasil: dos descobrimentos à globalização*. Porto Alegre: Editora da UFRGS, 1998.

———. *Mercosul: fundamentos e perspectivas*. São Paulo: LTr, 1998.

———. *Velhos e novos manifestos: o socialismo na era da globalização*. São Paulo: Editora Oliveira Mendes, 1998.

———. *Formação da Diplomacia Econômica no Brasil: as relações econômicas internacionais no Império* (a ser publicado em 1999).

ARON, Raymond. *République Impériale: les États-Unis dans le monde, 1945-1972*. Paris: Calmann-Lèvy, 1973.

ARRIGHI, Giovanni. *O longo século XX: dinheiro, poder e as origens de nosso tempo*. Rio de Janeiro: Contraponto; São Paulo: Editora UNESP, 1996.

ASSELAIN, Jean-Charles. *Histoire Économique du XXe siècle: la réouverture des économies nationales, 1939 aux années 1980*. Paris: Presses de la Fondation Nationale des Sciences Politiques & Dalloz, 1995.

O Brasil e o multilateralismo econômico

BAHADIAN, Adhemar Gabriel. *A Tentativa do Controle do Poder Econômico nas Nações Unidas: estudo do conjunto de regras e princípios para o controle das práticas comerciais restritivas*. Brasília: IPRI, 1992.

BAIROCH, Paul. *Mythes et Paradoxes de l'Histoire Économique*. Paris: La Découverte, 1994.

BALASSA, Bela. *Les nouveaux pays industrialisés dans l'économie mondiale*. Paris: Economica, 1986.

BALDWIN, David A. (ed). *Neorealism and Neoliberalism: the contemporary debate*. New York: Columbia University Press, 1993.

BANAS, Geraldo. *Globalização: a vez do Brasil?* São Paulo: Makron Books, 1996.

BANCO MUNDIAL. Home Page na Web: http://www.worldbank.org

———. *IDA in retrospect: the first two decades of the International Development Association*. Washington: The World Bank, 1982.

———. *Global Economic Prospects and the Developing Countries*. Washington: The World Bank, 1995.

———. *World Development Report, 1995: Workers in an integration world*. Washington: The World Bank-Oxford University Press, 1995.

BAPTISTA, Luiz Olavo. *Os investimentos Internacionais no Direito Comparado e Brasileiro*. Porto Alegre: Livraria do Advogado, 1998.

———. *O Mercosul, suas instituições e ordenamento jurídico*. São Paulo: LTr, 1998.

BARBOSA, Rubens Antonio. *América Latina em Perspectiva: a integração regional, da retórica à realidade*. São Paulo: Aduaneiras, 1991.

BARRETO Filho, Fernando P. de Mello, "Regras multilaterais para investimentos: tratamento nacional", *Política Externa*, São Paulo, vol. 5, nº 1, junho-agosto de 1996, pp. 20-35.

BAUER, Peter T. *Equality, the Third World and Economic Delusion*. Londres: Weidenfeld and Nicolson, 1981.

BAUMANN, Renato (org.). *O Brasil e a Economia Global*. Rio de Janeiro: Campus-SOBEET, 1996.

———. "O Brasil e o sistema monetário internacional" *in* GONÇALVES, Reinaldo, BAUMANN, Renato, CANUTO, Otaviano e PRADO, Luiz Dalorme. *A Nova Economia Internacional: uma perspectiva brasileira*. Rio de Janeiro: Editora Campus, 1998, pp. 313-327.

BECKER, Bertha K. e EGLER, Claudio A. G. *Brasil: uma nova potência regional na economia-mundo*. Rio de Janeiro: Bertrand Brasil, 1993.

BOSSUAT, Gérard. *La France, l'aide américaine et la construction européenne, 1944-1954*. Paris: Ministère des Finances, Comité pour l'Histoire Économique de la France, 1992, 2 vols.

BRASIL, Ministério das Relações Exteriores: *A Palavra do Brasil nas Nações Unidas: 1946-1995*. Brasília: Fundação Alexandre de Gusmão, 1995 (introdução e comentários do Emb. Luiz Felipe de Seixas Corrêa).

BRASSEUL, Jacques. *Les nouveaux pays industrialisés et l'industrialisation du tiers monde*. Paris: Armand Colin, 1993.

BRAUDEL, Fernand. *Économie, Civilisation Matérielle et Capitalisme: XV-XVIIIème siècles*. Paris: Armand Colin, 3 vols., 1979.

CAMERON, Rondo. *World Economic History*. 3ª ed.; Oxford: Oxford University Press, 1989.

CAMPOS SALAS, Octaviano. "La Zona de Libre Comercio de América Latina", *Investigación Económica*, México. vol. XX, nº 79, 3º trimestre 1960, pp. 523-543.

CARDOSO, Fernando Henrique. "Relações Norte-Sul no contexto atual: uma nova dependência?" in Renato Baumann (org.), *O Brasil e a Economia Global*, op. cit., pp. 5-15.

CARDOSO DE OLIVEIRA, José Manoel. *Actos Diplomaticos do Brasil: tratados do periodo colonial e varios documentos desde 1492*. Rio de Janeiro: Typ. do *Jornal do Commercio*, de Rodrigues & C., 1912; 2 volumes: I, *1493 a 1870*; II, *1871 a 1912*. (reedição facsimilar na coleção "Memória Brasileira": Brasília: Senado Federal, 1997, com Introdução e "Relação dos principais instrumentos multilaterais vinculando o Brasil a partir 1912" por Paulo Roberto de Almeida)

CEPAL. *Quince años de desempeño económico, América Latina y el Caribe, 1980-1995* Santiago: CEPAL, 1996.

———. *Fortalecer el Desarrollo: interacciones entre macro y microeconomía*. Santiago: CEPAL, 1996.

COLAS, Bernard. *Accords Économiques Internationaux: répertoire des accords et des institutions*. Paris: La Documentation française, 1990.

COMBS, Jerald A. *The History of American Foreign Policy*. New York, Alfred A. Knoff, 1986, 2 vols.

DAVID, François. *Les échanges commerciaux dans la nouvelle économie mondiale*. Paris: Presses Universitaires de France, 1994.

DEPARTMENT of State. *United Nations Monetary and Financial Conference* [Bretton Woods]. Washington: United States Government Printing Office, 1948.

DEVOS, Serge. *Regional Integration and the Multilateral Trading System: synergy and divergence*. Paris: OECD, 1995.

DE VRIES, Margaret Garritsen. *The International Monetary Fund, 1966-1971: System under Stress*. Washington, D.C.: International Monetary Fund, 1976.

———. *The IMF in a Changing World, 1945-85*. Washington, D.C.: International Monetary Fund, 1986.

EICHENGREEN, Barry. *Globalizing Capital: a history of the international monetary system*. Princeton: New Jersey: Princeton University Press, 1996.

ETZOLD, Thomas H. e GADDIS, John Lewis (eds.). *Containment: Documents on American Policy and Strategy, 1945-1950*. New York: Columbia University Press, 1978.

FEINBERG, Richard E. e BOYLAN, Delia M. "Modular Multilateralism: North-South Economic Relations in the 1990s", *in* Brad Roberts (ed.), *New Forces in the World Economy*. Cambridge, Mass.: The MIT Press, 1996, pp. 39-51.

FISCHER, David Hackett. *The Great Wave: price revolutions and the rhythm of History*. New York: Oxford University Press, 1996.

FMI, Home Page na Web: *http://www.imf.org*

———. *Articles of Agreement of the International Monetary Fund*. Washington, D.C.: International Monetary Fund, 1992.

———. *Exchange Arrangements and Exchange Restrictions*. Washington: International Monetary Fund (anual).

FONTOURA, João Neves da. *Relatório do Chefe da Delegação do Brasil à IX Conferência Internacional Americana*. [Rio de Janeiro,] MRE, Serviço de Publicações, 1948.

O Brasil e o multilateralismo econômico

FRENKEL, Jacob A. e GOLDSTEIN, Morris (eds.): *International Financial Policy: essays in honor of Jacques J. Polak*. Washington: International Monetary Fund-The Nederlandsche Bank, 1991.

FUKUYAMA, Francis. "The End of History?", *The National Interest*, Summer 1989, pp. 3-18.

———. *The End of History and the Last Man*. New York: The Free Press, 1992.

FURTADO, Celso, *Desenvolvimento e subdesenvolvimento*. Rio de Janeiro: Fundo de Cultura, 1961.

GARRIDO TORRES, José. "Por que um mercado regional latino-americano?", *Revista Brasileira de Política Internacional*, Rio de Janeiro: ano 1, nº 2, 1958

GATT. *Examen des Politiques Commerciales, Brésil*. Genebra: GATT, 1992, 2 vols.

GAUTHIER, André. *L'Économie Mondiale depuis la Fin du XIXe siècle*. Paris: Bréal, 1995.

GAY, Peter e WEXLER, Victor G. *Historians at Work*, New York: Harper & Row, 1975.

GERSCHENKRON, Alexander. *Il Problema Storico della Arretratezza Economica*. Turim: Einaudi, 1974.

GIAMBIAGI, Fabio. "Moeda única do Mercosul: notas para o debate", *Revista Brasileira de Política Internacional*, Brasília, ano 41, nº 1, 1998, pp. 24-38.

GOLDIN, Ian, KNUDSEN, Odin e VAN DER MENSBRUGGHE, Dominique. *Trade Liberalisation: global economic implications*. Paris-Washington: OECD-The World Bank, 1993.

GOLDIN, Ian e KNUDSEN, Odin (eds.). *Agricultural Trade Liberalisation: implications for developing countries*. Paris-Washington: OECD-The World Bank, 1990.

GOODMAN, John B. e PAULY, Louis W. "The obsolescence of capital controls?: economic management in an age of global markets", *World Politics*, vol. 1, nº 46, october 1993.

GOLDSMITH, Raymond W. *Brasil, 1850-1984: desenvolvimento financeiro sob um século de inflação*. São Paulo: Harper & Row, 1986.

HABERLER, Gottfried. "Alguns aspectos do Programa de Recuperação da Europa", *Revista Brasileira de Economia*, ano 2, nº 3, setembro de 1948, pp. 31-85.

HARRIS, Nigel. *The End of the Third World: newly industrializing countries and the decline of an ideology*. Londres: Penguin Books, 1987.

HOBSBAWM, Eric J. *Age of Extremes: the short twentieth century, 1914-1991*. Londres: Michael Joseph, 1994 (existe edição brasileira, pela Companhia das Letras).

HOOGVELT, Ankie M. M. *The Third World in Global Development*. Londres: Macmillan, 1982.

JACKSON, John H. *The World Trading System: law and policy of international economic relations*. 2ª ed.: Cambridge, Mass.: The MIT Press, 1998.

JAMES, Harold. *International Monetary Cooperation since Bretton Woods*. Washington: International Monetary Fund/New York: Oxford University Press, 1996.

KAFKA, Alexandre. *Depoimento*. Brasília: Secretaria de Relações Institucionais do Banco Central do Brasil, 1998.

KEHOANE, Robert O. *International Institutions and State Power: essays in international relations theory*. Boulder, Co.: Westview Press, 1989.

―――. *After Hegemony: cooperation and discord in the world political economy.* Princeton, N.J.: Princeton University Press, 1984.

―――. *International Institutions and State Power: essays in international relations theory.* Boulder, Co.: Westview Press, 1989.

―――. (ed.). *Neorealism and its critics.* New York: Columbia University Press, 1986.

KEMP, Tom. *Industrialization in the Non-Western World.* Londres: Longman, 1983.

KEYNES, John Maynard. *The Economic Consequences of the Peace.* Londres: MacMillan, 1919.

KINDLEBERGER, Charles P. *World Economic Primacy: 1500 to 1990.* New York: Oxford University Press, 1996.

KOSELLECK, Reinhart. *Critica Illuminista e Crisi della Società Borghese.* Bolonha: Il Mulino, 1972.

KRUGMAN, Paul R. *Rethinking International Trade.* Cambridge, Mass.: The MIT Press, 1990.

LAFER, Celso. "O GATT, a Cláusula de Nação Mais Favorecida e a América Latina", *Revista de Direito Mercantil,* São Paulo, vol. X, nº 3, 1971, pp. 41-56.

―――. *A OMC e a regulamentação do comércio internacional: uma visão brasileira.* Porto Alegre: Livraria do Advogado, 1998.

LIMA, Hermes. "Conferência Econômica Interamericana", *Revista Brasileira de Política Internacional,* Rio de Janeiro, vol. 1, nº 1, março 1958.

LINDENBERG Sette, Luiz Paulo. "A diplomacia econômica brasileira no pósguerra (1945-1964)" *in* José Augusto Guilhon de Albuquerque (org.), *Sessenta Anos de Política Externa Brasileira (1930-1990),* Vol. II: *Diplomacia para o Desenvolvimento.* São Paulo: Cultura Editores Associados, 1996, pp. 239-266.

LONG, Olivier. "La Place du Droit et ses Limites dans le Système Commercial Multilateral du GATT", in Académie de Droit International, *Recueil des Cours 1983,* IV. Haia: Martinus Nijhoff, 1984.

LOVE, Joseph. *A Construção do Terceiro Mundo: teorias do subdesenvolvimento na Romênia e no Brasil.* São Paulo: Paz e Terra, 1998.

MADDISON, Angus. *Monitoring the World Economy, 1820-1992.* Paris: OECD, 1995.

―――. *Dynamic Forces in Capitalist Development: a long-run comparative view.* New York: Oxford University Press, 1991.

―――. "O Desempenho Econômico Mundial desde 1870" in GALL, Norman (ed.). *Nova Era da Economia Mundial.* São Paulo, Pioneira, 1989, Pp. 19-36.

―――. *L'Économie Mondiale au 20e siècle.* Paris: Centre de Développement de l'OCDE, 1989.

MANNHEIM, Karl. *Ideology and Utopia.* New York: Routledge and Kegan, 1953.

MANOÏLESCO, Mihail. *Théorie du protectionnisme et de l'échange international.* Paris: Librairies Techniques M. Giard, 1929.

MAYER, Arno. *The Persistence of the Old Regime: Europe to the Great War.* Londres: Croom Helm, 1981 (existe edição brasileira pela Editora Campus).

MEDEIROS, Antonio Paulo Cachapuz de. *O Poder de Celebrar Tratados.* Porto Alegre: Fabris Ed., 1995.

MESSERLIN, Patrick. *La nouvelle Organisation Mondiale du Commerce.* Paris: Dunod/IFRI, 1995.

O Brasil e o multilateralismo econômico

MOREAU DESFARGES, Philippe. *Les relations internationales dans le monde aujourd'hui: entre globalisation et fragmentation.* 4ª ed., Paris: Ed. S.T.H., 1992.

MUCCHIELLI, Jean-Louis, *Relations Économiques Internationales.* Paris: Hachette, 1994.

MURPHY, Craig N. *International Organization and Industrial Change: global governance since 1850.* New York: Oxford University Press, 1994.

MYRDAL, Gunnar. *An International Economy: problems and prospects.* New York: Harper and Brothers, 1956.

NIVEAU, Maurice. *Histoire des Faits Économiques Contemporains.* 4a. ed., Paris: Presses Universitaires de France, 1976.

NOGUEIRA, Dênio. *Raízes de uma Nação: um ensaio de história socio-econômica comparada.* Rio de Janeiro: Forense Universitária, Editora Universitária Santa Úrsula, 1988.

NUSBAUMER, Jacques. *L'Enjeu du Dialogue Nord-Sud: partage des richesses ou guerre économique.* Paris: Economica, 1981.

OCDE. "Home-page" na WWW: *http://www.oecd.org*

————. *Privatisation in Asia, Europe and Latin America,* Paris: OECD, 1996.

————. *Towards Multilateral Investment Rules.* Paris: OECD, 1996.

————. *Foreign Direct Investment, Trade and Employment.* Paris: OECD, 1995.

————. *La Gestion Publique en Mutation: les reformes dans les pays de l'OCDE.* Paris: OCDE, 1995.

————. *Les perspectives agricoles, 1995-2000.* Paris: OCDE, 1995.

————. *Introduction aux Codes OCDE de libération des mouvements de capital et des opérations invisibles courantes.* Paris: OCDE, 1995.

————. *The Uruguay Round: a preliminary evaluation of the impacts of the agreement on agriculture in the OECD countries.* Paris: OECD, 1995.

———— *Linkages: OECD and major developing economies.* Paris: OCDE, 1995.

————. *The OECD Jobs Study: Implementing the Strategy.* Paris: OECD, 1995.

————. *Trade and Labour Standards: a review of the issues.* Paris: OECD, 1995.

————. *The OECD Jobs Study: Facts, Analysis, Strategies/L'Étude de l'OCDE sur l'Emploi: Faits, Analyse, Stratégies.* Paris: OCDE, 1994.

————. *Traitement National des Entreprises sous contrôle étranger.* Paris: OCDE, 1993.

OLIVEIRA, Gesner. *Brasil-FMI: frustrações e perspectivas.* São Paulo: Bienal, 1993.

OMC, Home Page na Web: *http://www.wto.org*

PEYREFITTE, Alain (org.). *Le Monde Contemporain, 1946-1988.* Paris: Hachette, 1989.

PINHEIRO GUIMARÃES, Samuel. "Desafios e dilemas dos grandes países periféricos", *Revista Brasileira de Política Internacional,* Brasília, ano 41, nº 1, 1998, pp. 108-131.

PORCILE, Gabriel. "Integração econômica da América Latina: notas sobre o legado teórico da CEPAL", *Revista Brasileira de Política Internacional,* Brasília, ano 36, nº 1, 1993, pp. 134-142.

PRADO JR., Caio. *Formação do Brasil Contemporâneo.* 14ª ed.; São Paulo: Brasiliense, 1976.

————. *História Econômica do Brasil.* 2ª ed., São Paulo: Brasiliense, 1949.

PREBISCH, Raúl. "O desenvolvimento econômico da América Latina e seus principais problemas", *Revista Brasileira de Economia*, ano 3, nº 3, setembro de 1949, pp. 47-111.

———. "Interpretação do processo de desenvolvimento econômico", *Revista Brasileira de Economia*, ano 5, nº 1, março de 1951, pp. 7-135, pp. 16-17.

PROST, Antoine. *Douze Leçons sur l'histoire*. Paris: Seuil, 1996.

RAINELLI, Michel, *Le commerce International*. 4ª ed., Paris: La Découverte, 1994.

———. *Le GATT*. Paris: La Découverte, 1994.

REUTER, Paul. *Organisations Européennes*. Paris: Presses Universitaires de France, 1965.

RICUPERO, Rubens. "La economía mundial y el papel da la UNCTAD", *Capítulos del SELA*, Caracas: nº 45, janeiro-março 1996, pp. 17-27.

ROBERTS, Brad (ed.), *New Forces in the World Economy*. Cambridge, Mass.: The MIT Press, 1996.

ROSECRANCE, Richard. *The Rise of the Trading State: Commerce and Conquest in the Modern World*. New York: Basic Books, 1986.

ROSENBERG, Nathan e BIRDZELL Jr., L. E. *How the West Grew Rich*. New York: Basic Books, 1986.

SABORIN, Louis. *Organismes Économiques Internationaux*. Paris: La Documentation française, 1994.

SACHS, Jeffrey D. e WARNER, Andrew, "Economic Reform and the Process of Global Integration", *Brooking Papers on Economic Activity*, Harvard University, vol. I, 1995.

SEITENFUS, Ricardo. *Manual das organizações internacionais*. Porto Alegre: Livraria do Advogado editora, 1997.

SOUTO MAIOR, Luiz Augusto. "A diplomacia econômica brasileira no pós-guerra (1964-1990)" *in* José Augusto Guilhon de Albuquerque (org.), *Sessenta Anos de Política Externa Brasileira (1930-1990)*, Vol. II: *Diplomacia para o Desenvolvimento*. São Paulo: Cultura editores associados, 1996, pp. 267-296.

SPERO, Joan M. e HART, Jeffrey. *The Politics of International Economic Relations*. 5ª ed.; New York: St. Martin's Press, 1997.

THORSTENSEN, Vera. *Comunidade Européia: líder do comércio internacional*. São Paulo: Aduaneiras, 1993.

———. "A OMC-Organização Mundial do Comércio e as negociações sobre investimentos e concorrência", *Revista Brasileira de Política Internacional*, Brasília, ano 41, nº 1, 1998, pp. 56-88.

———, NAKANO, Yoshiaki, LIMA, Camila de Faria e SATO, Claudio Seiji, *O Brasil frente a um mundo dividido em blocos*. São Paulo: Nobel/Instituto Sul-Norte de Política Econômica e Relações Internacionais, 1994.

TOURAINE, Marisol. *Le Bouleversement du Monde: géopolitique du XXIe siècle*. Paris: Seuil, 1995.

UNCTAD. Home Page no Web: *http://www.unctad.org*

———. *World Investment Report* (anual).

———. *Transnational Corporations* (revista trimestral).

VARELLA, Marcelo Dias, *Propriedade Intelectual de Setores Emergentes: biotecnologia, fármacos e informática*. São Paulo: Editora Atlas, 1996.

VAN DER WEE, Herman. *Histoire Économique Mondiale, 1945-1990*. Louvain-la-Neuve: Academia-Duculot, 1990.

O Brasil e o multilateralismo econômico

VERDIER, Daniel. *Democracy and International Trade: Britain, France and the United States, 1860-1990* (Princeton, New Jersey: Princeton University Press, 1994.

VIGEVANI, Tullo. *O Contencioso Brasil x Estados Unidos da Informática: uma análise sobre formulação da política exterior*. São Paulo: Alfa-Omega, Editora da Universidade de São Paulo, 1995.

WALLERSTEIN, Immanuel. *The Modern World System*. Nova Iorque: Academic Press, 1974.

WATSON, Adam.*The Evolution of International Society: a comparative historical analysis*. Londres: Routledge, 1992.

WEBER, Alfred. *Economía Mundial*. Barcelona, Labor, 1955.

WILLIAMSON, John. *The progress of policy reform in Latin America*. Washington, D.C.: Institute for International Economics, "Policy analyses in international economics" nº 28, 1990.

WITHERELL, William, "The OECD Multilateral Agreement on Investment", *Transnational Corporations*, Genebra/UNCTAD: vol. 4, nº 2, agosto 1995, pp. 1-14.